高等学校创新性数智化应用型经济管理规划教材（会计系列）

总主编 / 李雪　　主审 / 徐国君

会计信息系统
——基于用友T3

武娟 ◎ 主编

许琪 ◎ 副主编

图书在版编目(CIP)数据

会计信息系统：基于用友 T3 / 武娟主编. --上海：立信会计出版社，2025.2. --("十四五"高等学校创新性数智化应用型经济管理规划教材). -- ISBN 978-7-5429-7801-1

Ⅰ. F232

中国国家版本馆 CIP 数据核字第 2025F8G718 号

策划编辑　　方士华
责任编辑　　孙　勇
美术编辑　　吴博闻

会计信息系统——基于用友 T3
KUAIJI XINXI XITONG

出版发行	立信会计出版社			
地　　址	上海市中山西路 2230 号	邮政编码	200235	
电　　话	(021)64411389	传　真	(021)64411325	
网　　址	www.lixinph.com	电子邮箱	lixinaph2019@126.com	
网上书店	http://lixin.jd.com		http://lxkjcbs.tmall.com	
经　　销	各地新华书店			
印　　刷	上海万卷印刷股份有限公司			
开　　本	787 毫米×1092 毫米	1/16		
印　　张	15.75			
字　　数	403 千字			
版　　次	2025 年 2 月第 1 版			
印　　次	2025 年 2 月第 1 次			
书　　号	ISBN 978-7-5429-7801-1/F			
定　　价	45.00 元			

如有印订差错，请与本社联系调换

总 序

教材是高校实现人才培养目标的重要载体,教材及教材建设对高校发展具有举足轻重的作用。与培养模式相对应的教材是培养合格人才的基本保证,是实现培养目标的重要工具。由于历史的原因,在财经类教材的出版方面,相关出版社出版研究型本科或者高职高专、中等职业等层次的教材较多,应用型本科教材较少。虽然近年来一些应用型本科教材也陆续出版,但总体而言,这些教材还是缺乏权威性、普适性、实用性、创新性。造成这种状况的原因主要在于:出版社对财经类应用型本科教材的出版还不够重视,没有进行有效的组织;财经类应用型本科院校多为新建院校,教材建设相对滞后,主观上也较愿意使用研究型本科教材;在教材使用中存在比较严重的混用现象,教材目标读者群不明确,如不少教材既适用于研究型本科院校又适用于应用型本科院校,或者既适用于本科院校又适用于高职高专院校。

由于目前财经类应用型本科教材种类和数量匮乏或质量欠佳,财经类应用型本科院校不得不沿用传统研究型教材。这些教材本身的质量很好、级别很高,但是并不适用于应用型本科院校的教学,教师和学生普遍反映不好用。即使在全国范围看,也还没有相对成套、成熟的适合财经类应用型本科院校的教材。现有教材存在的主要问题包括:①教材的定位和要求过高;②教材的内容偏多、难度偏大;③教材着重于理论解释,相关案例、实训等内容较少,缺乏普适性、实用性。

与此同时,信息技术的快速发展使学生的学习习惯和阅读习惯发生了改变,不断朝个性化、自主学习的方向发展,传统的单一纸质教材已经无法适应这种变化。翻转课堂、慕课、微课等网络课程的兴起,混合式教学的不断推进,也对立体化教材建设提出了新的要求。教材作为一种课堂上的教学工具、一种传播媒介,理应顺势而为,随课堂形式、学生学习方式的改变而改变,朝着数字化、立体化、可视化的方向发展。因此,需要编写适应学生水平、便于学生接受的立体化财经类应用型本科教材。

我们组织具有多年应用型人才培养经验的优秀教师和实务界专家编写了这套教材。本系列教材有《会计基本技能》《出纳实务》《基础会计》《中级财务会计》《成本会计》《管理会计》《会计信息系统》《财务管理》《审计学》《高级财务会计》《商业分析》《税法》《经济法》《金融学》等品种。为了保证教材的质量,本系列教材聘请了知名高校的专家教授进行专门指导和审核。每本教材至少有一名本学科的知名专家或学科带头人提出审核指导意见,至少有一名高等院校教学一线的高级职称教师组织编写,至少有一名行业协会、实务界专家或教学研究机构人员提出编写建议。

本系列教材的特色如下。

1. 应用性

应用型本科的教材建设应坚持培养应用型本科人才的定位,充分吸收和借鉴传统的普通本科教材与高职高专类教材建设的优点和经验,以就业为导向,做到理论上高于高职高专类教材、动手能力的培养上高于传统的本科院校教材。本系列教材体现了应用型本科的定位,体现了素质教育和"以学生发展为本"的教育理念,遵循了高等教育教学基本规律,重视知识、能力和素质的协调发展,根据应用型人才培养模式对学生的创新精神、实践能力和适应能力的要求,在内容选材、教学方法、学习方法、实验和实训配套等方面突出了应用性特征。

2. 针对性

本系列教材的编写符合会计学、财务管理和审计学等专业的培养目标、培养需求、业务规格和教学大纲的基本要求,与各专业的课程结构和课程设置相对应,与课程平台和课程模块相对应。教材在结构纵横的布局、内容重点的选取、示例习题的设计等方面符合教改目标和教学大纲的要求,把教师的备课、试讲、授课、辅导答疑等教学环节有机地结合起来。

3. 立体化

本系列教材为立体化教材,实现了由传统纸质教材向"纸质教材+数字资源"的转变,通过技术手段将晦涩难懂的理论知识转变为直观的具体知识,以立体化、数字化的方式呈现,包括图文、动画、音频、视频等多种形式,生动、有趣且易懂,不仅可以激发学生的学习兴趣,还有利于教学效果的提升。

4. 趣味性

本系列教材注重趣味性,使用了大量的例题和案例,每章都加入了"思政育人""延伸阅读"等内容,使读者能够加深理解,便于掌握相关内容。在案例、例题等的设计选用上重点突出趣味性,易于引发读者的共鸣。

5. 先进性

本系列教材反映了应用型会计人才教育教学改革的内容,能够反映学科领域的新发展。教材的整体规划、每一种教材的内容构建等均体现了创新性。教材还强调了系列配套,包括了教材、学习参考书、教学课件等。立体化教材在内容修订上更具有明显优势,线上资源可以随时根据政策法规、理论知识或工作实务等的变化进行调整,更有利于保持教材内容的先进性。

6. 基础性

本系列教材将打破传统教材自身知识框架的封闭性,尝试多方面知识的融会贯通,注重知识层次的递进,体现每一门科目的基本内容,同时在具体内容上突出实际运用能力,做到"教师易教,学生乐学,技能实用"。

7. 易于自学

自学能力是大学生的一项基本能力。学生只有具备了自主学习的能力,才能最终建立起终身学习的保障体系,这也是应用型本科人才培养的客观要求。应用技术型高校的生源素质与普通高校相比存在一定的差距,除了一部分是高考发挥失误的学生,还有一部分学生在学习习惯、基础知识等方面存在一定的欠缺,这就要求教材能够调动这部分学生的学习积极性,在理论方面尽量通俗易懂,在实践方面尽量采用案例式教学。为了有利于学生课后自主学习,本系列教材配套了学习指导书和教学课件。

因此,本系列教材的定位准确,特色明显,适用于应用技术型高校教学,容易得到学生和市场的认可,便于学生的自学和教师的教学。

高等学校创新性数智化应用型经济管理规划教材凝聚了众多领导、教授和专家多年来的经验和心血。当然,由于编者的经验和人力有限,本系列教材难免存在不足,我们期待着各位同行、专家和读者的批评指正。编者将伴随着经济发展和会计环境的变迁不断修订教材,以便及时反映学科的最新发展和人才培养的最新变化。

本系列教材自2014年出版后,得到市场的认可,深受广大高校师生的欢迎。为了更好地回馈读者,本系列教材从2017年起启动第二版的修订工作,2019年启动第三版的修订工作,2021年启动第四版的修订工作。各种教材的修订版将陆续出版。我们会一如既往地做好教材修订和相关服务工作,希望广大读者对本套系列教材继续给予支持。

李 雪

2024年1月

前 言

本教材为高等学校创新性数智化应用型经济管理规划教材(会计系列)之一,具有应用性、针对性、先进性、基础性、立体化的特点,在充分吸收和借鉴传统的普通本科教材与高职高专类教材建设的优点和经验的基础上,以就业为导向,做到在理论上高于高职高专类教材、在实务操作能力的培养上高于传统的本科教材。

本教材先介绍了会计信息系统的基本概念、发展、功能、规划、实施与管理等基本知识,在此基础上,结合目前最为流行的用友财务软件(用友T3),对会计信息系统的创建、运行、管理和维护等内容进行了全面阐述,使读者能够更好地理解财务软件的基本功能及其内部工作原理,有效地提高操作财务软件的职业技能。本教材采用案例教学和实践教学相结合的方式,有针对性地介绍了完整的实现会计核算和会计管理的应用方案,内容安排合理,文字简明,突出操作技能和训练,能够适应企业管理现代化对会计人员综合素质的要求。

本教材在我国现有会计信息系统优秀教材的基础上进行编写,全教材共分为9章,主要包括会计信息系统概述、系统初始化、总账系统日常账务处理、现金管理系统、工资管理系统、固定资产系统、期末处理与账表输出、报表系统、数据库系统及会计数据库查询。本书布局合理,体系清晰,每章开篇均设有"思政育人"模块,前8章每章都结合相关案例对重点内容进行讲解,并加入"延伸阅读""本章小结""本章重要概念""本章练习"等内容,以培养学生的分析能力和创新能力。本教材主要作为普通高等教育经济管理类专业教材,也可供相关专业人员参考。

本教材的编写特点如下。

(1) 线索清晰。本教材以企业的业务处理流程为线索,把一套完整的业务在不同子系统中的各个处理环节编排在一起贯穿起来讲解,使读者对电算化系统中业务和财务各相关子系统之间的联系,以及会计业务数据在各子系统之间的传递有一个清晰的认识。

(2) 实用性强。本教材将学做融为一体,结合多年的教学实践,把操作注意事项在教材中作出标注,能够促进学生知识水平、能力、素质的全方位提高,有效地培养学员的综合实践能力,以适应信息化管理企业对会计人员综合素质的要求。

(3) 重视上机练习。本教材提供上机练习的完整案例,通过练习,巩固所学理论知识,提高实际操作能力。

(4) 切合实际。本教材附带了一套实训模拟账套(附录一),并对用友T3在教学应用中容易遇到的若干疑难问题进行了解释(附录二)。

(5) 配套视频讲解,扫码即可学习。本教材针对教材内容配备了丰富的立体化学习资料,包括章节引例、难点知识讲解、操作演示等视频讲解,部分章节针对知识点还提供拓展学习资料,读者扫描二维码即可查看具体内容。

本教材由武娟担任主编,由许琪担任副主编,由耿菲参编。本教材具体分工如下:第一章会计信息系统概述(许琪),第二章系统初始化(耿菲),第三章总账系统日常账务处理(武娟),第四章现金管理系统(耿菲),第五章工资管理系统(武娟),第六章固定资产系统(武娟),第七章期末处理与账表输出(武娟),第八章报表系统(武娟),第九章数据库系统及会计数据查询(武娟),附录一、附录二由许琪负责编写。

  本教材的出版,得到了用友新道科技有限公司的大力支持,高杉和杨屾两位老师也提供了热情的帮助。编者在此对上述单位和人士表示深切感谢!在本教材编写的过程中,编者参考了大量相关教材和论著,在此向有关作者致以深深的谢意!

  本教材的编写先后经过多次讨论研究,编者力求内容编排合理、避免错误,但本教材难免存在考虑不周、表述不当疏漏不足之处,敬请读者批评指正。

编者

2025 年 2 月

目　录

第一章　会计信息系统概述 ··· 1
第一节　会计信息系统的基本概念 ································· 2
第二节　会计信息系统的发展 ····································· 4
第三节　会计信息系统的功能 ····································· 7
第四节　会计信息系统的规划、实施与管理 ························ 10
本章小结 ··· 12
本章重要概念 ··· 12
本章练习 ··· 13

第二章　系统初始化 ·· 14
第一节　系统管理 ··· 15
第二节　基础档案设置 ··· 33
第三节　总账系统的初始设置 ··································· 63
本章小结 ··· 72
本章重要概念 ··· 72
本章练习 ··· 72

第三章　总账系统日常账务处理 ···································· 73
第一节　填制凭证 ··· 74
第二节　出纳签字、审核和记账 ································· 81
第三节　凭证管理 ··· 90
本章小结 ··· 95
本章重要概念 ··· 95
本章练习 ··· 95

第四章　现金管理系统 ·· 96
第一节　日记账查询 ··· 98
第二节　支票管理 ·· 100
第三节　银行对账 ·· 102
本章小结 ·· 112
本章重要概念 ·· 113

本章练习 ··· 113

第五章　工资管理系统 ·· 114
　　第一节　工资管理系统初始化 ··· 115
　　第二节　工资管理系统日常业务处理 ··· 128
　　第三节　工资管理系统凭证管理 ·· 135
　　本章小结 ··· 136
　　本章重要概念 ··· 136
　　本章练习 ··· 136

第六章　固定资产系统 ·· 137
　　第一节　固定资产系统初始化 ··· 138
　　第二节　固定资产系统日常业务处理 ··· 150
　　第三节　固定资产系统凭证管理 ·· 157
　　本章小结 ··· 161
　　本章重要概念 ··· 161
　　本章练习 ··· 161

第七章　期末处理与账表输出 ·· 162
　　第一节　期末处理概述 ·· 163
　　第二节　工资管理系统期末处理和账表管理 ·· 164
　　第三节　固定资产系统期末处理和账表管理 ·· 167
　　第四节　总账系统期末处理和账簿查询 ··· 170
　　本章小结 ··· 192
　　本章重要概念 ··· 192
　　本章练习 ··· 192

第八章　报表系统 ·· 193
　　第一节　UFO报表系统概述 ·· 194
　　第二节　报表系统初始化 ·· 198
　　第三节　报表系统日常操作 ··· 203
　　本章小结 ··· 206
　　本章重要概念 ··· 206
　　本章练习 ··· 206

第九章　数据库系统及会计数据库查询 ··· 207
　　第一节　会计信息系统的技术架构 ·· 208

第二节　数据库系统及应用 …………………………………………… 210
第三节　会计数据库查询 ……………………………………………… 212
本章小结 …………………………………………………………………… 223
本章重要概念 ……………………………………………………………… 223
本章练习 …………………………………………………………………… 223

附录一　实训模拟账套 ……………………………………………… 224

附录二　用友 T3 疑难问题解答 …………………………………… 235

参考文献 ……………………………………………………………… 238

第一章　会计信息系统概述

> 内容简介
> 学习目的和要求
> 思政育人
> 第一节　会计信息系统的基本概念
> 第二节　会计信息系统的发展
> 第三节　会计信息系统的功能
> 第四节　会计信息系统的规划、实施与管理
> 本章小结
> 本章重要概念
> 本章练习

内容简介

本章主要讲解了会计信息系统的基本概念和发展情况,并重点介绍了会计信息系统的总体结构、实施及管理。

学习目的和要求

通过本章的学习,学生应掌握会计信息系统的基本概念和主要功能,了解会计信息系统在经济管理中的重要作用,从而为进一步学习会计信息系统的工作原理、内部结构和使用方法奠定基础。

1-1 会计信息系统概述导学

思政育人　　树立会计从业人员的文化自信

文化是一个国家，一个民族的灵魂。党的二十大报告中明确指出，推进文化自信自强，铸就社会主义文化新辉煌。全面建设社会主义现代化国家，完成两个百年目标，必须坚持中国特色社会主义文化发展道路，增强文化自信，围绕举旗帜、聚民心、育新人、兴文化、展形象建设社会主义文化强国，发展面向现代化、面向世界、面向未来的，民族的、科学的、大众的社会主义文化。激发全民族文化创新创造活力，增强实现中华民族伟大复兴的精神力量。文化是时代变迁、社会变革的先导。

资料来源：王易.推动文化自信自强 铸就社会主义文化新辉煌[EB/OL].(2022-11-11)[2024-06-21]. http://www.qstheory.cn/dukan/hqwg/2022-11/11/c_1129119569.htm.有删节。

【思政寄语】会计从业人员应树立文化自信，坚持中国特色社会主义文化发展道路。

1-2 引例：手工环境下企业管理的困境

第一节　会计信息系统的基本概念

一、会计信息系统的定义与目标

（一）会计信息系统的定义

会计信息系统是一个对会计数据进行采集、存储、加工、传输并输出大量会计信息的系统。它通过输入原始凭证和记账凭证，运用本身特有的一套方法，从价值方面对本单位的生产经营活动及经营成果进行全面、连续、系统的定量描述，并将账簿、报表、计划分析等输出反馈给各有关部门，为企业的经营活动和决策活动提供帮助，为投资人、债权人、政府部门提供会计信息，以便更加有效地组织和运用现有资金。

在信息社会，组织会计工作中常规的、可以程序化的任务将由会计信息系统处理，同时会计信息系统将辅助会计人员完成其他管理与决策任务。

（二）会计信息系统的目标

会计信息系统是为企业服务的，是企业会计工作中必不可少的组成部分，因此，会计信息系统的目标应服从于企业、信息系统、会计三者的目标。

会计信息系统的目标是为企业内外部的信息使用者（投资人、债权人、经营者、政府等）提供有用的会计信息和相关的非会计信息，并通过对信息的管理为组织创造价值。

该目标确定了会计信息用户可以得到的信息内容和质量。当然，具体到不同的会计信息使用者，由于会计信息使用者的需要不同，希望获取的会计信息也不相同。在此目标下，会计信息系统的基本功能应是利用各种会计规则和方法，加工来自组织各项业务活动中的数据，产生和反映会计信息（其中多数是价值信息），以辅助人们利用会计信息进行管理和决策。其中，会计规则和方法是由会计人员根据信息用户的需求综合制定的，但它们并不是一成不变的，而是随着外界情况的变化不断调整的。在会计信息系统中，会计规则由会计人员确定；会计方法也由会计人员提出，并与信息管理人员合作将这些规则和方法转化为机器系统中的程序。当组织出现了新的业务活动或拥有了新的资源需要进行管理时，会计人员应从会计工作的角度确定相应的解决办法和处理规则，并尽可能地将其转化为机器系统可处理的内容。

二、会计信息系统的特点

会计信息系统,不仅具有电子数据处理系统的共性,而且具有以下几个特点。

(一) 及时性与准确性

会计信息系统中,数据处理更及时、准确。计算机对会计数据的分类、汇总、计算、传递及报告等处理几乎是在瞬时完成的,并且计算机运用正确的处理程序可以避免手工处理出现错误。计算机可以采用手工条件下不易采用或无法采用的复杂的、精确的计算方法,如发出存货计量采用移动加权平均法,从而使会计核算工作更细、更深,能更好地发挥其参与管理的职能。

(二) 集中化与自动化

会计信息系统中,各种核算工作都由计算机集中处理。在网络环境中信息可以被不同的用户分享,数据处理更具有集中化的特点。规模越大的系统,数据越复杂,数据处理就要求越集中。网络中每台计算机只能作为一个用户完成特定的任务,这使数据处理又具有相对分散的特点。在会计信息的处理过程中,人工干预较少,由程序按照指令进行管理,具有自动化的特点。会计信息系统通过集中化与自动化将会取得更好的效益。

(三) 人机结合

会计工作人员是会计信息系统的组成部分,不仅要进行日常的业务处理,而且要进行计算机软硬件故障的排除。会计数据的输入、处理及输出是手工处理和计算机处理两方面的结合。有关原始资料的收集是计算机化的关键性环节,原始数据必须经过手工收集、处理后才能输入计算机,由计算机按照一定的指令进行数据的加工和处理,将处理后的信息通过一定的方式存入磁盘、打印在纸上或通过显示器显示出来。

(四) 内部控制更加严格

会计信息系统中,内部控制制度有了明显的变化,新的内部控制制度更强调手工与计算机结合的控制形式,控制要求更严格,控制内容更广泛。

延伸阅读 1-1

会计信息系统的内部控制

会计信息系统的内部控制活动按照其控制实施的范围可分为一般性控制和应用性控制两大类。本书着重介绍应用性控制,应用性控制是会计信息系统应用方面的具体控制,目的是对会计应用建立具体控制过程,可以在一般控制的基础上,直接深入到具体的业务数据处理,从而确保全部的经济业务都经过授权和记录,并进行完整、准确和及时地处理。

1. 输入控制

会计信息系统的数据输入又分为数据采集和数据输入两个环节。数据采集控制的措施主要有用户部门内部的职责分离、标准化的凭证格式、制定凭证编制程序、凭证审核、手续控制等。数据输入控制的措施主要有建立科目名称与代码对照文件、设计科目代码、自动校验功能、试算平衡校验、凭证序时控制等。

2. 数据处理控制

即使在输入数据的准确性、计算机硬件和软件安装的可靠性等方面都有保证措施,仍然可能出现程序逻辑错误、计算错误、处理非法数据、重复输入等情况。因此,需要进行数据处理控制来保证数据处理的质量。数据处理控制主要包括业务时序控制、数据有效性检验、程序化处理有效性检验等。

3. 输出控制

输出控制用于确保由经授权的人员将计算机处理的输出结果准确无误、及时地提供给经授权的接受人员。它的主要控制措施包括输出授权控制、输出结果审校、严格控制文档资料的打印或下载、设置网络口令、数据输出前磁盘安全性检查等。

三、会计信息系统的基本构成

会计信息系统包括硬件资源、软件资源、会计人员和信息资源等基本要素。

（一）硬件资源

硬件资源是指会计信息系统进行会计数据输入、处理、存储、输出和传输的各种电子设备。它主要包括输入设备、输出设备、数据处理设备、存储设备及各种网络设备等。计算机硬件设备是会计信息系统的物质基础，计算机硬件设备选择得好与坏直接影响系统的投资大小和今后系统工作的质量与效率。要使会计信息系统能够有效运作，必须根据会计信息系统的目标配置硬件资源，并建立相应的硬件平台。

（二）软件资源

软件资源是保证会计信息系统能够正常运行的核心和灵魂，主要包括操作系统、数据库管理系统和应用软件。会计软件是一种应用软件，是会计信息系统的一个重要组成部分，拥有会计软件是会计信息系统与其他信息系统的主要区别。

目前我国有上百种会计软件，如用友公司、金蝶公司、浪潮公司等都推出了不同版本的会计软件；国外的甲骨文公司、SAP公司等推出的会计软件也在我国会计软件市场中有一定的占有率。

（三）会计人员

会计人员既是会计信息系统的组成要素，又是会计信息系统的管理者，由其确定会计信息系统采用什么样的会计模式，并与信息系统管理者一起制定系统的运行规则，特别是会计信息系统的内部控制问题。会计信息系统应该服务于会计人员，帮助会计人员更有效地处理有关信息，并向用户提供满足需要的高质量会计信息。另外，会计人员的工作重点还包括对企业各项业务活动及资源利用的绩效评价，对新技术应用的风险管理，与企业经营、发展战略密切相关的会计决策活动。

（四）信息资源

数据文件是一种非常重要的信息资源，是用来存储会计信息系统中数据和信息的磁性文件。它主要包括基础数据文件、经过系统加工后生成的文件、临时文件等。

会计规范也是一种非常重要的信息资源，它是指保证会计信息系统正常运行的各种制度和控制程序。会计规范可以保存在数据文件中，也可以保存在纸质文件中。

第二节 会计信息系统的发展

管理水平的提高和科学技术的进步对会计理论、会计方法和会计数据处理技术提出了更高的要求，使会计信息系统由简单到复杂，由落后到先进。会计信息系统的发展是不断发展、不断完善的过程。

一、国外会计电算化的发展过程

1954年10月,美国通用电气公司第一次使用计算机计算职工工资,电子计算机开始进入会计数据处理领域。70多年以来,随着会计本身和电子计算机硬件、软件技术的不断进步,电子计算机在会计中的应用也逐步普及和深入发展。纵观整个发展过程,计算机在会计中的应用大致经历了以下三个阶段。

(一) 单项数据处理阶段

20世纪50年代初期至60年代中期,是电子计算机在会计中应用的初级阶段。在这一阶段,电子计算机逐步取代了沿用近半个世纪的以穿孔卡片为输入方式的会计机器,成为数据处理的重要工具。电子计算机主要用于数据量大、业务简单、重复次数多的经济业务中,如工资计算、库存材料的收发核算等。它以模拟手工会计的核算方式,替代了部分手工劳动,提高了这些业务的工作效率。限于当时计算机硬、软件的技术水平,这一阶段的数据处理方式一般采用单机的批处理方式。

(二) 数据处理系统阶段

20世纪60年代中期至70年代初期,是电子计算机在会计中应用的第二个阶段。在这一阶段,采用小规模集成电路的第三代计算机得到了比较广泛的应用;出现了能随机存储的外存储设备——磁盘;操作系统日趋成熟,具有处理机管理、存储管理、设备管理、文件管理、作业管理和信息定时处理功能的通用操作系统问世。计算机软、硬件技术的不断发展为计算机在会计中的应用开辟了广阔的发展空间。会计数据的处理基本实现了自动化,逐步形成了完整的电算化会计核算系统。电子计算机几乎完成了手工簿记系统的全部业务,并打破了手工方式下的一些常规结构,更重视数据的综合加工处理,更好地为分析、预测、决策和日常管理服务。

(三) 管理系统阶段

20世纪70年代以来,计算机技术发展迅猛,微型计算机出现并迅速得到广泛的应用。计算机网络和远程通信技术的出现,以及数据库管理系统的应用,电子计算机的功能大大增强而价格不断降低,为计算机在各领域广泛应用提供了良好的条件,计算机化的管理信息系统逐步形成和发展。会计信息系统开始从主要处理历史数据的日常业务型发展为能够向各管理层提供各种管理信息,进行财务计划、分析、预测、决策,具有管理信息系统特征的电算化会计信息系统,并在企业的管理信息系统中占据中心和主体的地位。

二、我国会计信息化的发展过程

我国会计信息化的发展过程主要分为以下几个阶段。

1-3 我国会计信息化的发展过程

(一) 会计电算化阶段

1. 1979—1987年的实验摸索阶段

我国会计电算化是以1979年财政部资助500万元给长春一汽对会计核算进行试点开始的。1981年,会计电算化概念首次在"财务、会计、成本应用电子计算机问题研讨会"中提出,我国进入了会计电算化的探索阶段。1979—1987年,会计电算化从无到有,在中国开始生根发芽。行政部门包括财政部、机械工业部、铁道部、兵器工业部等,纷纷在全国各地进行探索性的试点工作。

2. 1988—1998年的商品化软件阶段

1988—1998年,会计软件逐步通用化、商品化,市场上成立了数百家财务软件公司。这个时期的中国会计信息化发展非常迅速,会计软件依托磁盘操作系统(disk operating system,DOS),其功能也基本属于核算型。1988年,"首届会计电算化学术研讨会"讨论了会计软件的商品化,财政部也在1989年颁布了《会计核算软件管理的几项规定(试行)》,明确了商品化会计软件的基本要求。中国软件行业协会财务及企业管理软件分会在1998年召开了"向ERP进军"发布会,改变了商品化会计软件的功能以会计核算为主的局面,管理型软件开始受到企业的关注。会计电算化进入商品化软件阶段,并逐渐趋于成熟,发展态势迅猛。

(二) 会计信息化阶段

1. 1999—2004年的初步应用阶段

2000年,用友和金蝶分别推出了自己的网络会计软件服务,我国也开始进入网络财务阶段。

2. 2005—2015年的会计信息化标准化和财务共享阶段

经济全球化使规则、流程、制度进一步趋同,上海国家会计学院2005年召开"XBRL在中国应用与发展研讨会",拉开了中国会计信息化标准的序幕。经济全球化也使企业面临成本上升、创新不足、风险管控难度大的困境,一种新型的财务管理模式——财务共享服务应运而生。2008年11月,财政部牵头,会同工业和信息化部、中国人民银行、审计署、国务院国资委、税务总局、银监会、证监会、银保监会等共同成立会计信息化委员会,旨在为推进我国会计信息化建设提供组织保障、协调机制和智力支持。

2010年10月,国家标准化管理委员会和财政部发布可扩展商业报告语言(extensible business reporting language,XBRL)技术规范系列国家标准和企业会计准则通用分类标准。XBRL有效增强了信息的准确性和及时性,有利于从不同角度和不同层次对信息进行深加工和精细化处理,大幅提高了信息利用的广度、深度和精度,不仅可以在财会领域单一应用,而且可以不断拓展到财政管理、税务管理、金融监管、国有资产管理、企业风险管理与内部控制的众多方面。

(三) 会计智能化阶段

随着人工智能的快速发展,德勤会计师事务所和Kira Systems在2016年宣布将人工智能引入会计、税务、审计等工作中,随后以普华永道、德勤、毕马威、安永为代表的会计师事务所和以金蝶、用友、元年为代表的软件厂商纷纷推出了自己的财务机器人方案。

现代技术的发展轨迹,预示着未来技术正朝不可预期的方向发展,并对会计产生深远影响。在众多技术中,大数据、智能化、移动互联、云计算、物联网、区块链等技术的影响将不断凸显。

(1) 随着会计智能化发展的深入,机器学习、深度学习、自然语言理解、知识图谱、专家系统等技术在会计领域的应用会趋于成熟。

(2) 财务共享的发展则将更加依赖机器人流程自动化(robotic process automation,RPA)、电子发票、电子档案、移动计算、图像识别、财务云、5G通讯、大数据分析、商务智能等技术。

（3）区块链人工智能技术的发展和大批成熟应用场景的出现，将会伴随着新的财务管理模式的出现，引发企业决策模式、管理运营模式、生产经营模式、服务创新模式和数据分析模式等方面的变革。

2021年，财政部印发《会计信息化发展规划（2021—2025）》，该规划清晰地解释了"十三五"时期会计信息化发展面临的形势与挑战，也强调了"十四五"时期会计信息化发展的形势和挑战。面对科技日新月异的进步，提出了会计信息化发展的指导思想与基本原则。深入推动各类型企业业财融合和会计职能拓展，加快推进各类型企业会计工作数字化转型。

第三节 会计信息系统的功能

尽管不同的开发者对会计信息系统有不同的理解，对会计信息系统职能子系统的划分也有各自的特点，但经过多年的实践和探索，同时吸收了国外会计信息系统开发的一些观点，对会计信息系统的主要职能子系统的划分已达成共识。

1-4 推荐阅读：会计信息化发展规划（2021—2025年）

一、基本功能

在会计层面，会计信息系统的基本功能主要包括总账子系统、报表子系统等。

（一）总账子系统

总账子系统是以凭证等原始资料（数据）为处理起点，通过凭证输入和处理，完成记账、结账、账簿查询及打印输出、系统初始化等工作。近年来，随着用户对会计信息系统的需求不断提高，软件开发公司对总账子系统的不断完善，目前许多商品化总账子系统增加了个人往来款核算和管理、部门核算和管理、项目核算和管理及现金银行管理等功能。

1-5 会计信息系统基本功能

（二）报表子系统

报表子系统主要根据会计核算数据（如总账子系统产生的总账及明细账等数据）完成各种会计报表的编制与汇总工作；生成各种内部报表、外部报表及汇总报表；根据报表数据生成各种分析表和分析图等。

二、业务核算与管理功能

随着企业对财务、会计需要的不断增加，会计人员转变为管理角色，他们要承担对经济业务活动过程进行实时反映、控制和评价的责任。因此，会计信息系统的功能也不断向业务层面扩展，并增加了许多新的功能。

（一）工资子系统

工资子系统是以职工个人的原始工资数据为基础，完成职工工资的计算，工资费用的汇总和分配，计算个人所得税，查询、统计和打印各种工资表，自动编制工资费用分配、转账凭证传递，进行账务处理等功能。工资子系统实现对企业人力资源的部分管理。

（二）固定资产子系统

固定资产子系统主要是对设备进行管理，即存储和管理固定资产卡片，灵活地进行增加、删除、修改、查询、打印、统计与汇总；进行固定资产的变动核算，输入固定资产变动或项目内容的变化原始凭证后，自动登记固定资产明细账，更新固定资产卡片；完成计提折旧和分配,产生"折旧计提及分配明细表""固定资产综合指标统计表"等;费用分配转账凭证可自动转入账务处理等子系统;可灵活地查询、统计和打印各种账表。

(三) 采购与应付子系统

采购与应付子系统是根据企业采购业务管理和采购成本核算的实际需要,制订采购计划,对采购订单、采购到货及入库状况进行全程管理,为采购部门和财务部门提供准确、及时的信息,辅助管理决策。应付子系统完成对各种应付账款的登记、核销,以及应付账款的分析预测工作;及时分析各种流动负债的数额及偿还流动负债所需的资金;提供详细的客户和产品的统计分析,帮助财会人员有效地管理应付款。有部分商品化会计软件将采购子系统和应付子系统合并为一个子系统——采购与应付子系统,以便更好地实现采购与应付业务的无缝连接。

(四) 销售与应收子系统

销售与应收子系统是以销售业务为主线,兼顾辅助业务管理,实现销售业务管理与核算一体化。销售子系统一般和存货中的产成品核算相关联,实现对销售收入、销售成本、销售税金、销售利润的核算;生成产成品收发结存汇总表等表格;生成产品销售明细账等账簿;自动编制机制凭证供总账子系统使用。应收子系统完成对各种应收账款的登记、核销工作;动态反映各客户信息及应收账款信息;进行账龄分析和坏账估计;提供详细的客户和产品的统计分析,帮助财会人员有效地管理应收款。有部分商品化会计软件将销售子系统和应收子系统合并为一个子系统——销售与应收子系统,以便更好地实现销售与应收业务的无缝连接。

(五) 存货子系统

存货子系统主要针对企业存货的收发存业务进行核算,掌握存货的耗用情况,及时准确地把各类存货成本归集到各成本项目和成本对象上,为企业的成本核算提供基础数据;动态反映存货资金的增减变动,提供存货资金周转和占用的分析,为降低库存、减少资金积压、加速资金周转提供决策依据。无论是采购还是销售业务都会涉及存货业务,因此,有些软件将存货系统的功能合并到采购与应付子系统、销售与应收子系统中。

(六) 成本子系统

成本子系统是根据成本核算的要求,通过用户对成本核算对象的定义、对成本核算方法的选择以及对各种费用分配方法的选择,自动对从其他系统传递的数据或用户手工录入的数据进行汇总计算,输出用户需要的成本核算结果或其他统计资料。随着企业成本管理意识的增强,目前很多商品化成本子系统还增加了成本分析和成本预测功能,以满足会计核算的事前预测、事中控制和事后分析的需要。成本分析功能可以对分批核算的产品进行追踪分析,计算部门的内部利润;与历史数据对比分析,分析计划成本与实际成本的差异。成本预测功能可以通过移动平均、年度平均增长率的计算分析,对部门总成本和任意产量的产品成本进行预测,满足企业经营决策的需要。

三、管理与决策功能

随着会计管理理论的不断发展和会计管理理论在企业会计实务中的不断应用,人们越来越意识到会计管理的重要性,对会计信息系统提出了更高的要求。不仅应该满足会计核算的需要,而且应该满足会计管理的需要。因此将信息技术与管理会计方法有机融合,会计信息系统的内容向支持管理与决策层发展,不断丰富和完善。

（一）财务分析子系统

财务分析子系统的功能是从会计数据库中提取数据,运用各种专门的分析方法对财务数据作进一步的加工,生成各种分析和评价企业财务状况及经营成果的信息,并编制预算和计划,考核预算计划的执行情况。

（二）领导查询子系统

领导查询子系统是企业管理人员科学、实用、有效地进行企业管理和决策的一个重要帮手。它可以从各子系统中提取数据,并将数据进一步加工、整理、分析和研究,按照领导的要求提取有用的信息(如资金快报、现金流量表、费用分析表、计划执行情况报告、信息统计表和部门收支分析表等),并以最直观的表格和图形进行显示。在网络计算机会计信息系统中,领导还可以在自己的计算机中及时、全面地了解企业的财务状况和经营成果。

（三）决策支持子系统

决策支持子系统是利用现代计算机、通信技术和决策分析方法,通过建立数据库和决策模型,利用模型向企业的决策者提供及时、可靠的财务、业务等信息,帮助决策者对未来经营方向和目标进行量化分析和论证,从而对企业生产经营活动作出科学的决策。

四、会计信息系统中各子系统的关系

在会计信息系统中,总账子系统是最基本的,也是最重要的一个模块。与各种应收、应付往来核算,工资核算,进销存的材料核算,固定资产的核算,产成品的成本核算,销售核算,以及账务分析、决策支持系统等功能模块相比,总账子系统是会计核算系统、管理系统的控制中心,同时也是其他功能模块的传输中心、信息存储和汇总中心。其他进行专项核算任务的子系统将核算结果相关的信息资料送到总账管理系统进行集中处理,才能实现信息的交换、汇总和存储。同时,各子系统在核算中也需要从总账管理系统中提取一些会计数据进行专项处理。总账系统是整个会计信息系统财务管理的核心系统,与其他业务系统通过凭证进行无缝连接,报表系统可以从总账系统中提取数据。会计信息系统中各子系统的关系如图1-1所示。

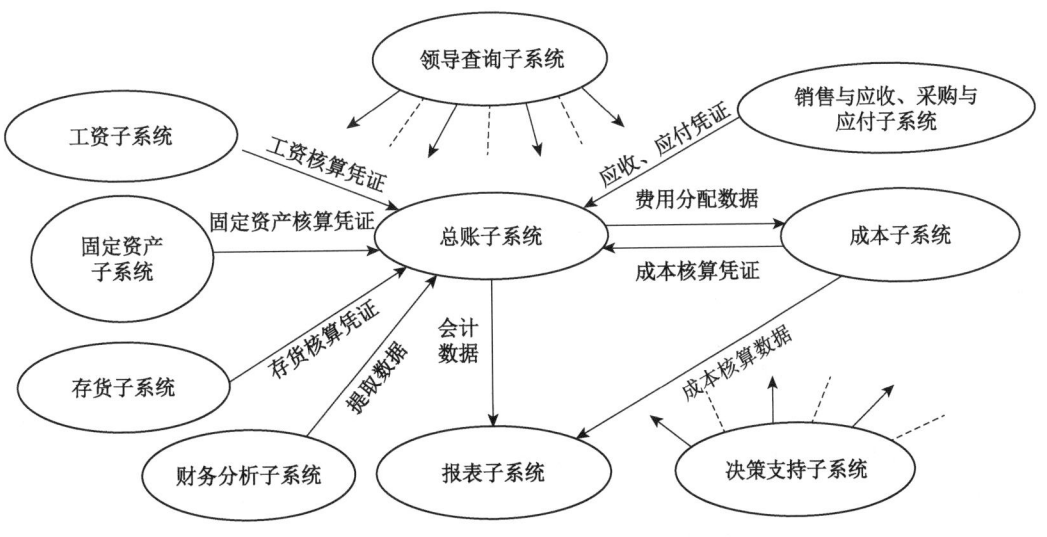

图1-1 会计信息系统中各子系统的关系

第四节 会计信息系统的规划、实施与管理

会计信息系统的建设是一个系统工程,除了应该配备计算机等硬件设备、操作系统、会计软件,还要进行组织规划、建立会计信息系统工作机构、完善计算机软硬件管理制度以及进行人员培训等。

一、会计信息系统的计划与组织

制定会计信息系统的组织是指为适应会计信息系统的需要,设置负责会计信息系统的机构并调整原有会计部门的内部组织。会计信息系统的组织工作涉及单位内部的各个方面,需要人力、物力、财力等多项资源。因此,必须由单位领导或总会计师亲自统筹这项工作,成立一个制定本单位会计信息系统发展规划和管理制度、组织建立会计信息系统、组织本单位财务人员培训,并负责会计信息系统投入运行的组织策划机构。

在会计信息系统的具体实施过程中,必须制订一个详细的实施计划,对在一定时期内要完成的工作有一个具体的安排。各单位的财会部门是会计工作的主要承担者,负责制订本单位会计信息系统的具体实施计划和方案。在制订时,应从本单位的具体情况出发,按照循序渐进、分步实施的原则,有计划、有步骤地安排实施机构及人员的配置、计算机设备的购置、软件开发及购置,以及其他相关费用的预算安排等,使单位能从整体上合理安排人力、物力和财力。

二、配备计算机的硬件和软件

(一)硬件

计算机硬件包括主机、显示器、打印机和键盘等。配备计算机硬件是指会计电算化所需硬件系统的构成模式,目前主要有单机系统、多用户系统和网络系统等模式。

延伸阅读 1-2

硬件系统的构成模式

单机系统是指整个系统中只配置一台计算机和相应的外部设备,所使用的计算机一般为微型计算机,同一时刻只能供一个用户使用。单机系统具有投资规模小、见效快的特点,适合会计电算化初期或核算简单、经济和技术力量比较薄弱的小型单位,但其可靠性比较差,不利于设备和数据共享。

多用户系统需要配置一台主机和多个终端,数据可由各终端同时输入,主机对数据集中处理,以此很好地实现数据共享,提高了系统效率且具有良好的安全性,适合会计业务量大、地理分布集中、资金雄厚且具有一定系统维护力量的大中型企事业单位。

网络系统包括文件服务器(file server,FS)网络结构、客户机/服务器(client/server,C/S)网络结构和浏览器/Web 服务器(browser/server,B/S)网络体系。因为网络系统具有在网络范围内实现硬件、软件和数据共享费用低、传输速度快、易维护、使用方便可靠性高等优点,被越来越多的实现电算化的单位采用。

(二)系统软件

系统软件是指与计算机硬件直接联系,提供用户使用的软件。它担负着扩充计算机功

能、合理调用计算机资源的任务。系统软件是保证会计信息系统正常运行的基础软件。采用单机系统的单位,可选用 Windows 操作系统,也可选用 DOS 操作系统;采用多用户系统的单位,可选用 UNIX 作为操作系统;采用计算机网络系统的,可选用 Novell 公司的 Netware 操作系统。

系统软件的选择还应该考虑汉字操作系统的选择、与所选计算机的兼容性、数据处理能力是否能够满足本单位的需要及性能价格比等诸多因素。

(三)财务软件

财务软件是专门用于会计核算和管理工作的计算机应用软件的总称,包括采用各种计算机语言编制的用于会计核算和管理工作的计算机程序。它由一系列指挥计算机进行会计核算工作的程序和有关文档技术资料组成。企业借助财务软件,可以运用计算机强大的运算、存储和逻辑判断功能对原始会计数据进行加工、存储处理,输出各种有用的会计信息资料。会计电算化工作也由此变成了会计数据的输入、处理、输出的过程,即输入会计数据,依托财务软件对会计数据进行处理,最后输出会计信息,从而基本实现会计数据处理的自动化,并使会计数据处理的精度和速度得到很大的提高。

一般来讲,配备会计软件的方式主要有购买通用商品化会计软件、定点开发及选择通用商品化会计软件与定点开发相结合三种。

三、会计人员培训

会计信息系统的建设不仅需要会计和计算机方面的专门人才,还需要既懂会计,又懂计算机技术的复合型人才。培养会计电算化人才应分层次进行,可分为初级、中级、高级三个层次。

财会人员通过初级培训,应该掌握计算机和会计核算软件的基本操作技能,了解会计电算化工作的基本过程。

培养中级人才的目的是通过学习掌握计算机和会计专业知识,使他们了解会计信息系统和企业管理信息系统的开发过程,对计算机系统环境进行一般维护,对会计核算信息简单地进行分析和利用。

可以通过在高等学校设置研究生课程,培养掌握计算机专业、会计专业、会计信息系统和企业管理信息系统开发方法等多学科知识的高级会计电算化人才和管理人才,此类高级人才能够进行会计软件的分析和设计。

四、建立会计信息系统管理制度

建立会计信息系统必须制定相应的岗位责任制度、操作管理制度、硬件管理制度、会计软件和会计数据管理制度、会计档案管理制度及维护管理制度等,以适应会计信息系统管理的要求。

延伸阅读 1-3

《会计信息化发展规划(2021—2025 年)》节选

为科学规划、全面指导"十四五"时期会计信息化工作,财政部根据《会计改革与发展"十四五"规划纲要》(财会〔2021〕27 号)的总体部署,制定了《会计信息化发展规划(2021—2025 年)》(以下简称《规划》)。

一、《规划》中阐述了"十四五"时期会计信息化工作面临的形势与挑战

经济社会数字化转型全面开启。随着大数据、人工智能等新技术创新迭代速度加快,经济社会数字化转型全面开启,对会计信息化实务和理论提出了新挑战,也提供了新机遇。运用新技术推动会计工作数字化转型,需要加快解决标准缺失、制度缺位、人才缺乏等问题。

单位业财融合需求更加迫切。一方面,业务创新发展和新技术创新迭代不断提出新的业财融合需求;另一方面,多数单位业财融合仍处于起步或局部应用阶段,推动业财深度融合的需求较为迫切。

会计数据要素日益重要。随着数字经济和数字社会发展,数据已经成为五大生产要素之一。会计数据要素是单位经营管理的重要资源。通过将零散的、非结构化的会计数据转变为聚合的、结构化的会计数据要素,发挥其服务单位价值创造功能,是会计工作实现数字化转型的重要途径。进一步提升会计数据要素服务单位价值创造的能力是会计数字化转型面临的主要挑战。

会计数据安全风险不容忽视。随着基于网络环境的会计信息系统的广泛应用,会计数据在单位内部、各单位之间共享和使用,会计数据传输、存储等环节存在数据泄露、篡改及损毁的风险,会计信息系统和会计数据安全风险不断上升,需要采取有效的防范措施。

二、《规划》中明确提出实施保障

(一)强化组织领导,明确职责分工

财政部要加强与中央有关主管部门的统筹协调,建立健全运行高效、职能明确、分工清晰的会计信息化工作机制,实现政策制定和政策实施的联动协调,形成推进合力。有条件的地区(部门)可以结合实际,制定本地区(部门)的会计信息化发展规划或实施方案,切实将规划各项任务落到实处。注册会计师协会要以行业信息化战略为引领,指导和推动会计师事务所数字化转型,推进行业高质量发展。充分发挥全国会计信息化标准化技术委员会的作用,加快制定会计信息化国家标准。

(二)精心推动实施,形成工作合力

单位负责人是本单位会计信息化工作的第一责任人,总会计师(或分管财务会计工作负责人)和财务会计部门要落实分管责任和具体责任。各单位要结合实际需要,制定会计信息化工作方案,加强组织实施和经费保障,切实推动本单位会计信息化工作。代理记账机构要积极探索会计资源共享服务理念,探索打造以会计数据为核心的数据聚合平台,支持中小微企业会计数据价值创造。财务软件和相关咨询行业要切实加强对会计信息化系列软件产品的研发,探索新技术在会计信息化工作中的具体应用,积极助力会计数字化转型。中国会计学会等专业学会协会和理论界要加强对会计信息化的理论研究,为会计数字化转型提供智力支持。

(三)加强监督考核,确保落地见效

各级财政部门和中央有关主管部门要对规划确定的目标任务进行细化分解,明确进度,落实责任,加强对会计信息化建设的指导、督促与落实。要定期检查、评估规划的落实情况,推广先进经验,针对问题及时采取有效措施,确保会计信息化规划确定的各项目标任务落到实处、取得实效。

本 章 小 结

本章主要学习了:会计信息系统的基本理论,会计信息系统的概念、目标及主要功能;会计信息系统的发展。

本章重要概念

会计信息系统　单项数据处理　数据处理系统　管理系统　系统软件　财务软件

会计信息系统管理制度

本 章 练 习

1. "会计信息化就是会计电算化"的说法对吗？为什么？
2. 简述我国会计信息化的发展过程。
3. 简述会计信息系统中各子系统之间的关系。

第二章　系统初始化

> 内容简介
> 学习目的和要求
> 思政育人
> 第一节　系统管理
> 第二节　基础档案设置
> 第三节　总账系统的初始设置
> 本章小结
> 本章重要概念
> 本章练习

内容简介

本章主要讲解了会计信息系统初始化的内容、操作方法、操作注意事项及操作技巧,包括系统管理、基础档案设置及总账系统的初始设置等。本章重点为建立账套、设置基础档案及期初余额的录入方法等;难点为不同操作员在系统管理下的权限差异、会计科目的设置及凭证类别的设置等。

学习目的和要求

通过本章的学习,学生应理解系统管理在会计信息系统中的重要地位,能够进行用户及其权限的集中管理,并掌握建立账套的方法,系统启用的方法,设置各种基础档案的方法,设置会计科目、凭证类别、结算方式的方法,以及录入期初余额的方法;明确各项设置在系统中的作用及各项目的含义;熟悉账套备份、恢复和删除的方法。

 **思政育人** 　　　　　　树立公平公正的价值观

　　公平与正义是全人类共同价值观中的两个重要理念。习近平总书记指出,公平正义是我们的共同理想。每个人都有理想,公平正义是世界各国人民的共同理想。社会主义的公平正义是马克思主义的公平正义观在社会领域里的实现。习近平总书记指出,公平正义是中国特色社会主义的内在要求,所以必须在全体人民共同奋斗、经济社会发展的基础上,加紧建设对保障社会公平正义具有重要作用的制度,逐步建立社会公平保障体系。

　　资料来源:杨豹.公平正义是世界人民的共同理想[EB/OL].(2022-01-10)[2024-06-21]. http://www.qstheory.cn/qshyjx/2022-01/10/c_1128248527.htm. 有删节。

　　【思政寄语】 作为会计从业人员,应树立公平、公正的价值观,坚持中国特色社会主义的内在要求,遵循社会公平保障体系,维护会计行业的公平正义。

　　全局意义上的系统初始化可分为"系统管理"的相关设置和基础档案设置两个环节;另外,总账系统的初始设置也安排在了本章。

第一节　系 统 管 理

2-1 引例：使用软件解决手工环境下财务管理困境

系统管理模块是用友 T3 对各子系统进行统一管理的公共平台。

一、启用系统管理

用友预设了一个系统管理员"admin"。第一次注册进入系统管理的时候,只能以"admin"的身份进行注册,密码为空(即没有密码)。

 **小知识**

在实际工作中,为了保证系统的安全,应该在第一次注册的时候为系统管理员设置密码。

【案例 2-1】 以系统管理员"admin"的身份注册"系统管理"。

【操作步骤】

(1)单击[开始]/[程序]/[畅捷通 T3 系列管理软件]/[畅捷通 T3]/[系统管理](或直接双击桌面上的系统管理图标),打开"系统管理"窗口,如图 2-1 所示。

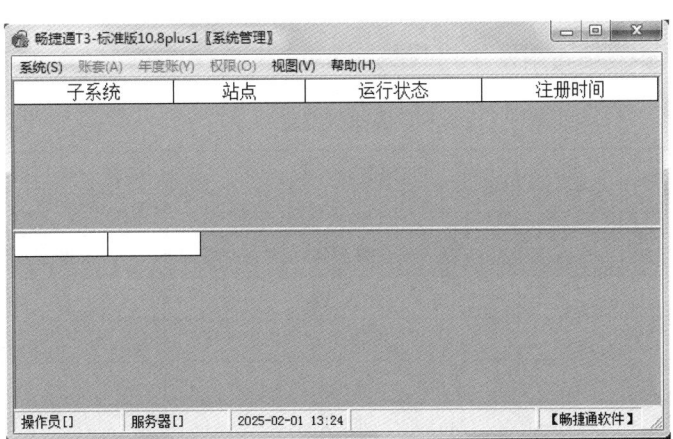

图 2-1　畅捷通 T3-标准版 10.8 plus1"系统管理"界面

（2）在"系统管理"窗口中，单击［系统］/［注册］，单击 按钮，选择"服务器"，在"用户名"文本框中输入"admin"，如图2-2所示。

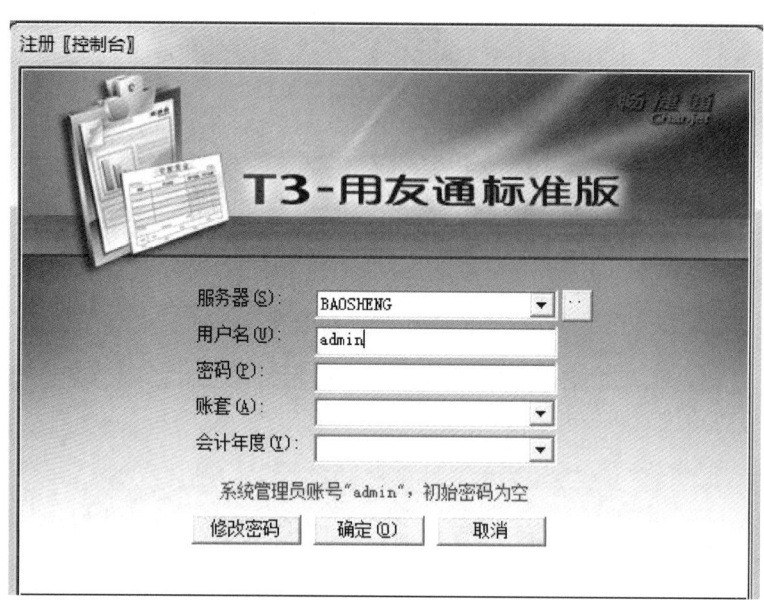

图2-2 用友T3"注册〖控制台〗"界面

（3）单击［确定］按钮。

提示

在教学过程中，如果一台计算机供多个学生使用，则建议不为系统管理员设置密码。

小知识

在实际工作中，可以根据需要随时增加操作员。

二、设置操作员信息

为了保证系统及数据的安全与保密，系统管理提供了设置操作员的功能，以便在计算机系统中进行操作分工及权限控制。

（一）增加操作员

【案例2-2】 华夏公司用友T3操作员信息如表2-1所示。

表2-1　　　　　　　　　　　　　操作员信息

编　号	姓　名	口　令
KJ01	刘　莉	123456
KJ02	陈　明	123456
KJ03	王　志	123456
KJ04	李　力	123456
KJ05	张　虹	123456
YW01	孙　亮	123456

【操作步骤】

（1）以系统管理员"admin"的身份在"系统管理"窗口中，单击[权限]/[操作员]按钮，打开"操作员管理"对话框，如图2-3所示。

（2）单击[增加]按钮，打开"增加操作员"对话框，输入编号"KJ01"、姓名"刘莉"、口令"123456"和确认口令"123456"，如图2-4所示。

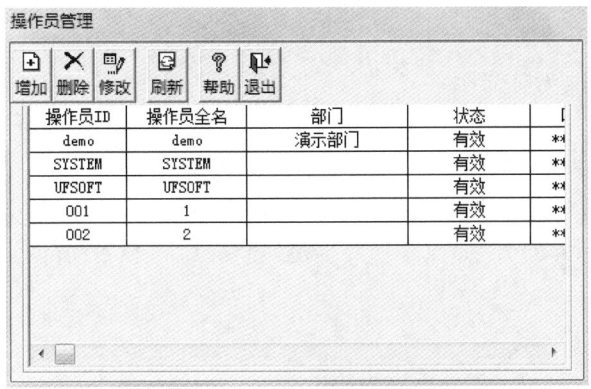

图2-3　用友T3"操作员管理"界面

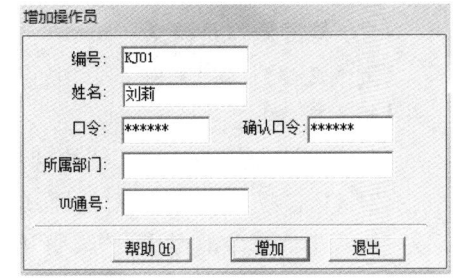

图2-4　用友T3"增加操作员"界面

（3）单击[增加]/[确认]按钮。

（4）继续增加其他操作员。

（5）单击[退出]按钮，系统显示操作员名单，如图2-5所示。

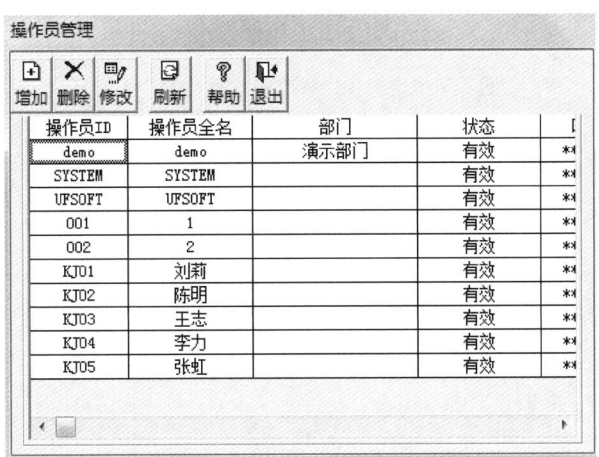

图2-5　用友T3"操作员管理"界面

操作注意事项

1. 只有系统管理员（admin）才有权设置操作员。
2. 操作员编号在系统中必须唯一，且不区分大写和小写。
3. 设置的操作员一旦被使用，则不能删除。

提示

1. 系统预置了3位操作员，分别是demo、SYSTEM和UFSOFT，这3位操作员的初始口令与各自的名称一样，如demo的口令就是demo。

2. 操作员的口令除了可以由系统管理员以修改操作员信息的方式进行修改，还可以在操作员登录系统时由操作员本人修改。

（二）修改操作员信息

【案例2-3】 将〖案例2-2〗中的陈明改为陈光明。

【操作步骤】

（1）以系统管理员"admin"的身份在"系统管理"窗口中，单击[权限]/[操作员]。

（2）打开"操作员管理"对话框，单击选中要修改的操作员"陈明"所在行，再单击[修改]（或直接双击要修改的操作员"陈明"所在行），打开"修改操作员信息"对话框，将姓名"陈明"修改为"陈光明"，如图2-6所示。

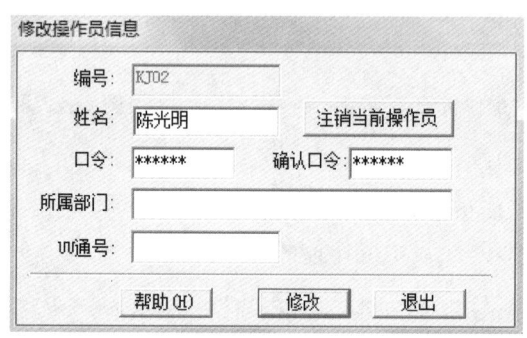

图2-6 用友T3"修改操作员信息"界面

（3）单击[修改]/[退出]。

提示

1. 可以修改的操作员信息有姓名、口令、所属部门等，操作员的编号是不能修改的。

2. 在实际工作中，使用过系统之后又调离本企业的操作员可以通过"修改"功能"注销当前操作员"，状态为"注销"的操作员此后不允许再登录本系统。

三、账套管理

账套是存储在计算机中，按会计原理和会计制度组织起来的某个独立核算单位的一组相互关联的财务数据。在账套管理功能中，可以完成账套的建立、修改、备份、删除及恢复、启用操作。账套数据的备份、恢复与删除虽不是"系统管理"初始化的工作内容，但这三项工作也是在此模块中进行的，并且非常重要，所以在此介绍。

（一）建立账套

建立账套，即采用会计信息系统软件为本企业建立一套账簿文件，在建立账套时可以根据企业的具体情况进行账套参数的设置，这些参数设置主要包括单位名称、行业性质、企业类型、启用时间、编码方案、数据精度等。账套参数决定了系统的数据输入、处理，以及输出

的内容和形式。

【案例2-4】 建立账套。华夏公司的资料如下,请为其创建账套。

(1) 账套号:100;账套名称(单位名称):华夏公司(简称:华夏);按默认的账套路径;启用日期:2025年1月1日。

(2) 地址:青岛市清临路200号;法人代表:赵义;邮政编码:266100;联系电话:86666668;传真:66666666;电子邮件:huaxia@qd.com;税号:123456789012345;本位币名称:人民币(代码:RMB);企业类型:工业;行业性质:2007年会计准则(建账时按行业性质预置会计科目);账套主管:刘莉。

(3) 分类方案:存货、客户有分类;供应商无分类;无外币核算。

(4) 编码方案:科目编码级次:4222;存货、客户编码级次:223;地区编码级次:12;其余采用系统默认值。

【操作步骤】

(1) 在"系统管理"界面,单击[账套]/[建立],在"创建账套—账套信息"界面中输入以下信息:账套号"100",账套名称"华夏公司",启用会计期"2025年1月"(也可通过单击[会计期间设置]完成),如图2-7所示。

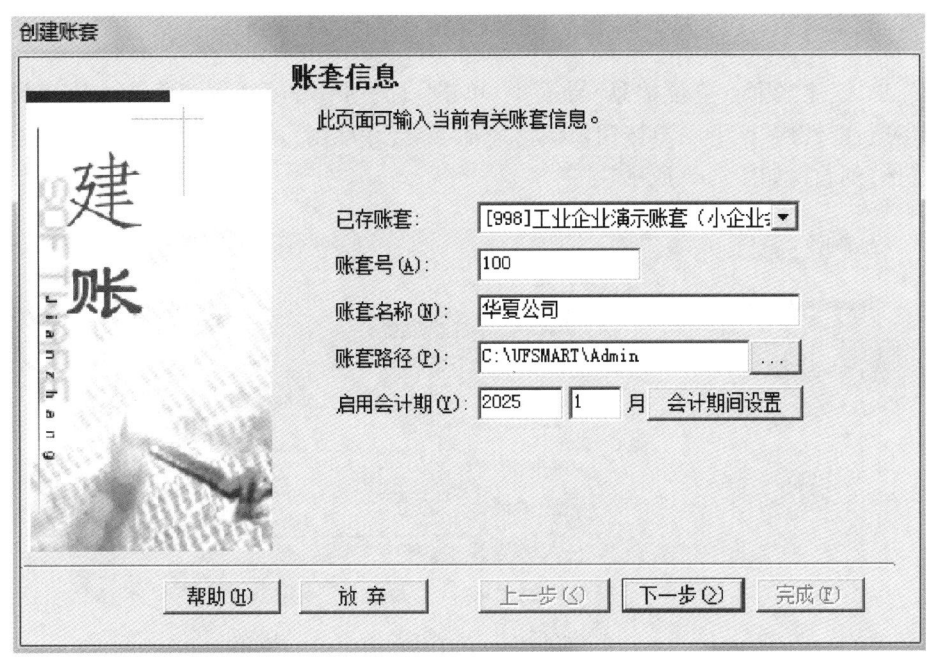

图2-7 用友T3"创建账套—账套信息"界面

(2) 在"创建账套—账套信息"界面中,单击[下一步],打开"创建账套—单位信息"界面,输入单位信息:单位名称"华夏公司",单位简称"华夏",单位地址"青岛市清临路200号",法人代表"赵义",邮政编码"266100",联系电话"86666668",传真"66666666",电子邮件"huaxia@qd.com",税号"123456789012345",如图2-8所示。

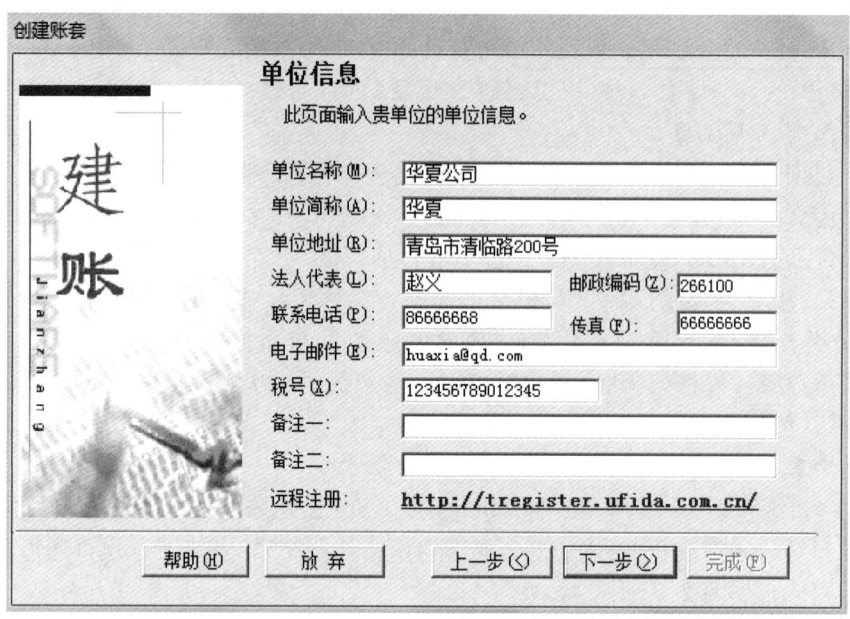

图 2-8　用友 T3"创建账套—单位信息"界面

（3）在"创建账套—单位信息"界面中，单击［下一步］，打开"创建账套—核算类型"界面。单击"行业性质"栏下三角按钮，选择"2007 年会计准则"，单击"账套主管"栏下三角形按钮，选择"刘莉"，如图 2-9 所示。

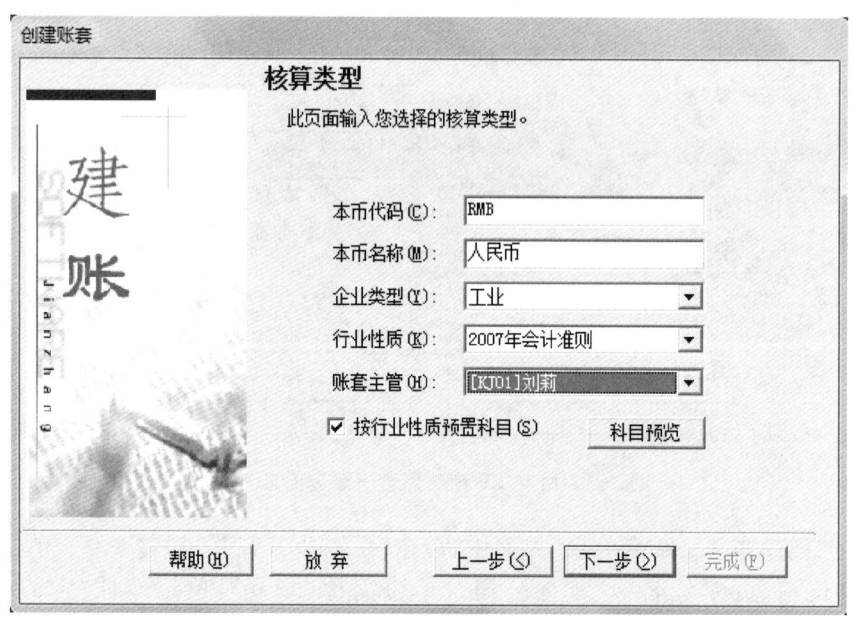

图 2-9　用友 T3"创建账套—核算类型"界面

（4）在"创建账套—核算类型"界面中，单击［下一步］，打开"创建账套—基础信息"界面。选中"存货是否分类"和"客户是否分类"前的复选框，如图 2-10 所示。

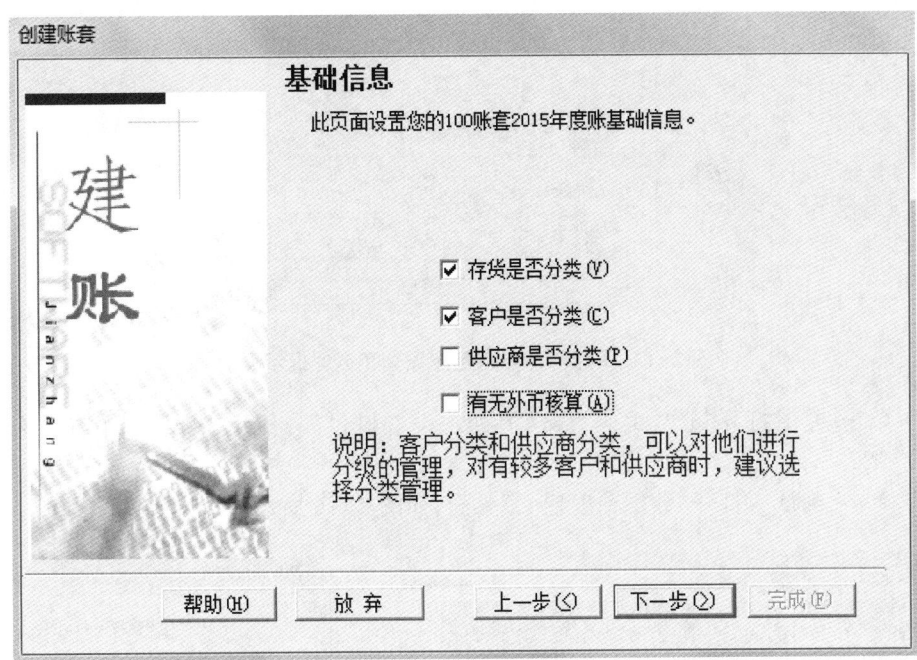

图2-10 用友T3"创建账套—基础信息"界面

(5) 在"创建账套—基础信息"界面中,单击[下一步],打开"创建账套—业务流程"界面,如图2-11所示。

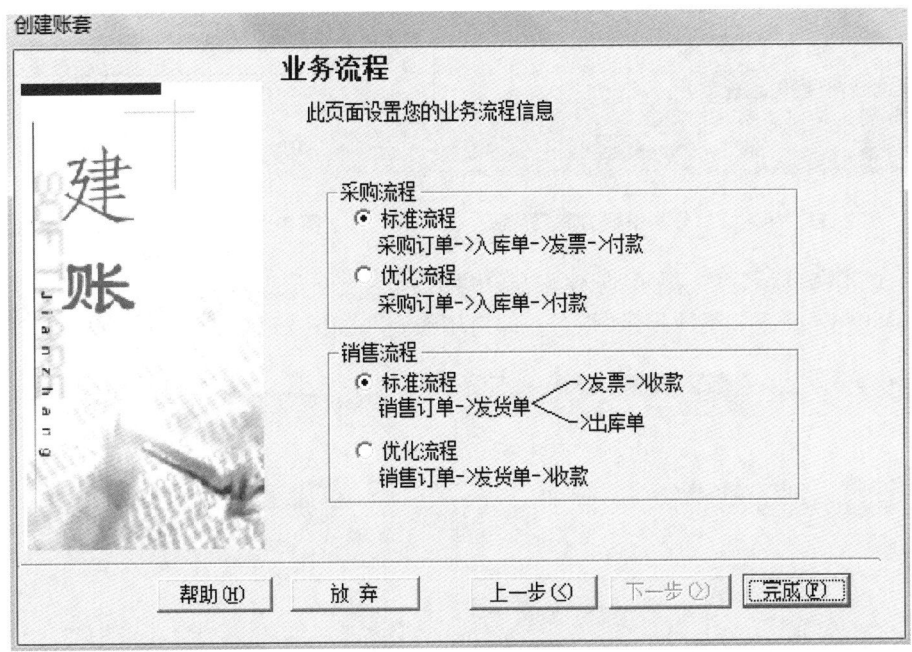

图2-11 用友T3"创建账套—业务流程"界面

(6) 单击[完成],系统弹出"可以创建账套了么?"提示框,如图2-12所示。

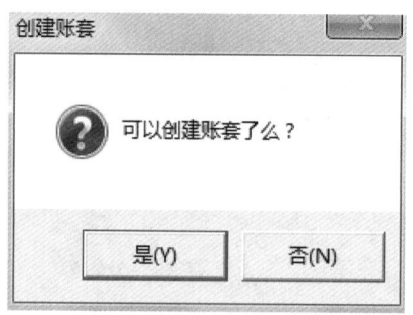

图 2-12　用友 T3"可以创建账套了么?"提示界面

(7) 单击[是],打开"分类编码方案"界面。设置科目编码级次"4222",存货、客户分类编码级次"223",地区分类编码级次"12",如图 2-13 所示。

(8) 单击[确认],打开"数据精度定义"界面,如图 2-14 所示。

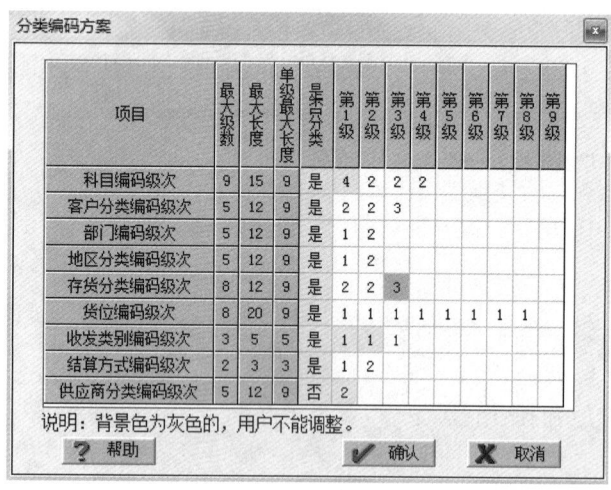

图 2-13　用友 T3"分类编码方案"界面

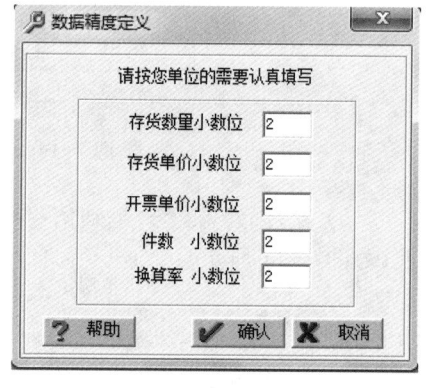

图 2-14　用友 T3"数据精度定义"界面

(9) 单击[确认],系统提示"创建账套{华夏公司:[100]}成功",如图 2-15 所示。

(10) 单击[确定],系统提示"是否立即启用账套",如图 2-16 所示。

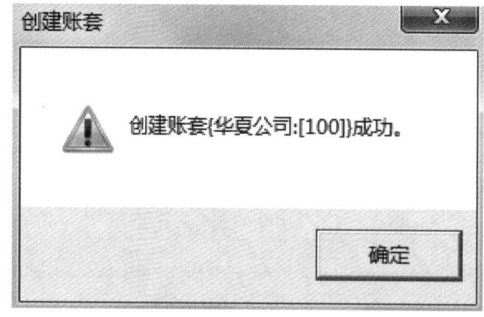

图 2-15　用友 T3"创建账套{华夏公司:[100]}成功"提示界面

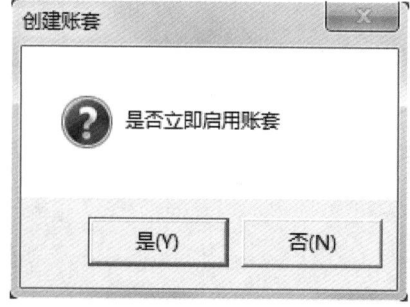

图 2-16　用友 T3"是否立即启用账套"提示界面

(11) 单击[否]，暂时不启用任何系统。

> **操作注意事项**
>
> 1．新建账套号必须唯一，不能与已存账套号重复。
> 2．启用会计期不能在计算机系统日期之后。
> 3．"创建账套——单位信息"中只有单位名称是必填项，其他内容可根据实际情况填写。如果需要输入邮政编码，其长度必须6位。
> 4．行业性质的选择决定着系统采用何种会计制度下的会计科目进行会计核算。
> 5．系统默认按所选行业性质预置会计科目，则系统按照账套所选行业会计制度预置了一级会计科目，因此第1级科目编码级次不能修改。
> 6．在建账时，已经按照标准流程设置了采购流程和销售流程，所以收发类别编码在此处无法修改，应结合购销存管理系统进行调整。
> 7．账套名称将随时显示在正在操作的用友电算化软件界面的左下角。
> 8．账套路径为存储账套数据的路径，系统管理员(admin)可以根据实际情况进行修改。
> 9．系统管理员(admin)在建账时可以直接进行系统启用的操作；否则，只能由账套主管注册"系统管理"进行系统启用。
> 10．若要减少编码方案的级数，应从末级开始减少。
> 11．在实际工作中，账套主管可以在此确定，也可以在操作员权限设置功能中修改。

 延伸阅读2-1

编 码 方 法

编码是按照一个系统的方案指定数字、字母或其他符号，借以区别各项目的类别和项别。它可以采用字母、数字或字母、数字混合等形式。一般，可以采用以下几种编码方法来进行编码设计。

(1) 顺序编码。顺序编码是按照编码对象顺序排列进行编号的一种方法。在编制顺序码时，每一个编码对象的编码均应比前一个编码对象的编码大1。

(2) 分组编码。分组编码是按数字顺序进行分组，由某一特定号码至另一特定号码代表某一类项目的一定类别名称的一种编码方法。

(3) 层次编码，又称群码。它是以分类对象的从属层次关系为排列顺序的编码方法。编码分为若干层，编码左端为高层次编码，右端为低层次编码，每一层次可按顺序编码或分组编码进行编码。这种编码在会计信息系统中广泛应用，编码结构简单，易于扩展，便于分类汇总。

上述三种方法是编码最基本的方法，在设计编码时不可能只采用其中的一种方法。一般情况下，要结合各单位的具体情况，综合运用不同的编码方法进行设计。

(二) 修改账套

当会计信息系统运行一段时间后，如果发现账套的某些信息需要修改或补充，可以通过修改账套功能来完成。此功能还可以帮助用户查看某个账套的信息。系统要求只有账套主管才有权使用账套修改功能。如果要修改某一账套的信息，应在启动系统管理后，以账套主管的身份登录注册系统管理,并选择要修改的账套。

【案例 2-5】 将〖案例 2-4〗所建立的账套修改为有外币核算。

【操作步骤】

(1) 在"系统管理"窗口,单击[系统]/[注册],输入用户名"KJ01",输入密码"123456",单击"账套"栏下三角按钮,选择"[100]华夏公司",如图 2-17 所示,单击[确定]。

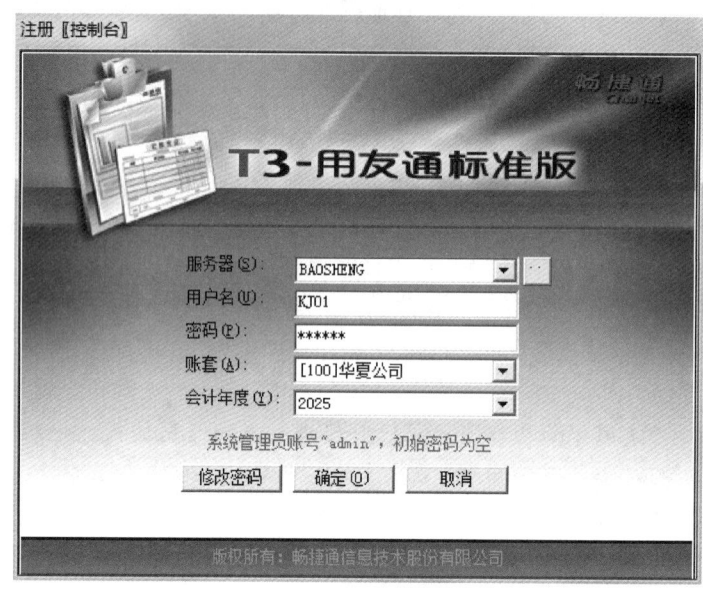

图 2-17 用友 T3 "注册〖控制台〗"界面

(2) 单击[账套]/[修改],打开"修改账套—账套信息"界面,如图 2-18 所示。

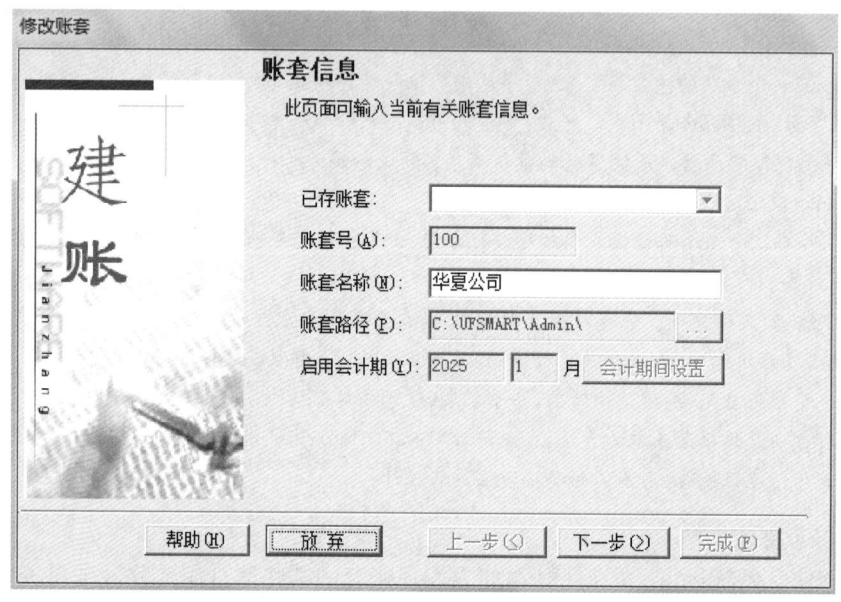

图 2-18 用友 T3 "修改账套—账套信息"界面

(3) 单击[下一步], 打开"修改账套—单位信息"界面; 单击[下一步], 打开"修改账套—核算类型"界面; 单击[下一步], 打开"修改账套—基础信息"界面, 单击选中"有无外币核算"前的复选框, 如图 2-19 所示。

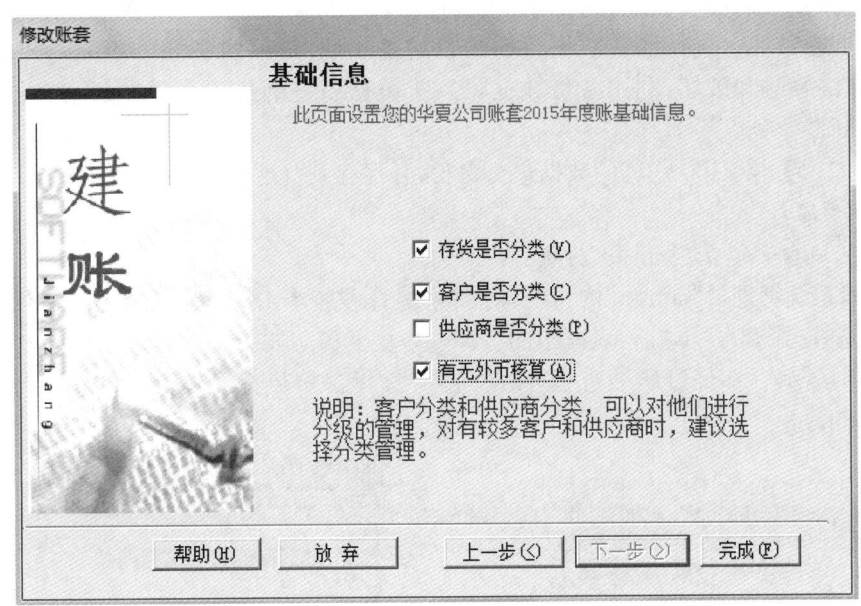

图 2-19　用友 T3"修改账套—基础信息"界面

(4) 单击[完成], 系统提示"确认修改账套了么?", 如图 2-20 所示。
(5) 单击[是], 打开"分类编码方案"界面, 单击[确认], 打开"数据精度定义"界面, 单击[确认], 系统提示"修改账套{华夏公司:[100]}成功", 如图 2-21 所示, 单击[确定]。

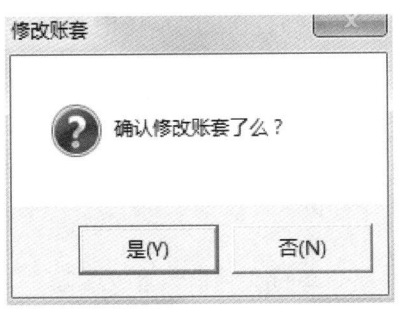 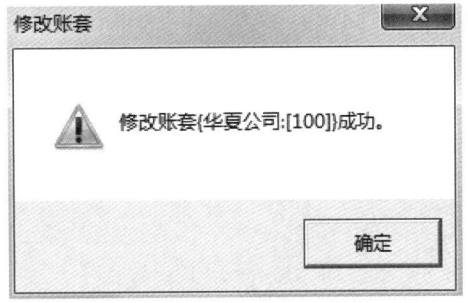

图 2-20　用友 T3"确认修改账套了么?"　　图 2-21　用友 T3"修改账套{华夏公司:[100]}
　　　　　　提示界面　　　　　　　　　　　　　　　　成功"提示界面

操作注意事项

1. 建账信息中, "账套信息"和"核算信息"都不可修改; 而其他信息在未使用时, 大多可以修改。
2. 只有账套主管才有权修改账套。

(三) 备份账套

账套数据的备份是指为账套数据制作一份副本,存放到硬盘上指定的文件夹里,也可以存放到其他移动存储设备中或是刻到光盘上保存。计算机在运行时经常会受到各方面因素的干扰,如人的因素、硬件的因素、软件或计算机病毒的因素等,这些因素有时还会导致会计数据被破坏。进行账套数据备份的目的是长期保存,防备意外事故造成的硬盘数据丢失、非法篡改和破坏;利用备份数据将系统数据恢复到最近备份的状态,以保证企业尽快正常开展业务。

【案例2-6】 将100账套的数据进行备份,并保存到"D:\备份"文件夹中。

【操作步骤】

(1) 在D盘中建立"备份"文件夹。

(2) 以系统管理员"admin"的身份注册"系统管理",单击[账套]/[备份],打开"账套输出"界面,选择"账套号"下拉列表框中的"[100]华夏公司",如图2-22所示。

(3) 单击[确认],经过压缩进程,系统进入"选择备份目标:"界面,选择"D:\备份",如图2-23所示。

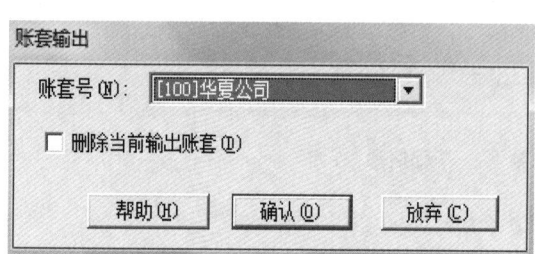

图2-22 用友T3"账套输出"界面　　　　图2-23 用友T3"选择备份目标"界面

(4) 单击[确认],系统弹出"硬盘备份完毕!"提示界面,则备份完成,单击[确定]。

> **操作注意事项**
>
> 1. 只有系统管理员才有权限备份账套。
>
> 2. 如需备份账套数据至指定的文件夹,在选择备份目标时,一定要双击该指定文件夹,否则将备份在目标文件夹的上层根目录下。
>
> 3. 建议在每次备份时都新建一个文件夹,并注明该备份文件的内容及日期。
>
> 4. 使用"系统管理"中"系统"菜单里的"设置备份计划"功能,可以设置自动备份计划,让系统按照用户设置的计划定期自动进行备份。
>
> 5. 备份时不支持直接备份至移动存储设备中,需要先备份至本地机,然后再复制到移动存储设备中。
>
> 6. 备份账套后,在指定的备份文件夹中生成"UF2KAct.Lst"和"UFDATA.BA_"两个文件。

(四) 删除账套

账套的"备份"功能除了可以完成账套的备份操作,还可以完成删除账套的操作。如果系统内的账套已经不再需要继续保存了,则可以使用账套的"备份"功能进行账套删除。

【案例 2-7】 删除 100 账套。

【操作步骤】

(1)以系统管理员(admin)的身份注册"系统管理",单击[账套]/[备份],打开"账套输出"界面,选择"账套号"下拉列表框中的"[100]华夏公司",单击选中"删除当前输出账套"前的复选框,如图 2-24 所示。

(2)单击[确认],选定存放备份文件的目标文件夹,单击[确认],系统弹出"硬盘备份完毕!"提示界面,单击[确定],系统提示"真要删除该账套吗?",如图 2-25 所示。

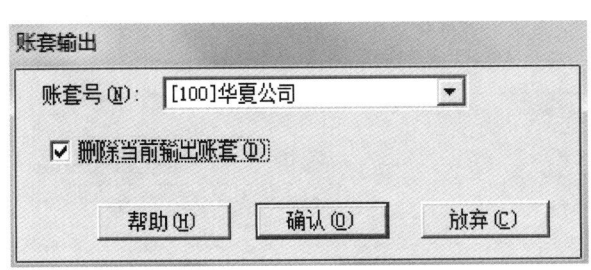

图 2-24 用友 T3"账套输出"界面

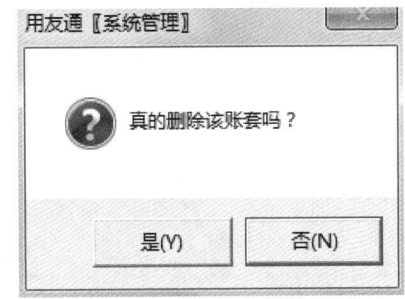

图 2-25 用友 T3"真的删除该账套吗?"提示界面

(3)单击[是]。

提示

在删除账套时,必须关闭所有系统模块,并且系统强制要求备份。

(五)恢复账套

恢复账套是指把软盘或光盘等存储介质中的备份数据恢复到系统软件中,恢复数据的目的是当硬盘数据被破坏时,将最新备份数据恢复到硬盘中。系统还允许将系统外某账套数据引入本系统中,从而有利于集团公司的操作。例如,子公司的账套数据可以定期被引入母公司系统中,以便进行有关账套数据的分析和合并工作。

【案例 2-8】 将已备份到"D:\备份"文件夹中的数据恢复到系统中。

【操作步骤】

(1)以系统管理员(admin)的身份注册"系统管理",单击[账套]/[恢复],打开"建议使用安全通"的提示,单击[关闭],打开"恢复账套数据"界面,选择"D:\备份"中的数据文件"UF2KAct.Lst",如图 2-26 所示。

(2)单击[打开],系统提示"账套[100]恢复成功!",如图 2-27 所示。

操作注意事项

1. 只有系统管理员才有权限恢复账套。
2. 备份的账套数据不能直接运行,只有在系统管理中进行引入才能运行。

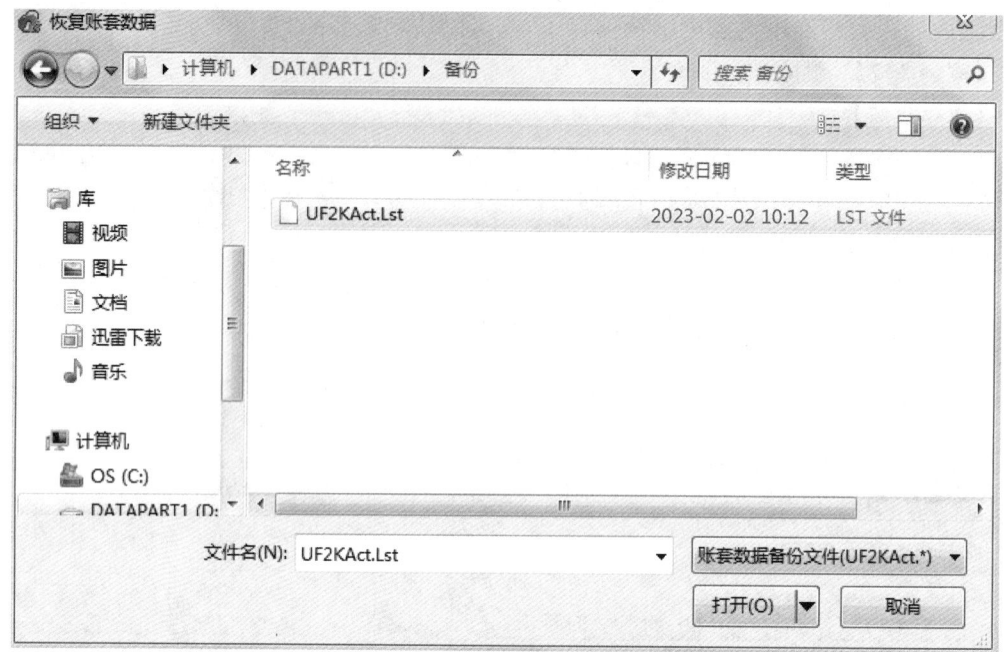

图 2-26　用友 T3"恢复账套数据"界面

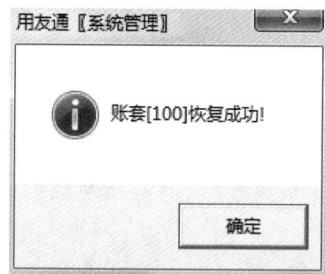

图 2-27　用友 T3"账套[100]恢复成功!"提示界面

 提示

如果未完成〖案例 2-7〗,就做〖案例 2-8〗,恢复账套数据时,系统会提示"此项操作将覆盖[100]账套当前的所有信息,继续吗?",如图 2-28 所示,单击[是]按钮,再继续操作。

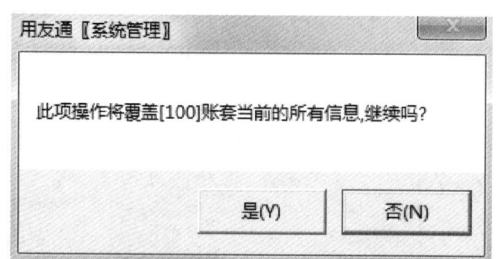

图 2-28　用友 T3"此项操作将覆盖[100]账套当前
　　　　　的所有信息,继续吗?"提示界面

（六）启用账套

账套启用是指设定畅捷通 T3 中各子系统开始使用的日期，只有启用后的子系统才能进行登录。

【案例 2-9】 启用[100]账套的总账、固定资产、工资管理，启用日期均为 2025 年 1 月 1 日。

【操作步骤】

(1) 以账套主管的身份注册"系统管理"，单击[账套]/[启用]，打开"系统启用"界面，单击"总账"前的复选框，打开"日历"界面，选中"2025 年 1 月 1 日"，如图 2-29 所示。

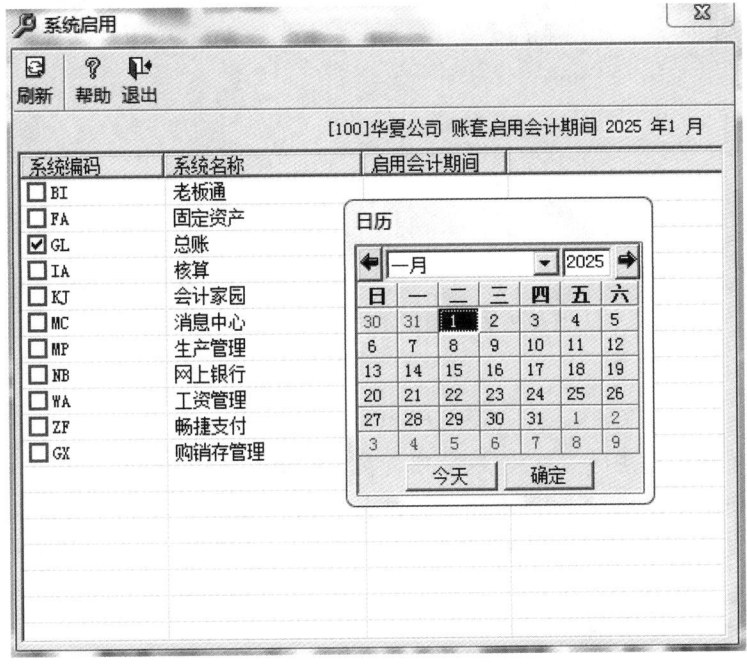

图 2-29　用友 T3"系统启用"界面

(2) 单击[确定]，打开"确实要启用当前系统吗？"界面，如图 2-30 所示。

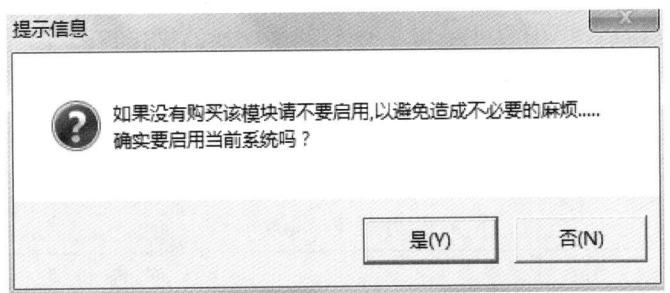

图 2-30　用友 T3"确实要启用当前系统吗？"提示界面

(3) 单击[是]，采用同样方法启用固定资产、工资管理子系统，如图 2-31 所示。

(4) 单击[退出]。

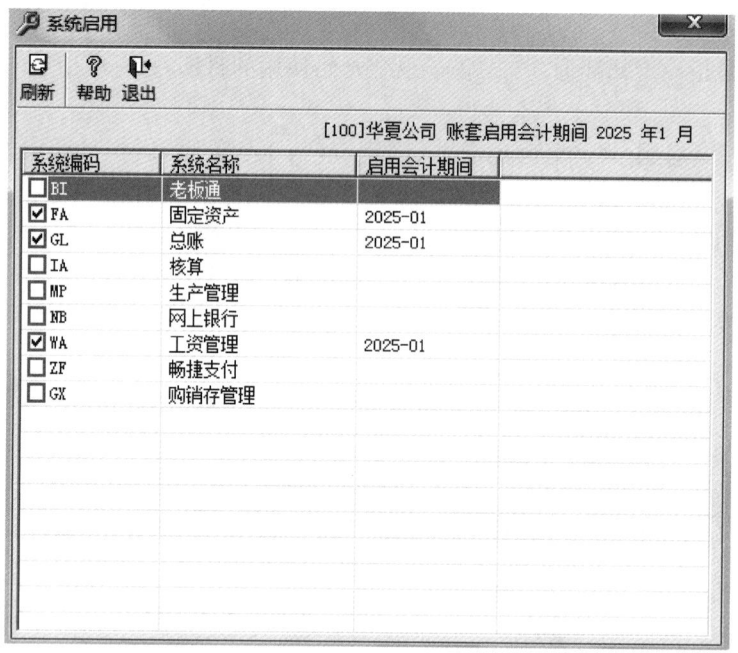

图 2-31 用友 T3"系统启用"界面

 提示

系统启用有两种方法：一是由系统管理员在系统管理中创建账套时启用系统，即当用户创建完成一个新的账套后，系统弹出提示信息对话框，系统管理员（admin）可以选择立即进行系统启用设置；二是在账套建立完成后，由账套主管登录系统，在系统管理中进行设置。

四、设置操作员权限

为了保证权责清晰和企业经营数据的安全与保密，企业在设置了操作员并建立了账套后，需要对系统中的所有操作人员进行分工，设置各自相应的操作权限。

（一）增加权限

操作员权限是指某一操作员拥有某一账套某些功能的操作权限，因此在设置操作员和建立该核算账套之后，才可以在操作员权限设置功能中对非账套主管的操作员进行操作员权限设置。

【案例 2-10】 华夏公司操作员权限如表 2-2 所示，请完成设置。

表 2-2　　　　　　　　　　　　　　操 作 员 权 限

编　号	姓　名	职 责 权 限
KJ02	陈光明	具有公用目录设置、总账的权限
KJ03	王　志	具有出纳签字及现金管理的权限
KJ04	李　力	具有工资管理的权限
KJ05	张　虹	具有固定资产管理的权限

【操作步骤】

（1）以系统管理员（admin）的身份注册"系统管理"，单击［权限］，打开"操作员权限"界面，单击"KJ02　陈光明"所在行，单击对话框右上角下拉三角按钮，选择"［100］华夏公司"及"2025"选项，如图 2-32 所示。

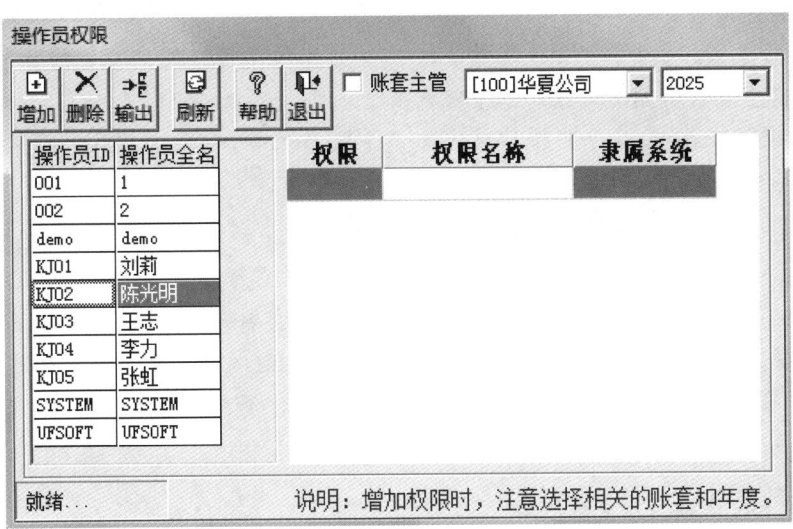

图 2-32　用友 T3"操作员权限"界面

（2）单击［增加］，打开"增加权限——［KJ02］"界面，双击"产品分类选择"框中的"公用目录设置"选项，系统会在"明细权限选择"框中增加明细权限，再双击"产品分类选择"框中的"总账"选项，系统会在"明细权限选择"框中增加明细权限，如图 2-33 所示。

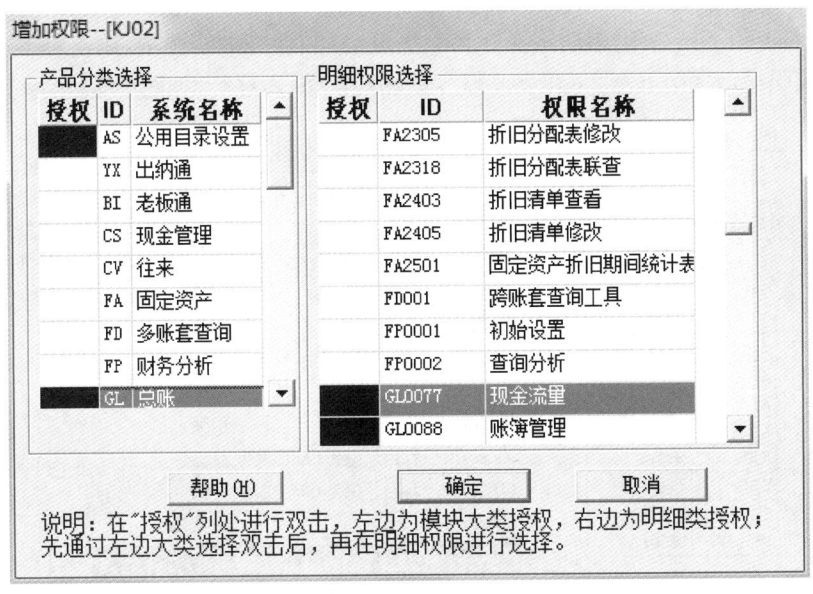

图 2-33　用友 T3"增加权限——［KJ02］"界面

（3）单击［确定］。按照上述方法继续增加表 2-2 中其他人员的权限。

> **操作注意事项**
>
> 1. 设置操作员权限必须在设置操作员和建立账套之后。
> 2. 设置权限时要先选中人员，切记要在右上角的下拉按钮中选中相应账套，再进行相关权限的增加。
> 3. 在设置操作员权限时，只需对非账套主管的操作员设置相应的操作权限，而系统默认账套主管自动拥有该账套的全部权限。
> 4. 在实际工作中，一个账套可以定义多个账套主管，一个操作员也可以担任多个账套的账套主管。

提示

只有系统管理员（admin）和该账套的账套主管有权进行权限设置，但两者的权限又有所区别。系统管理员（admin）可以指定某账套的账套主管，还可以对所有账套的操作员进行权限设置；而账套主管只能对其作为主管的账套的其他操作员进行权限设置，不能指定其他操作员为账套主管。

（二）修改权限

修改操作员权限包括设定或取消账套主管，修改某一操作员的某一功能模块的所有及部分权限。

【案例2-11】 取消操作员"KJ02　陈光明"在100账套中"GL0209　恢复记账前状态"的权限。

【操作步骤】

（1）以系统管理员（admin）的身份注册"系统管理"，单击[权限]，打开"操作员权限"界面，单击对话框右上角下拉三角按钮，选择"[100]华夏公司"及"2025"选项，单击"KJ02　陈光明"所在行，在权限显示区中单击"GL0209　恢复记账前状态"所在行，如图2-34所示。

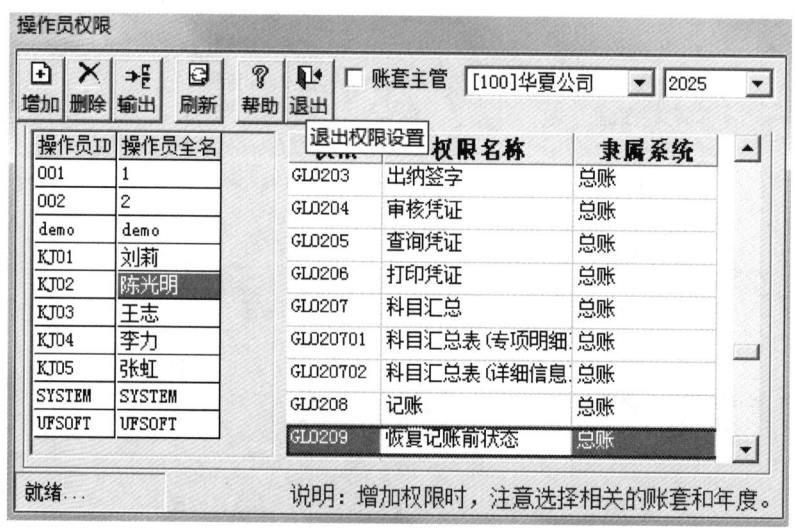

图2-34　用友T3"操作员权限"界面

(2)单击[删除],系统提示"删除权限:[恢复记账前状态]吗?",如图2-35所示。

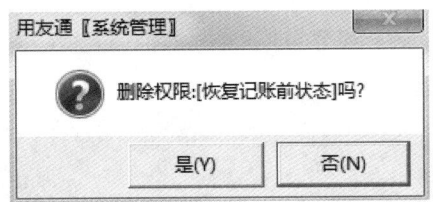

图 2-35 用友 T3"删除权限:[恢复记账前状态]吗?"提示界面

(3)单击[是]/[退出]。

> **操作注意事项**
> 1. 设置权限时要先选中人员,切记要在右上角的下拉按钮中选中相应账套,再进行相关权限的删除。
> 2. 操作员权限一旦被使用,则不能被修改。
> 3. 系统管理员(admin)或账套主管可以对非账套主管的操作员已拥有的权限进行删除。
> 4. 如果要删除某一操作员连续的多个操作权限,可以在选中第一个要删除的权限后,按住 Shift 键,同时移动鼠标,便可选定一批权限,然后单击[删除],执行批量删除的功能。

💡 **提示**

账套主管最初是在建立账套时指定,以后可由系统管理员进行账套主管的设定与删除操作。(操作步骤:在"操作员权限"界面左边窗口中选择欲设定或删除账套主管资格的操作员,在对话框右上角选择目标账套,选中或取消"账套主管"复选框。)

第二节 基础档案设置

一个账套由若干个子系统构成,这些子系统共享公用的基础信息,基础信息是系统运行的基石。在启用新账套时,应根据企业的实际情况,结合系统基础信息设置的要求,事先做好基础数据的准备工作,使初始建账顺利进行。

基础档案设置的内容主要包括机构设置、往来单位设置、财务信息设置、结算方式设置和常用摘要设置等。

一、启动并注册"用友通"

在建立账套后,对于该账套的所有会计核算、业务处理及有关的管理工作均应在用友通系统中进行,因此在进行总账系统初始化之前应先启动并注册用友通系统。

【案例 2-12】 以账套主管"KJ01 刘莉"的身份注册用友通。

【操作步骤】

(1)单击[开始]/[程序]/[畅捷通 T3 系列管理软件]/[畅捷通 T3]/[畅捷通 T3 标准

版]（或直接双击桌面上的用友通图标），打开"用友通"窗口，在"用户名"文本框中输入"KJ01"，输入密码"123456"，单击"账套"栏下三角形按钮，选择"[100]华夏公司"，单击"会计年度"栏下三角按钮，选择"2025"，在"操作日期"文本框中输入"2025-01-01"，如图2-36所示。

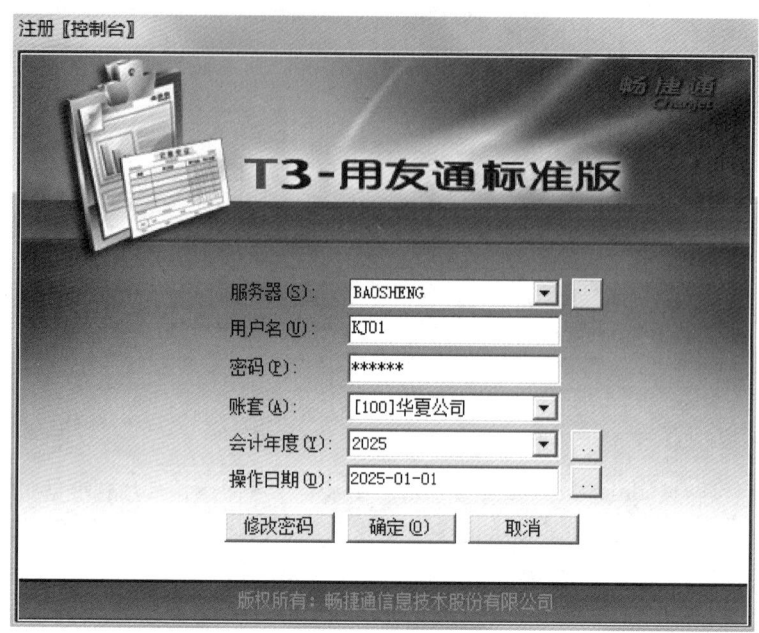

图 2-36　用友 T3"注册[控制台]"界面

（2）单击[确定]，打开"期初档案录入"界面，如图2-37所示。

图 2-37　用友 T3"期初档案录入"界面

（3）单击 X ，打开"T3-标准版10.9"界面，如图2-38所示。

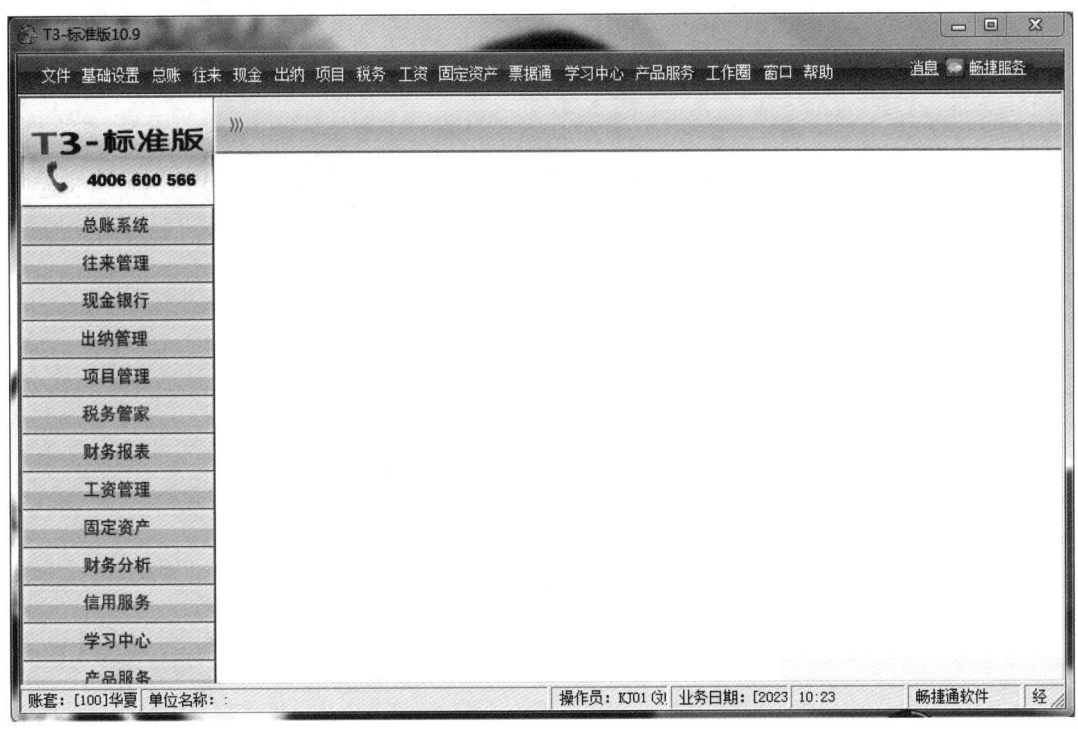

图2-38　用友T3"T3-标准版10.9"界面

> **操作注意事项**
> 1. 在启动总账系统前应先在系统管理中设置相应的账套。
> 2. 在启动总账系统前应先在系统管理中启用总账系统。

提示

1. 注册窗口默认的"操作日期"是系统时间，在使用教学版软件时应将"操作日期"调整为与"建账日期"同年同月，并且不能在启用日期之前。

2. 操作员的口令除了可以由系统管理员通过修改操作员信息的方式进行修改，还可以在操作员登录系统时由操作员本人修改。

二、机构设置

机构设置及接下来要介绍的往来单位设置、财务设置、收付结算设置等都可以在"期初档案录入"界面中完成，也可以在"基础设置"菜单下完成。

小技巧

如果在设置第一个部门档案前,还想调整分类编码方案,可由有"公用目录设置"权限的操作员注册"用友通",打开"基础设置"菜单,单击[基本信息]/[分类编码方案],即可按需要进行调整。此种调整"分类编码方案"的方法比通过修改账套来调整要方便些。

(一) 部门档案设置

在会计核算中,往往需要按部门进行分类和汇总,下一级将自动向有隶属关系的上一级进行汇总。部门档案是设置会计科目中要进行部门核算的部门名称,如管理费用及其明细科目;以及要进行个人核算的往来个人所属部门,如其他应收款。

【案例 2-13】 华夏公司部门档案信息如表 2-3 所示,请完成设置。

表 2-3　　　　　　　　　　　部 门 档 案

部门编码	部门名称
1	行政部
2	财务部
3	生产部
4	业务部
401	采购部
402	销售部
5	仓储部

【操作步骤】

(1) 在"畅捷通 T3——标准版"窗口中,单击[基础设置]/[机构设置]/[部门档案],打开"部门档案"界面,单击[增加],输入部门编码"1"、部门名称"行政部",如图 2-39 所示。

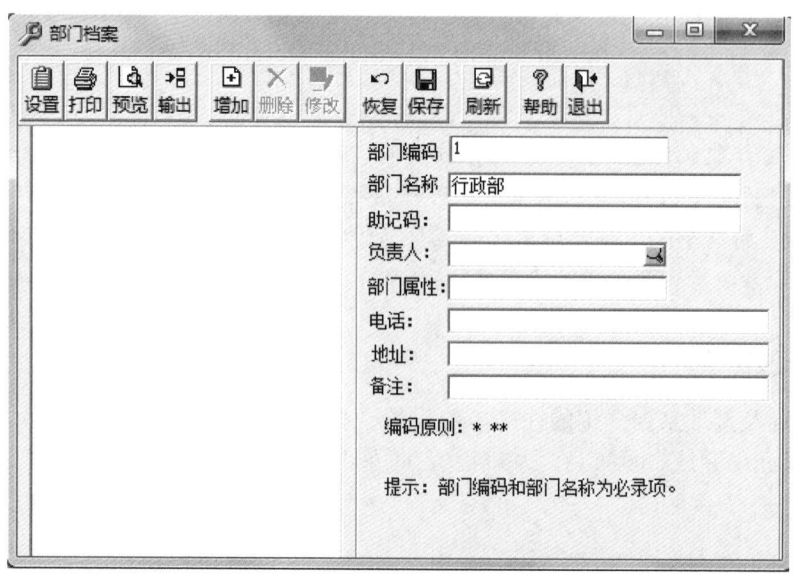

图 2-39　用友 T3"部门档案"界面

(2) 单击［保存］。按照上述方法继续增加其他部门。系统显示已录入的部门档案,如图 2-40 所示。

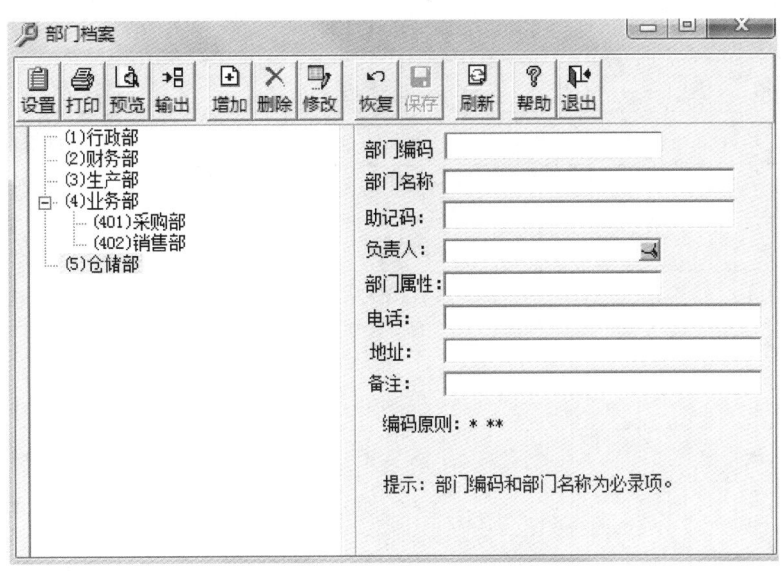

图 2-40　用友 T3"部门档案"录入完毕界面

(3) 单击［退出］。

> **操作注意事项**
>
> 1. 部门编码必须符合编码原则。
> 2. 在设置部门档案时还未设置职员档案,因此部门档案中的负责人应在设置职员档案后,再回到设置部门档案中,使用修改功能补充设置。
> 3. 部门档案资料一旦被使用将不能被修改或删除。
> 4. 输入完毕一项部门信息后,一定要点击［保存］,再点击［增加］,继续输入下一条部门信息;如果未点击［保存］,而直接点击［增加］,继续输入下一条部门信息,则上一条输入的部门信息未有效保存。
> 5. 如果需要修改"部门档案",单击左侧需要修改的"部门档案",再单击上方工具栏中的［修改］,修改完毕后,最后单击上方工具栏中的［保存］即可。

💡 **提示**

"部门档案"界面右窗格最下面一项显示的编码规则,是在"系统管理"中建立账套的时候,在分类编码方案中确定的。〖案例 2-13〗中,前面 1 个"＊"和后面 2 个"＊"中间隔一个空格,表示编码分两级:前面 1 个"＊"表示第一级编码为一位数;后面 2 个"＊"表示第二级编码为两位数。这里可以体会到在建账套的时候,分类编码方案的设置对后续操作的影响,所以在建账过程中设置编码方案时一定要考虑周全。

(二) 职员档案设置

职员档案主要用于登记本单位职员的信息资料,设置职员档案可以方便地进行个人往来核算和管理等操作。

【案例 2-14】 华夏公司职员档案如表 2-4 所示,请完成设置。

表 2-4 职　员　档　案

人　员　编　码	人　员　姓　名	行　政　部　门
101	王　楠	行政部
201	刘　莉	财务部
202	陈光明	财务部
203	王　志	财务部
204	李　力	财务部
205	张　虹	财务部
301	高　斌	生产部
401	孙　亮	采购部
402	郑　卓	销售部
501	王　宁	仓储部

【操作步骤】

(1) 在"畅捷通 T3——标准版"窗口中,单击[基础设置]/[机构设置]/[职员档案],打开"职员档案"界面,输入职员编码"101"、职员名称"王楠",单击所属部门栏🔍,选择"行政部"(或直接输入"行政部",也可输入行政部的部门编号"1"),单击[增加](或按 Enter 键),按照上述方法继续增加其他职员,直至全部增加完毕,如图 2-41 所示。

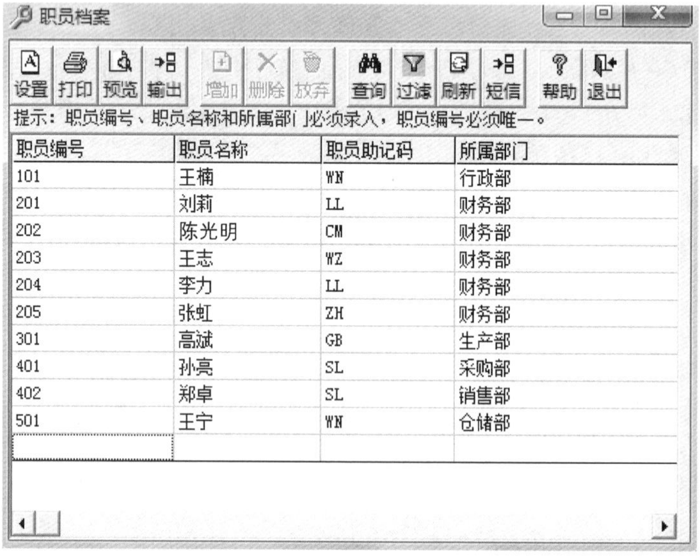

图 2-41 用友 T3"职员档案"界面

(2) 单击[退出]。

> **操作注意事项**
> 1. 职员编号、职员名称、所属部门为职员档案的必填项。其中职员编号必须唯一。
> 2. 录入全部职员档案后,应单击[增加](或按 Enter 键),增加新的空白行,则最后一个职员档案才能正常保存。
> 3. 职员档案资料一旦被使用将不能被修改或删除。

> **小结**
> 职员档案中的"所属部门"有三种输入方法,分别为:第一种方法是可以直接录入部门名称;第二种方法是双击"所属部门"栏,然后单击 🔍,在已录入的部门档案中选择相应的部门;第三种方法是直接录入部门代码。推荐采用第二种方法。

三、往来单位设置

在企业与客户的业务往来中,会产生应收账款或预收账款;同样,在企业与供应商的业务往来中,会产生应付账款或预付账款。为了满足相关业务的需要,应该在初始化的过程中建立客户和供应商的相关信息。往来单位设置的内容主要包括客户分类、客户档案、供应商分类、供应商档案等。

2-3 往来单位设置

(一) 客户分类设置

当往来客户或供应商较多时,可以对客户或供应商进行分类。100 账套在建立账套时只选择了对客户进行分类,所以只能对客户进行分类,而不能对供应商进行分类。对客户进行分类可以实现对客户相关信息的统计和汇总等分类管理。

【**案例 2-15**】 华夏公司客户分类如表 2-5 所示,请完成设置。

表 2-5 客 户 分 类

客户分类编码	客户分类名称
01	东北地区
02	华北地区
03	西北地区

【操作步骤】

(1) 在"畅捷通 T3——标准版"窗口中,单击[基础设置]/[往来单位]/[客户分类],打开"客户分类"界面,单击[增加],输入类别编码"01"、类别名称"东北地区",如图 2-42 所示。

(2) 单击[保存]。按照上述方法继续增加其他客户分类,直至全部增加完毕。

(3) 单击[退出]。

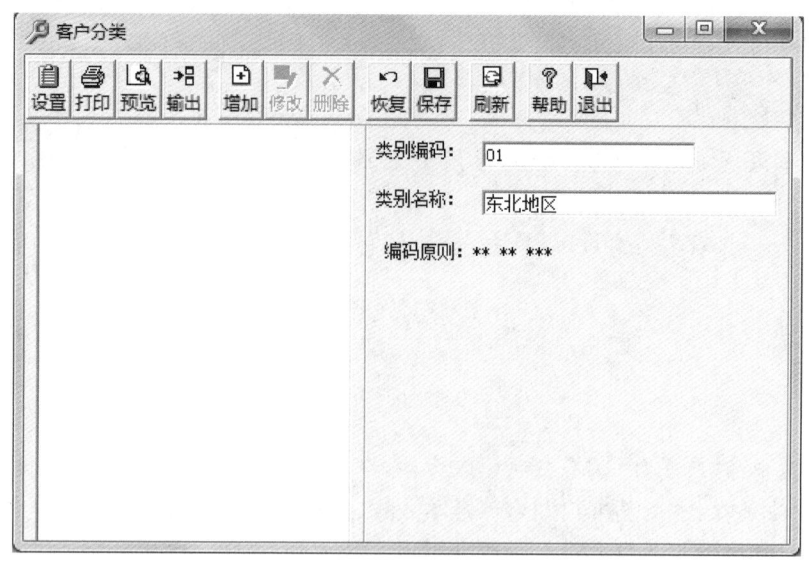

图 2-42 用友 T3"客户分类"界面

 操作注意事项

1. 客户分类编码必须唯一。
2. 客户分类编码必须符合编码原则。

 提示

如果建账过程中在设置"基础信息"的时候勾选了"客户是否分类"项(参阅本章第一节图 2-10),就需要在这里设置客户分类;如果建账过程中未勾选"客户是否分类"项,则无须在此进行客户分类设置,可直接进行客户档案设置。

(二)客户档案设置

企业如果需要进行往来管理,那么必须将企业的所有客户的详细信息录入客户档案中。在销售管理等业务中需要处理的客户档案资料,应在本功能中先行设定,如有变动应及时在此进行调整。

【案例 2-16】 华夏公司客户档案如表 2-6 所示,请完成设置。

表 2-6 客 户 档 案

客户编号	客户名称	客户简称	所属分类
001	大连立胜公司	立胜	01
002	济南齐联公司	齐联	02
003	兰州巨成公司	巨成	03

【操作步骤】

(1)在"畅捷通 T3——标准版"窗口中,单击[基础设置]/[往来单位]/[客户档案],打开"客户档案"界面,如图 2-43 所示。

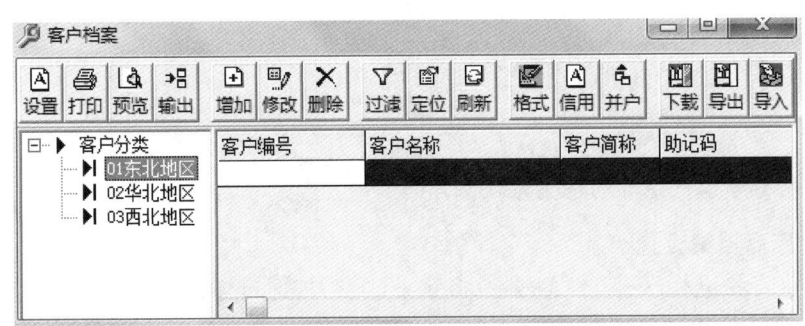

图 2-43　用友 T3"客户档案"界面

（2）单击左框中"客户分类"中的"东北大区"所在行，单击[增加]，打开"客户档案卡片"界面，打开"基本"选项卡，输入客户编号"001"、客户名称"大连立胜公司"、客户简称"立胜"，如图 2-44 所示。

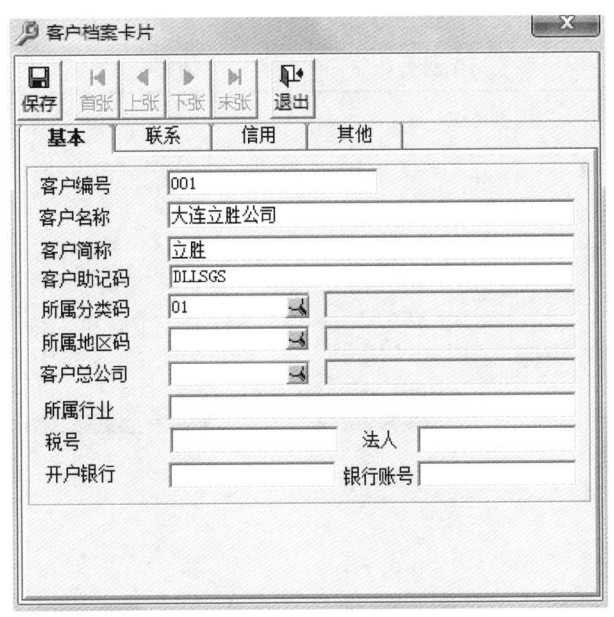

图 2-44　用友 T3"客户档案卡片"界面

（3）单击[保存]。按照上述方法继续增加其他客户档案，直至全部增加完毕。
（4）单击[退出]。

> **操作注意事项**
>
> 1. 客户编码可以是字母、数字或字母数字的组合，但必须唯一。
> 2. 客户编码和客户简称是必填项，客户名称不是必填项。
> 3. 输入每份客户档案卡片后，必须单击[保存]，否则视为放弃增加该客户档案。
> 4. 如果在输入客户档案时，只输入了"客户简称"，而没有输入"客户名称"，保存后系统将自动用"客户简称"作为"客户名称"。

(三)供应商分类设置

本章第一节〖案例2-4〗未要求设置供应商分类。

💡 **提示**

供应商分类与客户分类的设置方法相同。

(四)供应商档案设置

如果企业需要进行往来管理,必须将企业中供应商的详细信息录入供应商档案中。建立供应商档案直接关系到对供应商数据的统计、查询等处理。在采购管理等业务中需要调用的供应商档案资料,应在本功能中先行设定,如有变动应及时在此进行调整。

【案例2-17】 华夏公司供应商档案如表2-7所示。

表2-7   供应商档案

供应商编号	供应商名称	供应商简称	所属分类
001	北京基运公司	基运	00
002	上海劲松公司	劲松	00

【操作步骤】

(1)在"畅捷通T3——标准版"窗口中,单击[基础设置]/[往来单位]/[供应商档案],打开"供应商档案"界面,如图2-45所示。

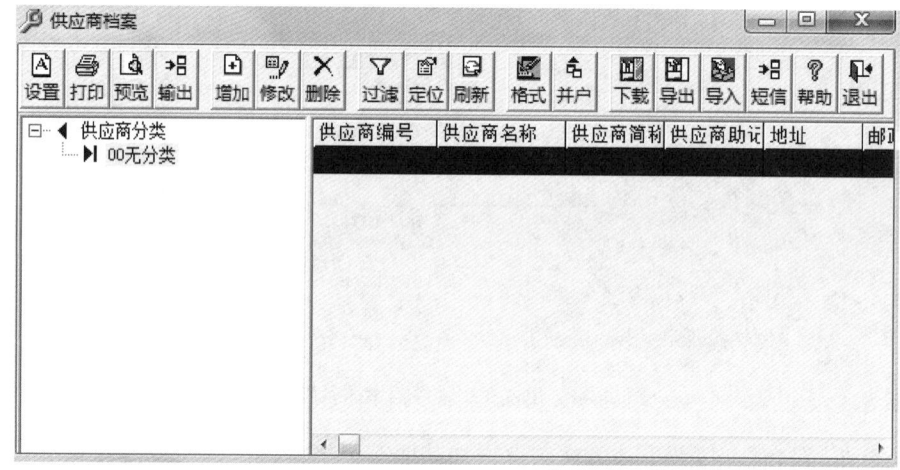

图2-45 用友T3"供应商档案"界面

(2)单击左框中"供应商分类"中的"无分类"所在行,单击[增加],打开"供应商档案卡片"界面,打开"基本"选项卡,输入供应商编号"001"、供应商名称"北京基运公司"、供应商简称"基运",如图2-46所示。

(3)单击[保存]。按上述方法继续增加其他供应商档案,直至全部增加完毕,单击[退出]。

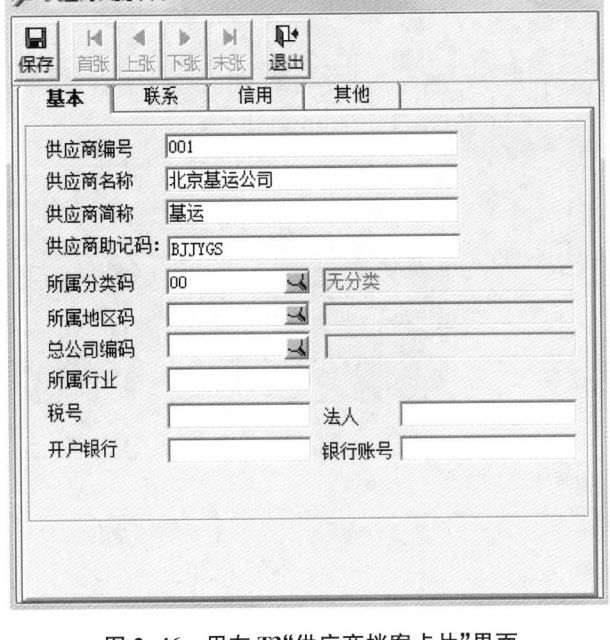

图 2-46 用友 T3"供应商档案卡片"界面

> **操作注意事项**
>
> 1. 供应商编码可以是字母、数字或字母数字的组合,但必须唯一。
> 2. 供应商编码和供应商简称是必填项,供应商名称不是必填项。
> 3. 供应商档案必须建立在最末级分类上,若左框中无供应商分类(图 2-45),则应在无分类下增加供应商。
> 4. 输入每份供应商档案卡片后,必须单击[保存],否则视为放弃增加该供应商档案。
> 5. 建立档案时:①须先建立客户分类、供应商分类后,才能建立客户档案、供应商档案;且客户档案、供应商档案必须建立在最末级分类上。②所有分类档案建立时,应遵循建立账套时设定的分类编码方案。

四、财务信息设置

(一) 外币种类设置

如果企业需要有多种外币核算,就需要设置外币种类。

【**案例 2-18**】 华夏公司采用固定汇率核算外币,外币只涉及美元一种,美元币符为"＄",2025 年 1 月初汇率为:1 美元＝6.12 元人民币。

【**操作步骤**】

(1) 在"畅捷通 T3——标准版"窗口中,单击[基础设置]/[财务]/[外币种类],打开"外币设置"界面,在下部"外币设置"区域输入币符"＄",币名"美元",如图 2-47 所示。

> **小技巧**
>
> 输入"＄",应切换到英文状态下,同时按下主键盘区域的"shift"和"4"两键。如果在中文状态下,同时按下此两键,将会输出"￥"。

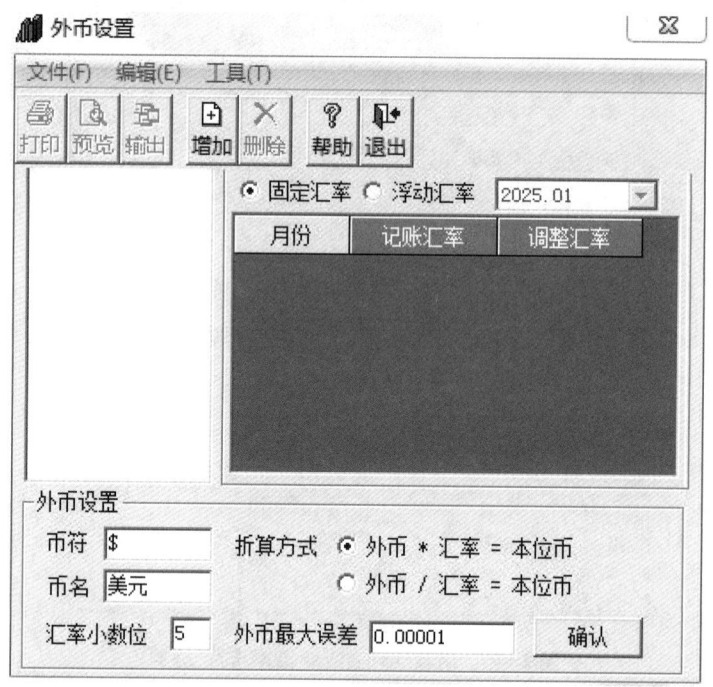

图 2-47 用友 T3"外币设置"界面 1

(2) 单击[确认],在 2025.01 的记账汇率中输入"6.12",如图 2-48 所示。

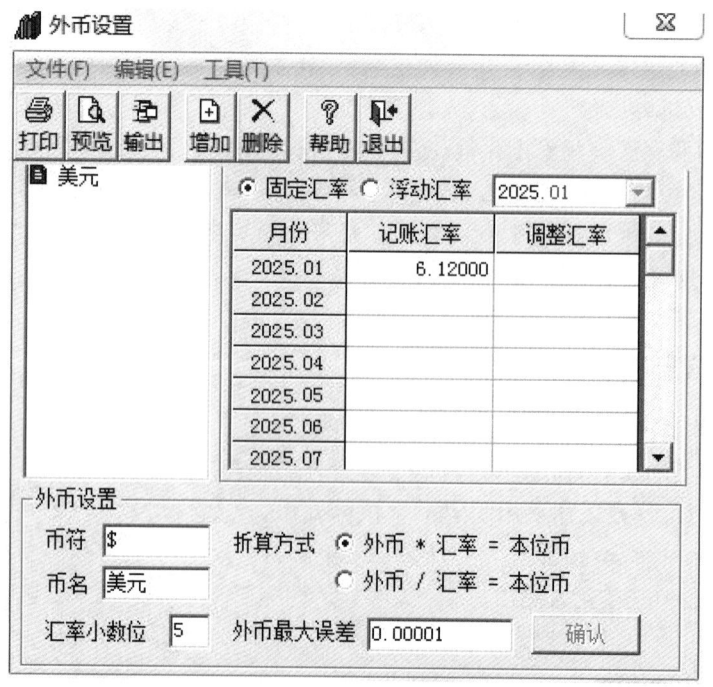

图 2-48 用友 T3"外币设置"界面 2

(3) 单击[增加]/[退出]。

> **提示**
> 录入汇率后不能修改总账的启用日期。

(二) 会计科目设置

会计科目设置是会计工作的重要内容之一,是企业对会计核算和会计管理需要的会计科目进行的一系列具体设置。会计科目用于分门别类地反映企业经济业务核算资料,为登记账簿、编制财务会计报表奠定了基础;同时也为经营管理者提供大量的详细、总括、准确的核算信息,以便作出正确的经营决策,制定合理的经营目标。

1. 增加科目

会计软件中采用的一级会计科目,必须符合国家会计制度的规定,而明细科目则可根据各企业的实际情况,在满足核算和管理要求及报表数据来源的基础上,自行设定。另外,需要特别注意的是会计科目的设置应该保持科目间的协调性和体系的完整性。

2-4 增加科目

【案例2-19】 华夏公司根据业务需要,需要增加的会计科目如表2-8所示。

表2-8 会 计 科 目(一)

科目编码及名称	方向	币别/计量单位	科目编码及名称	方向	币别/计量单位
建行存款(100201)		美元	工资(660101)	借	
中行存款(100202)	借		折旧费(660102)	借	
A材料(140301)	借	千克	广告费(660103)	借	
B材料(140302)	借	个	租赁费(660104)	借	
工资(221101)	贷		工资(660201)	借	
职工福利(221102)	贷		办公费(660202)	借	
应交增值税(222101)	贷		差旅费(660203)	借	
进项税额(22210101)	借		折旧费(660204)	借	
销项税额(22210102)	贷		招待费(660205)	借	
未分配利润(410401)	贷		利息支出(660301)	借	
甲产品(500101)	借		手续费(660302)	借	
工资(510101)	借		汇兑损益(660303)	借	
折旧费(510102)	借				

【操作步骤】

(1) 在"畅捷通T3——标准版"窗口中,单击[基础设置]/[财务]/[会计科目],打开"会计科目"界面,如图2-49所示。

图 2-49　用友 T3"会计科目"界面

(2) 单击[增加]，打开"会计科目_新增"界面，输入科目编码"100201"、科目中文名称"建行存款"，选中"外币核算"的复选框，在"币种"的下拉菜单中选择"美元"，如图 2-50 所示。

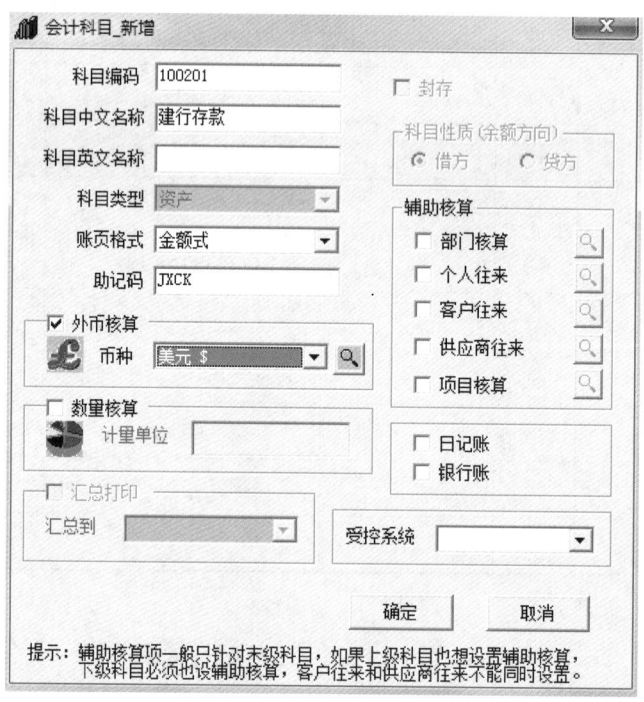

图 2-50　用友 T3"会计科目_新增"界面

(3) 单击[确定]。按照上述方法继续增加其他会计科目,直至全部增加完毕。
(4) 单击[退出]。

 操作注意事项

1. 新增会计科目,编码必须符合编码规则,必须唯一,且必须输入。
2. 新增会计科目,编码必须按一级、二级、三级……的次序建立。
3. 科目中文名称必须输入,科目英文名称可以省略。
4. 一个科目只能核算一种外币,只有存在外币核算要求的科目才允许也必须设定外币币种。
5. 如果科目已经使用,则只能增加平级会计科目,不能增加下级会计科目。

 提示

在建账的"核算类型"环节中,"行业性质"一项选择了"2007年会计准则"(2007年《企业会计准则》),并且在"按行业性质预置科目"一项上打了"√"(参阅本章第一节图2-9),所以系统自动预置了财政部统一规定的工业企业所有一级科目。现在我们需要把本单位需要的,而预置科目中没有的明细科目添加进去;另外,需要对预置科目的属性进行修改,如辅助核算、账页格式等。如果建账时,未在"按行业性质预置科目"一项上打"√",设置科目的时候就需要一个一个地把包括一级科目及明细科目在内的所有科目添加进去,并设置好。

延伸阅读2-2

科目编码设计的基本原则

在对会计科目进行编码设计时,一般应遵循以下原则。

1. 规定性原则

一级科目及部分明细科目应根据财政部和主管部门的统一规定进行编码。财政部公布的企业一级科目编码表:以"1"开头的为资产类科目;以"2"开头的为负债类科目;以"3"开头的为共同类科目;以"4"开头的为权益类科目;以"5"开头的为成本类科目;以"6"开头的为损益类科目。

2. 层次性原则

会计科目具有层次性,有上级科目与下级科目之分,有直接上级科目与直接下级科目之分。因此,其编码也应具有层次性,以便通过相关科目编码找出其上级科目编码、直接上级科目编码、下级科目编码及直接下级科目编码。

3. 简短性原则

科目编码应在满足会计核算需要的前提下,位数越少越好。科目编码位数过多,一方面,增加了输入工作量和出错的可能性;另一方面,占用了空间。

4. 扩展性原则

随着企业的发展和管理要求的加强,会计科目必然会有增加。因此编制科目编码时必须预先考虑到这一点,即编制科目编码时要留有一定的余地,以便能在一定范围内满足会计科目的扩展需要。简短性原则与扩展性原则是矛盾的,要保证科目编码的扩展性,需要以牺牲简短性为代价。因此,设计科目编码时,应在充分考虑扩展性的前提下,保证编码的简短性。

2. 修改会计科目

在手工账时期,如果企业有许多往来单位,并且个人、部门及项目都是通过设置明细科目来进行核算和管理的,那么在使用电算化的总账系统后,最好改用辅助核算进行管理,即将这些明细科目的上级科目设为末级科目,并将其设为辅助核算科目,同时将这些明细科目设置为相应的辅助核算档案。另外,在手工账时期,如果企业要求部分科目提供详细的数量信息或重量信息等,也可以通过科目修改功能中的账页格式和数量核算来实现。运用辅助核算功能,可以使同一项数据在登记到会计账簿上相关科目中的同时,也登记到辅助账上。这样就可以加强对客户、供应商、部门、个人及工程项目的业务管理。如及时催讨客户或员工对企业的欠款;及时支付对供应商的应付款;控制各部门和工程项目的费用开支等。辅助核算中的现金流量项目核算功能,还可以大大降低现金流量表编制的难度和工作量。

2-5 修改会计科目

【案例 2-20】 华夏公司根据业务需要,需要修改的会计科目如表 2-9 所示。

表 2-9 会计科目(二)

科目编码及名称	辅助核算	方向	币别/计量单位	其他
应收账款(1122)	客户往来(受控系统:无)	借		
预付账款(1123)	供应商往来(受控系统:无)	借		
其他应收款(1221)	个人往来	借		
库存商品(1405)		借	箱	数量核算
工程物资(1605)	项目核算	借		
应付账款(2202)	供应商往来(受控系统:无)	贷		
预收账款(2203)	客户往来(受控系统:无)	贷		
工资(660101)	部门核算	借		
折旧费(660102)	部门核算	借		
工资(660201)	部门核算	借		
办公费(660202)	部门核算	借		
差旅费(660203)	部门核算	借		
折旧费(660204)	部门核算	借		

【操作步骤】

(1) 在"畅捷通 T3——标准版"窗口中,单击[基础设置]/[财务]/[会计科目],打开"会计科目"界面,单击"1122 应收账款"科目所在行,单击[修改](或双击该会计科目),打开"会计科目_修改"界面。单击[修改],选中辅助核算区域"客户往来"的复选框,单击"受控系统"下拉列表,选择"无",如图 2-51 所示。

(2) 单击[确定]。按照上述方法继续修改其他会计科目(除"1405 库存商品"),直至全部修改完毕。

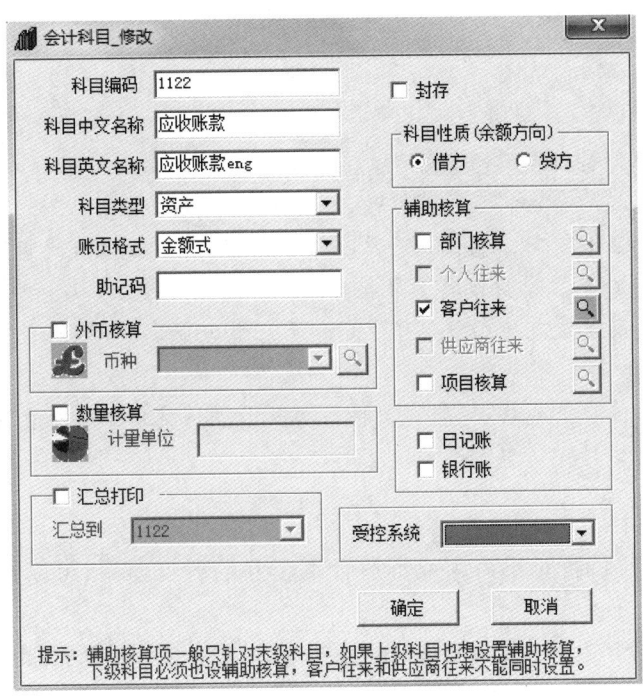

图 2-51　用友 T3"会计科目_修改"界面 1

（3）单击"1405　库存商品"科目所在行，单击［修改］（或双击该会计科目），打开"会计科目_修改"界面，单击［修改］。单击"账页格式"下拉列表，选中"数量金额式"；选中"数量核算"的复选框，在"计量单位"文本框中输入"箱"，如图 2-52 所示。

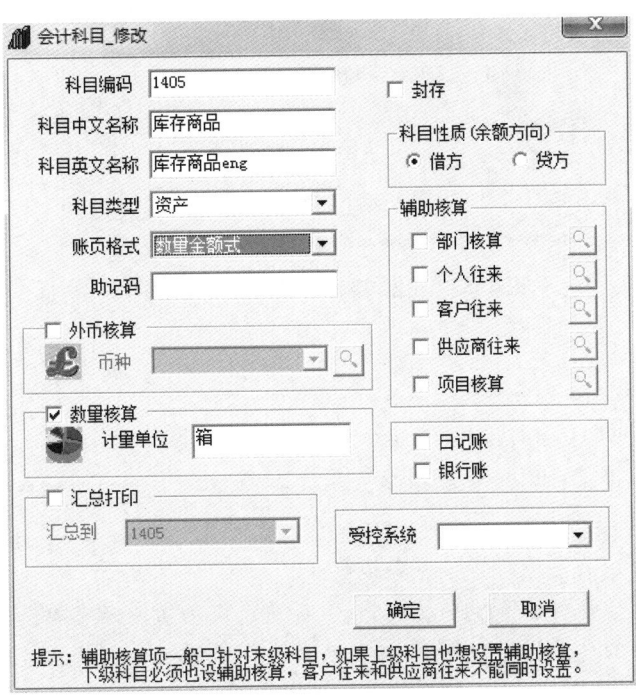

图 2-52　用友 T3"会计科目_修改"界面 2

（4）单击［确定］/［退出］。

> 📢 操作注意事项
>
> 1. 非末级会计科目编码不能修改。
> 2. 已经使用过的会计科目不能修改。
> 3. 只有处于修改状态才能设置汇总打印和封存，且只有末级科目才能设置汇总打印，且只能汇总到该科目本身或其上级科目。
> 4. 辅助账类必须设在末级科目上，但为了查询方便，也可以在其上级和末级科目中同时设置辅助账类。
> 5. 已有数据的会计科目，应先将该科目及其下级科目余额清零后再进行修改。
> 6. 被封存的科目在制单时不可以使用。

3. 删除会计科目

如果某些会计科目暂时不需用或不适合本企业的科目体系，可以在未使用之前将其删除。

【案例 2-21】 华夏公司账套主管刘莉将"3202 被套期项目"科目删除。

【操作步骤】

（1）在"畅捷通 T3——标准版"窗口中，单击［基础设置］/［财务］/［会计科目］，打开"会计科目"界面，打开"共同"选项卡，单击"3202 被套期项目"所在行，单击［删除］，系统显示"记录删除后不能恢复！真的删除此记录吗？"的提示界面，如图 2-53 所示。

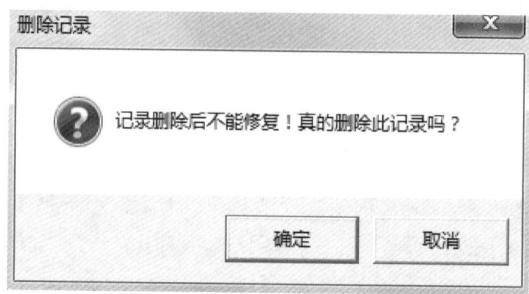

图 2-53 用友 T3 删除会计科目提示界面

（2）单击［确定］。

> 📢 操作注意事项
>
> 1. 非末级会计科目不能直接删除。必须先删除最末级的明细科目，逐级往上，最后才能删除一级科目。
> 2. 已经使用过的会计科目不能直接删除。
> 3. 已删除的会计科目不能自动恢复，但可通过增加功能来完成。
> 4. 已有数据的会计科目，应先将该科目及其下级科目余额清零后再删除。

4. 指定会计科目

指定会计科目是指定出纳专管科目。指定会计科目的作用主要表现在以下三个方面：

其一，只有指定现金总账科目和银行总账科目才能进行出纳签字，从而实现库存现金和银行存款管理的保密性。

其二，只有指定现金总账科目和银行总账科目才能查询库存现金日记账、银行存款日记账和资金日报表。

其三，指定现金流量科目可供编制现金流量表时取数函数使用，在指定现金流量科目后，在填制凭证时若使用现金流量科目，则系统要求填写该"现金流量项目"，只有填写了现金流量项目，才能由系统自动生成"现金流量表"。

【案例2-22】 华夏公司指定"库存现金"为现金总账科目、"银行存款"为银行总账科目、"库存现金、银行存款、其他货币资金"为现金流量科目。

【操作步骤】

（1）在"畅捷通 T3——标准版"窗口中，单击[基础设置]/[财务]/[会计科目]，打开"会计科目"界面，单击[编辑]/[指定科目]，如图2-54所示。

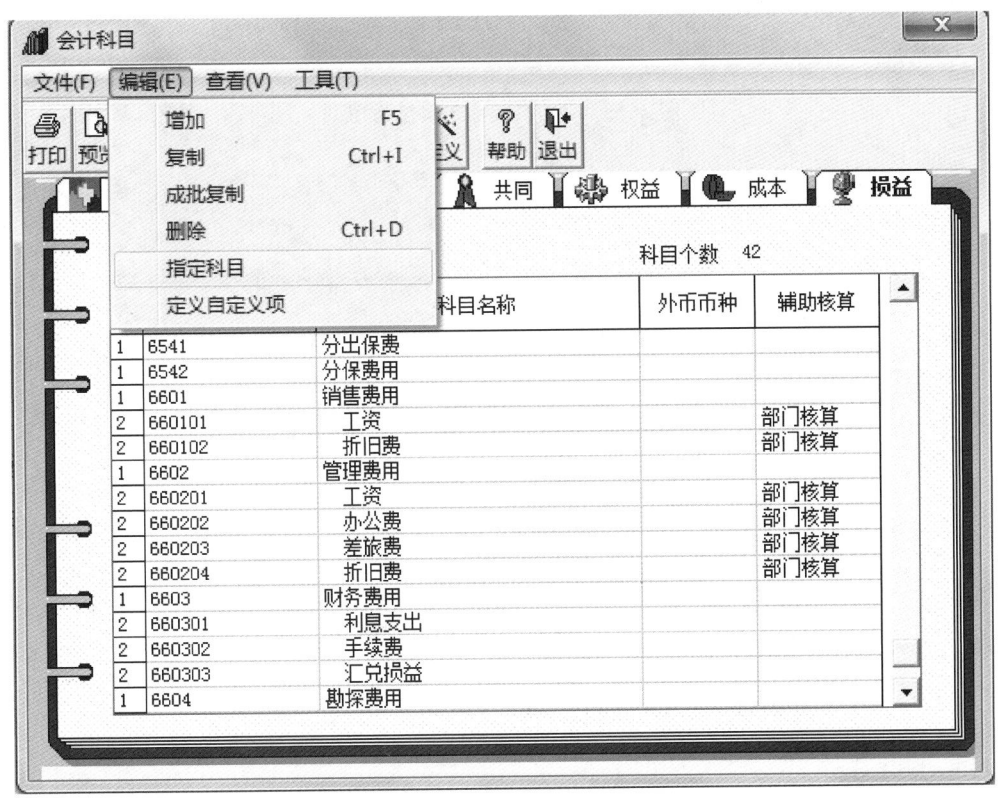

图2-54 用友T3"会计科目"界面

（2）打开"指定科目"界面，选择"现金总账科目"单选按钮，在"待选科目"选择框中，点击"1001　库存现金"所在行，单击 ＞ ，如图2-55所示。

（3）选择"银行总账科目"单选按钮，在"待选科目"选择框中，点击"1002　银行存款"所在行，单击 ＞ ，如图2-56所示。

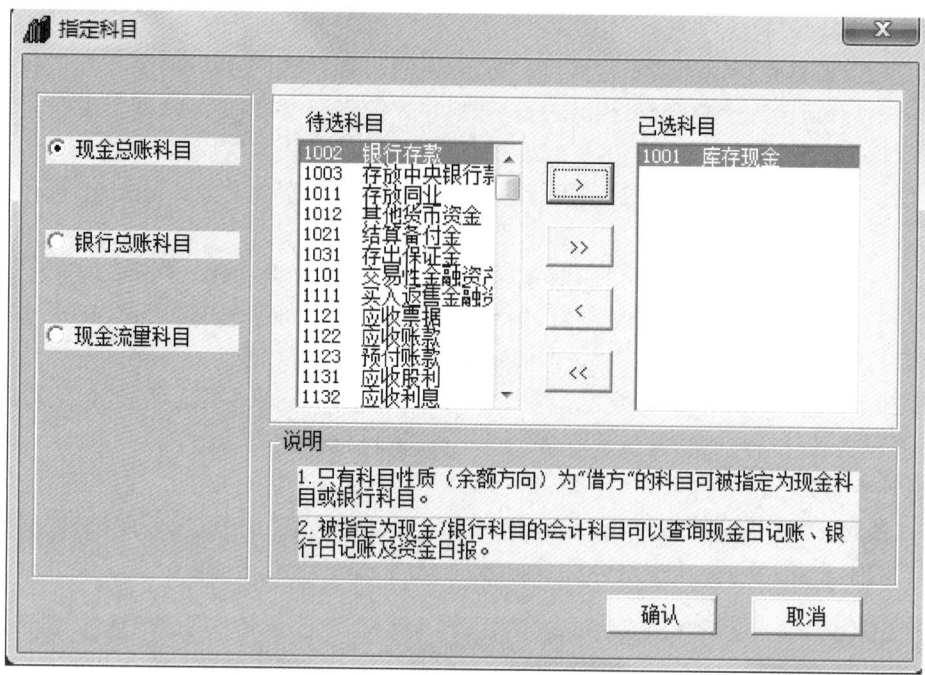

图 2-55 用友 T3"指定科目"界面 1

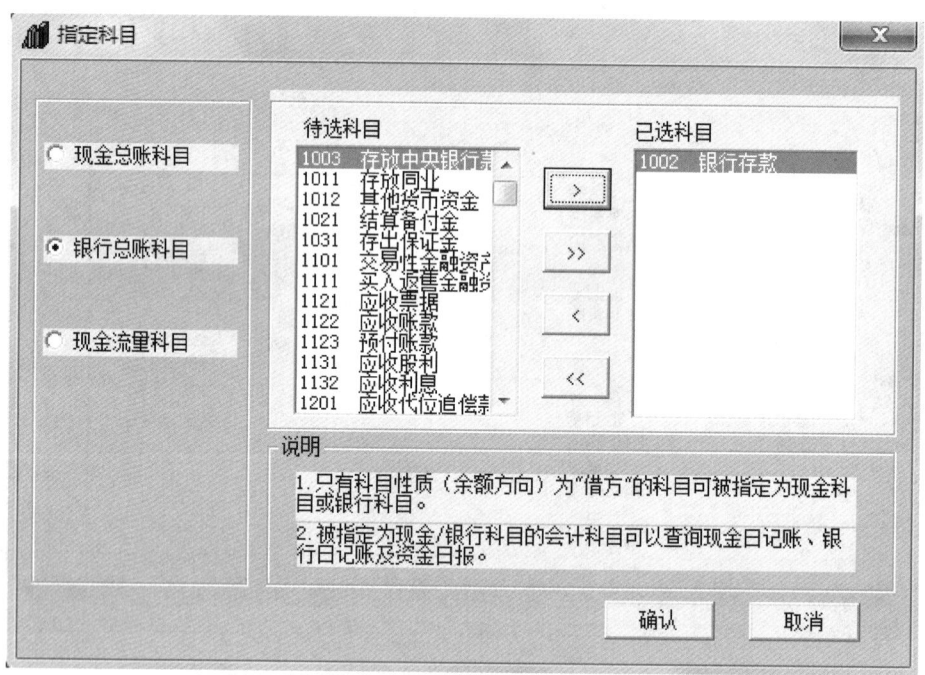

图 2-56 用友 T3"指定科目"界面 2

（4）选择"现金流量科目"单选按钮，在"待选科目"选择框中，点击"1001 库存现金""1002 银行存款"和"1012 其他货币资金"所在行，分别单击 > ，如图 2-57 所示。

（5）单击[确认]。

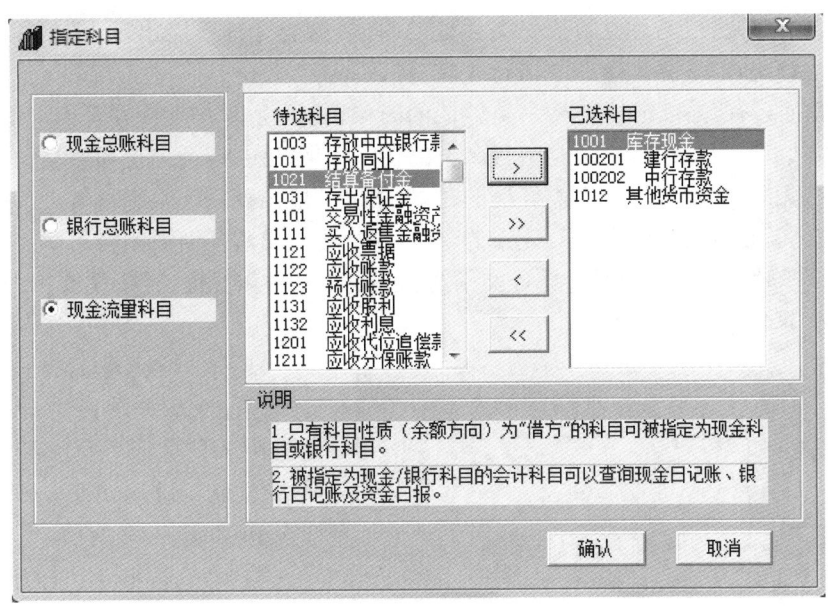

图 2-57　用友 T3"指定科目"界面 3

（三）凭证类别

许多单位为了便于管理或登账方便,一般对记账凭证进行分类编制,但各单位的分类方法不同,所以用友 T3 系统提供了"凭证类别"功能,用户可以按照本单位的需要对凭证进行分类,如果是第一次进行凭证类别设置,可以按常用分类方式进行定义。系统提供了五种凭证类别分类方案：方案一是不分类,所有的凭证都归为记账凭证一类；方案二是分成收款凭证、付款凭证和转账凭证三类；方案三是分成现金凭证、银行凭证和转账凭证三类；方案四是分成现金收款凭证、现金付款凭证、银行收款凭证、银行付款凭证和转账凭证五类；方案五是自定义。用户可以根据本单位的具体情况灵活选择。

设置凭证的限制类型,是为了控制凭证输入过程中发生的错误。输入凭证的时候,系统按照此处设置的限制类型对输入的凭证进行检查。输入的凭证如果不符合设置的限制类型,系统就会提示,并且不允许保存。

用友 T3 提供的限制类型有"无限制""借方必有""贷方必有""凭证必无""凭证必有"五种。

（1）规定为"无限制"类型的凭证,可以使用所有合法的科目。

（2）"借方必有"是规定填制某一类凭证的时候,这类凭证借方至少应有一个限制科目有发生额。例如,对于收款凭证来说,款项的接收途径包括现金和银行转账两个,并且记账方向在借方。也就是说,一张正确的收款凭证的借方,必定会出现"库存现金"或"银行存款"科目。我们可以根据这个规律,规定收款凭证的限制类型是"借方必有",限制科目是"库存现金"和"银行存款"科目。这样,如果输入的收款凭证的借方没有出现"库存现金"或"银行存款"科目,系统就会查出这张凭证存在错误,拒绝保存,同时给出提示。这样就可以尽可能地防止错误的凭证进入系统。

（3）"贷方必有"是规定填制某一类凭证的时候,这类凭证贷方至少应有一个限制科目有发生额,如付款凭证,贷方应该出现"库存现金"或"银行存款"科目。

(4)"凭证必无"是规定填制某一类凭证的时候,这类凭证不能出现限制科目。如转账凭证,就不应该出现"库存现金"或"银行存款"科目。

(5)"凭证必有"是规定填制某一类凭证的时候,凭证上借方或贷方至少应有一个限制科目有发生额。如月底结转损益类科目余额的转账凭证,就一定会出现损益类科目。

"借方必无"是规定填制某一类凭证的时候,借方不能出现任何限制科目。

"贷方必无"是规定填制某一类凭证的时候,贷方不能出现任何限制科目。

【案例2-23】 华夏公司设置凭证类别为:收款凭证、付款凭证、转账凭证。

【操作步骤】

(1)在"畅捷通T3——标准版"窗口中,单击[基础设置]/[财务]/[凭证类别],打开"凭证类别预置"界面,单击"收款凭证 付款凭证 转账凭证"单选按钮,如图2-58所示。

(2)单击[确定],"打开凭证类别"界面,在"收款凭证"所在行双击"限制类型"栏,单击下拉列表框的下三角形按钮,选择"借方必有",双击"限制科目"栏,单击参照按钮,选择"1001 库存现金"和"1002 银行存款"(或直接输入"1001,1002");在"付款凭证"所在行双击"限制类型"栏,单击下拉列表框

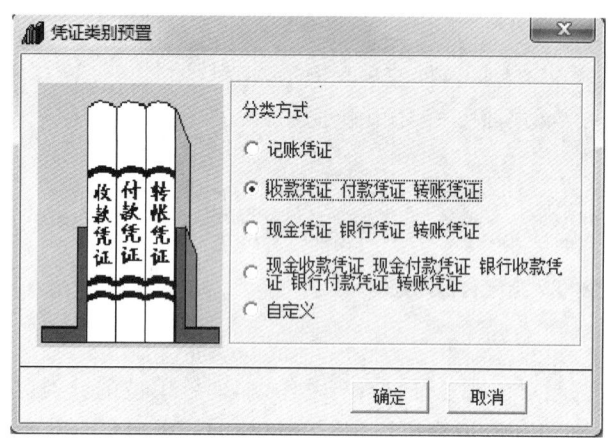

图 2-58 用友 T3"凭证类别预置"界面

的下三角形按钮,选择"贷方必有",双击"限制科目"栏,单击参照按钮,选择"1001 库存现金"和"1002 银行存款"(或直接输入"1001,1002");在"转账凭证"所在行双击"限制类型"栏,单击下拉列表框的下三角形按钮,选择"凭证必无",双击"限制科目"栏,单击参照按钮,选择"1001 库存现金"和"1002 银行存款"(或直接输入"1001,1002"),如图 2-59 所示。

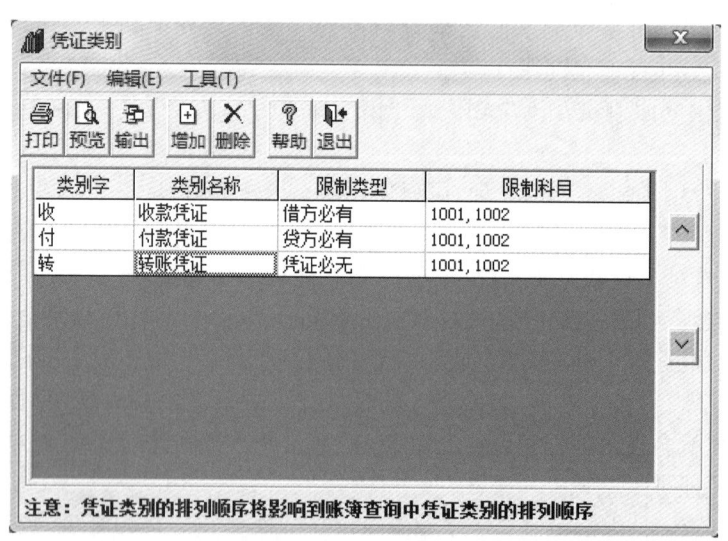

图 2-59 用友 T3"凭证类别"界面

(3) 单击[退出]。

> **操作注意事项**
>
> 1. 限制科目数量不限。
> 2. 如果在限制科目栏直接录入科目编码,则编码间的应用"英文"状态下的逗号分隔,否则系统会提示科目编码错误。
> 3. 如果设置的限制类型不是"无限制",则至少应输入一个限制科目;如果限制类型为"无限制",则不能输入限制科目。
> 4. 如果设置的限制科目不是末级科目,那么在填制凭证的时候,这个限制科目的所有下级科目都会受到同样的限制。
> 5. 填制凭证时,如果不符合限制条件,系统拒绝保存该凭证。
> 6. 可以通过凭证类别列表右侧的上下箭头按钮调整凭证列表中凭证的排列顺序。
> 7. 如果在凭证类别中错误地多增加一行,可以通过"Esc"键撤销误增加行。
> 8. 设置凭证类别时,可能会出现"互斥站点的某系统正在执行[系统注册]操作,请稍候再试"的提示,应通过右键"注销"相应的"互斥"模块来解决此问题。

(四) 项目目录

企业在实际业务处理中,会对多种类型的项目进行核算和管理,如在建工程、对外投资、技术改造、融资成本、在产品成本等。为此,可以将具有相同特性的一类项目定义成一个项目大类,一个项目大类可以核算多个项目。为便于管理,还可以对这些项目进行分类管理,可将存货、成本对象、现金流量、项目成本作为核算的项目分类。如果在设置科目的时候,给某些科目设置了"项目核算"属性,相应就要设置项目目录。

使用项目核算与管理的首要步骤是设置项目档案,项目档案设置包括选择新增项目类别、定义项目级次、定义项目栏目、设置项目核算科目、设置项目栏目、项目分类定义,并进行项目目录维护。具体操作流程如图 2-60 所示。

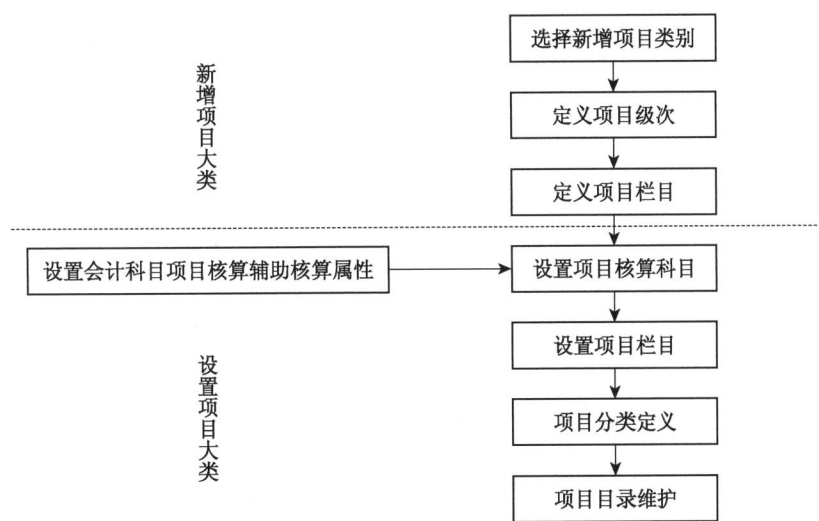

图 2-60 用友 T3 "设置项目目录流程"

【案例2-24】 华夏公司根据核算和管理需要建立"自建工程"项目:项目大类为"自建工程";核算科目为"工程物资";项目内容为"第五车间",包括"建造工程"和"装修工程"两项工程。

【操作步骤】

(1) 在"畅捷通T3——标准版"窗口中,单击[基础设置]/[财务]/[项目目录],打开"项目档案"界面,如图2-61所示。

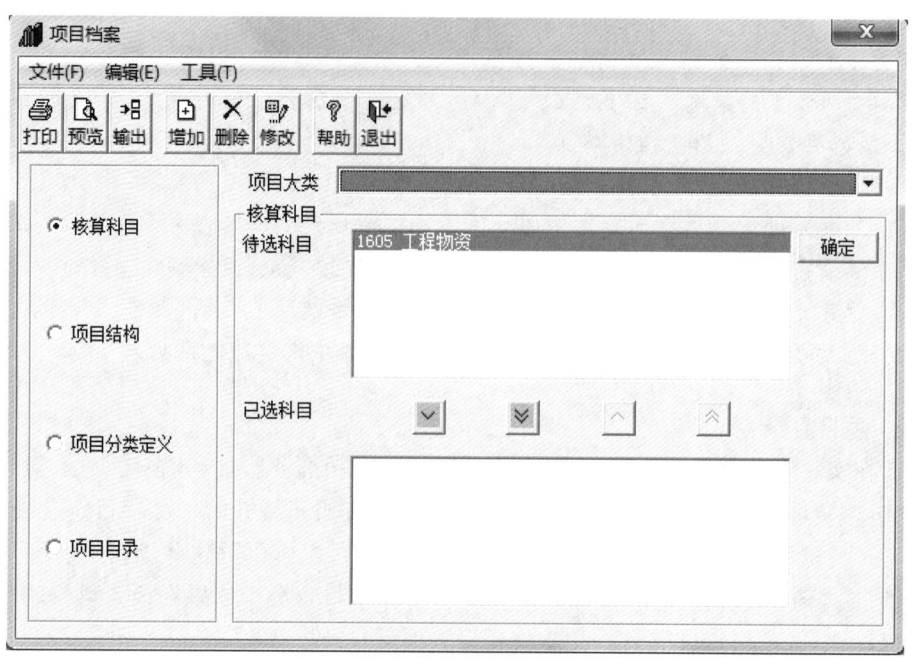

图 2-61 用友 T3"项目档案"界面

(2) 单击[增加],打开"项目大类名称"界面,单击"普通项目"单选框,在"新项目大类名称"文本框中输入"自建工程",如图2-62所示。

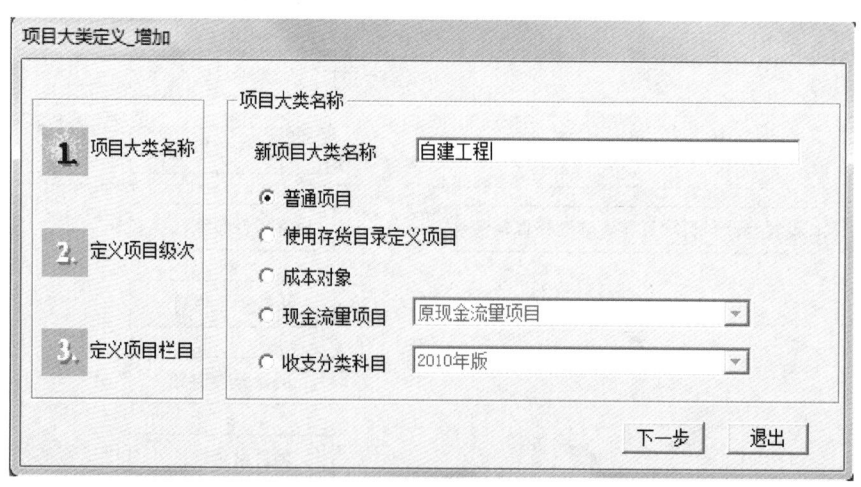

图 2-62 用友 T3"项目大类名称"界面

(3) 单击[下一步], 打开"定义项目级次"界面, 如图2-63所示。

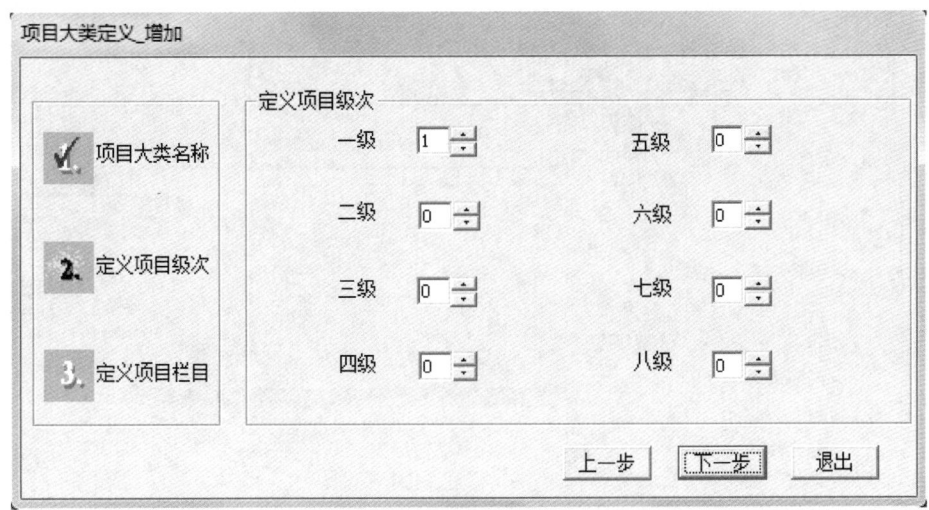

图2-63 用友T3"定义项目级次"界面

(4) 单击[下一步], 打开"定义项目栏目"界面, 如图2-64所示。

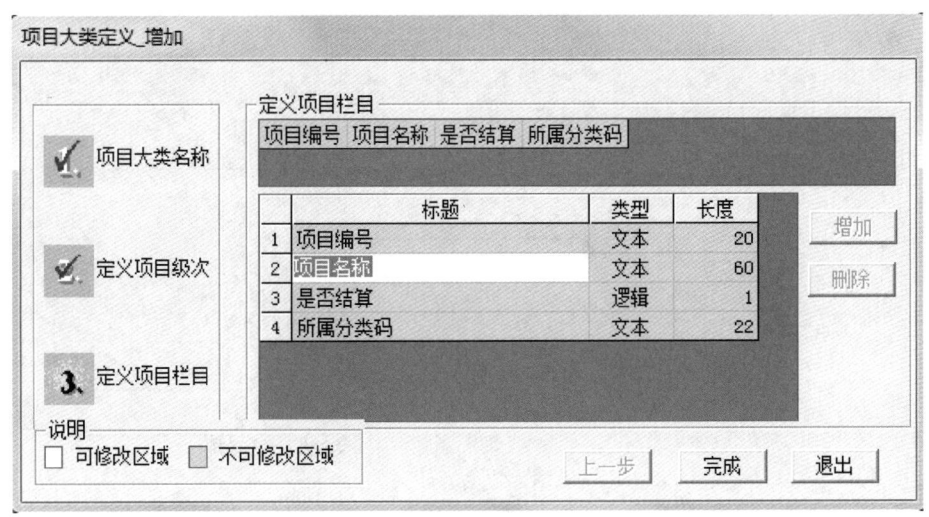

图2-64 用友T3"定义项目栏目"界面

(5) 单击[完成]。

(6) 在图2-61所示的"项目档案"界面中, 单击"核算科目"单选框, 单击"项目大类"下拉列表框, 选择"自建工程", 在待选科目选择框中, 点击"1605 工程物资"所在行, 单击 ˇ , 如图2-65所示。

(7) 单击[确定]。

(8) 在图2-61所示的"项目档案"界面中, 单击"项目分类定义"单选框, 单击"项目大类"下拉列表框, 选择"在建工程", 输入分类编码"1"、分类名称"第五车间", 如图2-66所示。

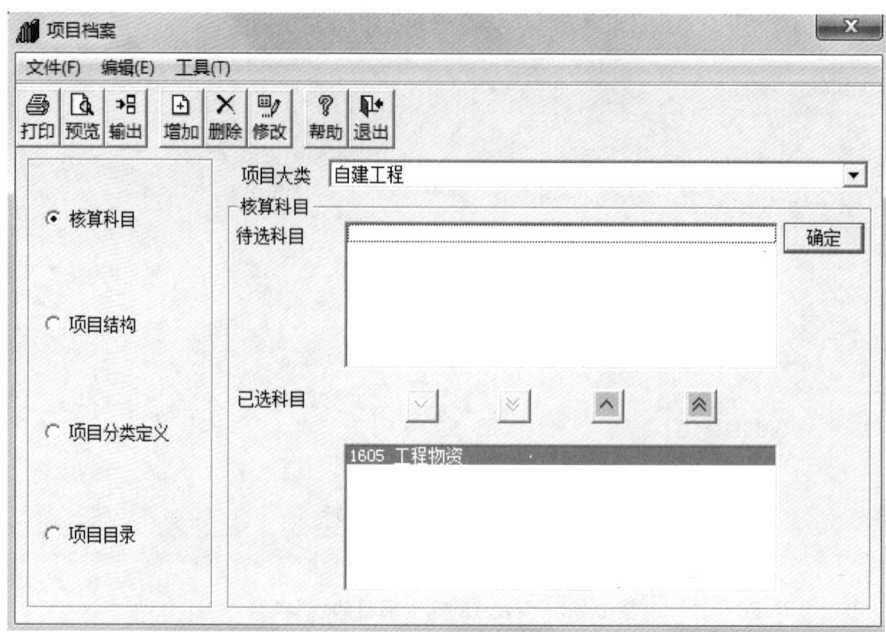

图 2-65 用友 T3"核算科目"界面

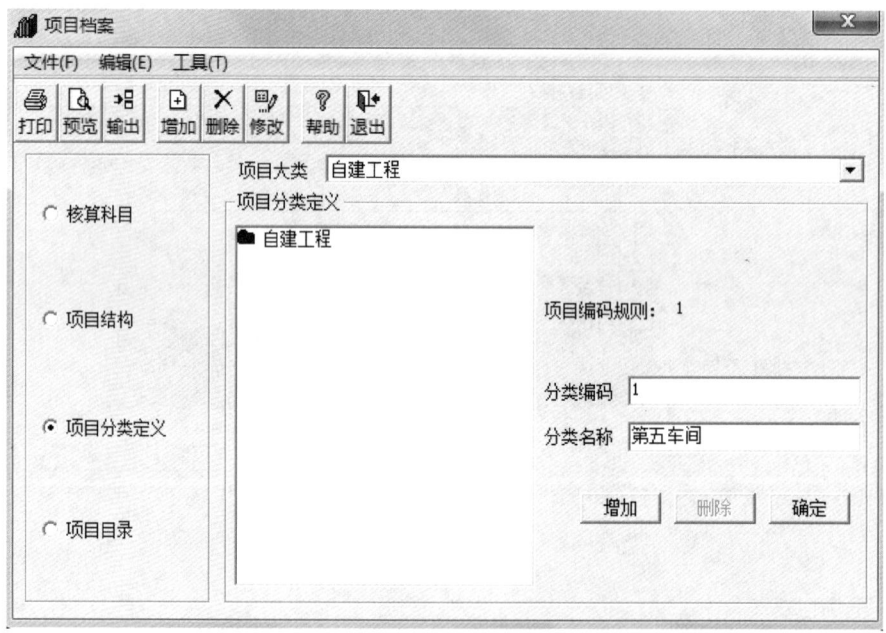

图 2-66 用友 T3"项目分类定义"建立界面

(9) 单击[确定],如图 2-67 所示。

(10) 在图 2-61 所示的"项目档案"界面中,单击"项目目录"单选框,单击"项目大类"下拉列表框,选择"自建工程",单击[维护],打开"项目目录维护"界面,单击[增加],输入项目编号"01"、项目名称"建造工程"、所属分类码"1",单击[增加],输入项目编号"02"、项目名称"装修工程"、所属分类码"1",如图 2-68 所示。

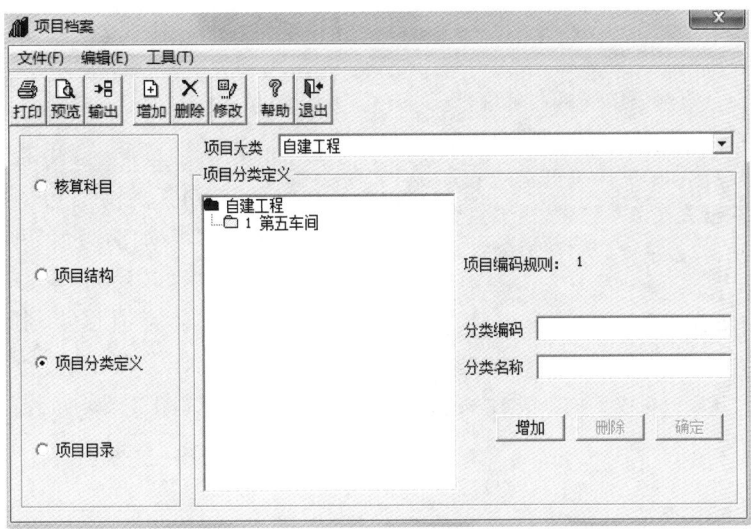

图 2-67　用友 T3"项目分类定义"完成界面

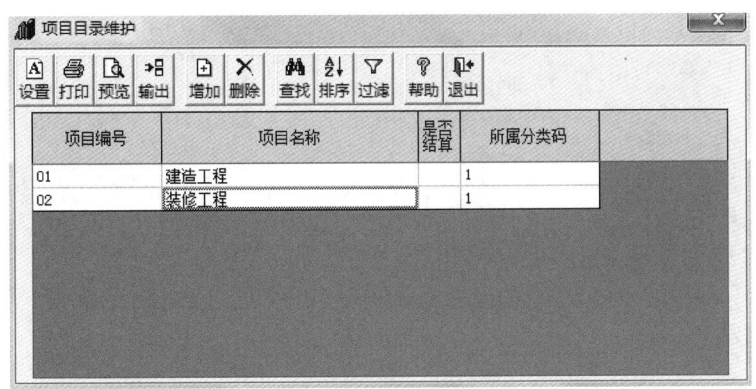

图 2-68　用友 T3"项目目录维护"界面

(11) 单击[退出]/[退出]。

操作注意事项

1. 项目级次最多可以定义 8 级，单级代码最多 9 位，代码的总长度不能超过 22 位。

2. 已经输入数据的栏目最好不要删除，如果将其删除，就会无法再查到这些栏目的数据。

3. 不能越级输入分类编码。

4. 如果某个项目分类下面已经定义了具体的项目，则该项目分类不能删除，也不能再定义下级分类。

5. 不能修改项目分类的编码，只能修改项目分类的名称。

6. 非末级项目分类不能删除。

7. 一个项目大类可指定多个科目，一个科目只能指定一个项目大类。

8. 在每年年初，应将已结算或不用的项目删除。

> **小知识**
>
> 为了确保现金流量表编制的准确性,同时也为了实现可以由系统自动生成现金流量表,系统已经将现行会计制度中列示的所有的现金流量项目预置在了系统中,这里只要选择了现金流项目,系统就会将所有的现金流量项目调入账套。当在日常业务处理过程中填制凭证时,使用现金流量科目需要告诉系统相应的现金流量项目,这样就能确保系统在编制现金流量表时可以直接生成相应的表中数据。

2-6 现金流量项目

【案例2-25】 华夏公司根据管理需要建立现金流量项目。

【操作步骤】

(1)在"畅捷通 T3——标准版"窗口中,单击[基础设置]/[财务]/[项目目录],打开"项目档案"界面,单击[增加],打开"项目大类定义_增加—项目大类名称"界面,单击"现金流项目"单选框,单击"现金流项目"下拉列表框,选择"一般企业(新准则)",单击[完成],显示"预置完毕"提示界面,如图2-69所示。

(2)单击[确定]/[退出]。

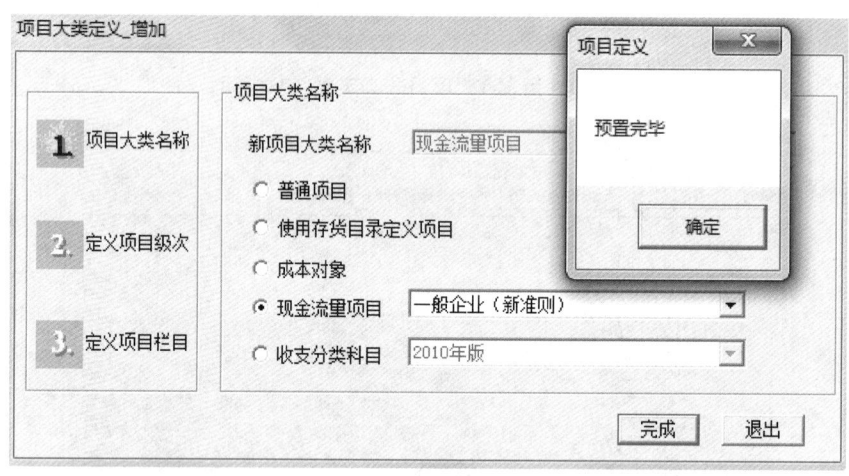

图 2-69 用友 T3"预置完毕"提示界面

五、结算方式设置

设置结算方式是为了建立和管理企业在经营活动中所涉及的结算方式。会计信息系统中的结算方式与手工下的结算方式是一致的,如现金结算、支票结算等。结算方式的编码规则在建立账套过程中的"编码方案"环节已经确定。在不启动购销存系统的情况下,设置结算方式的主要目的是在使用有"银行账"辅助核算的会计科目时填写相应的结算方式,以便在进行银行对账时将结算方式作为对账的一个参数。

【案例2-26】 华夏公司结算方式如表2-10所示,请完成设置。

表 2-10 结 算 方 式

结算方式编码	结算方式名称
1	现金结算
2	支票结算
201	现金支票
202	转账支票

【操作步骤】

（1）在"畅捷通T3——标准版"窗口中，单击[基础设置]/[收付结算]/[结算方式]，打开"结算方式"界面，单击[增加]，输入类别编码"1"、类别名称"现金结算"，如图2-70所示。

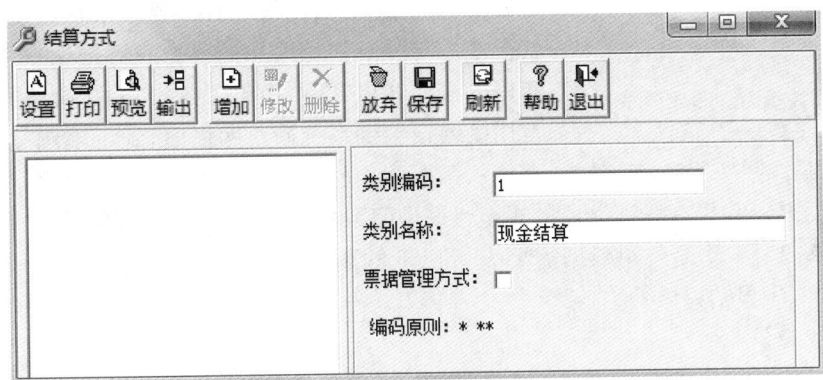

图2-70　用友T3"结算方式"界面

（2）单击[保存]。按照上述方法增加其他结算方式，直至全部增加完毕，如图2-71所示。

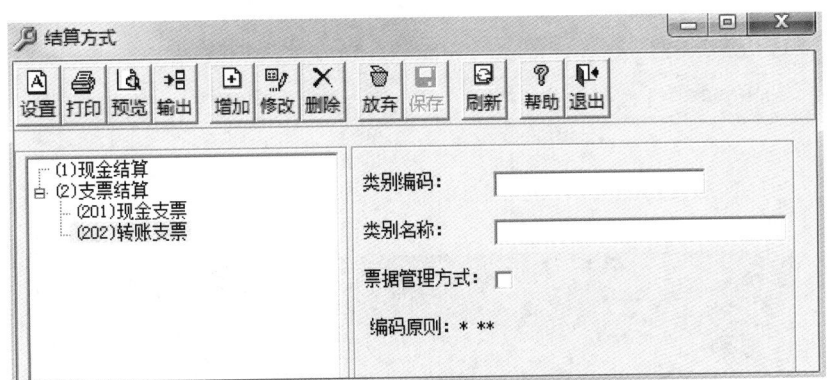

图2-71　用友T3"结算方式"录入完毕界面

（3）单击[退出]。

操作注意事项

1. 结算方式的编码必须符合编码原则，最多可以分为2级。
2. 结算方式的录入内容必须唯一。
3. 结算方式的名称最多可以使用6个汉字或12个英文字符。
4. 结算方式一旦被使用就不能直接修改或删除了。

提示

"票据管理"结合总账"设置"选项下的"支票控制"选项，从而实现"支票登记簿"功能。

小知识

常用摘要的设置工作是可选的。如果在初始化阶段没有设置常用摘要,那么每次输入凭证的时候,还可以通过键盘现场输入摘要,但会费时、费力。因此建议在初始化阶段进行这项工作。

六、常用摘要设置

由于各个企业自身经营内容的特点,总有一些业务是经常重复发生的,如每个月都要去银行提现,相关凭证就会使用"提取现金"这条摘要。我们把这一类经常反复使用的摘要叫做"常用摘要"。在初始化阶段预先把这些常用摘要设置到系统摘要库里面,到了填制凭证的时候,直接从摘要库中选择使用,就可以在很大程度上提高凭证输入的工作效率,提高凭证摘要的规范性,还可以减轻工作人员的劳动强度。

【**案例 2-27**】 华夏公司根据需要设置以下常用摘要:①提取现金。②购买办公用品。③出差借款。④报销差旅费。

【**操作步骤**】

(1) 在"畅捷通 T3——标准版"窗口中,单击[基础设置]/[常用摘要],打开"常用摘要"界面,输入常用摘要编码"001"、常用摘要正文"提取现金",单击[增加]。按照上述方法继续增加其他常用摘要,直至全部增加完毕,如图 2-72 所示。

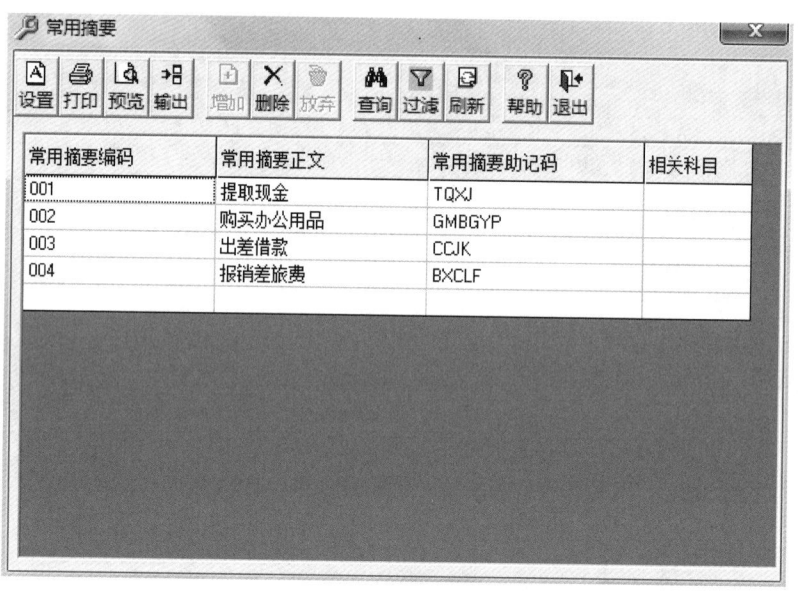

图 2-72 用友 T3"常用摘要"界面

(2) 单击[退出]。

操作注意事项

1. 常用摘要的编码必须唯一。

2. 全部摘要输入完毕,必须单击[增加]或按 Enter 键,只有出现空白一行,才表示最后一个常用摘要保存成功。

3. 常用摘要一旦被使用就不能直接修改或删除了。

提示

相关科目是指一条摘要一般都和某个科目联系在一起,如"提取现金"摘要,一般总是和"库存现金"科目联系在一起,因此可以在这里把"库存现金"科目设置为"提取现金"摘要的相关科目。这样,当输入凭证的时候,如果选择了"提取现金"摘要,在凭证的"科目名称"栏就会自动出现"库存现金"科目。如果不需要这个科目,还可以即时修改成需要的其他科目。

第三节 总账系统的初始设置

总账系统初始化包括设置总账系统控制参数和录入期初余额等。

一、设置总账系统控制参数

初次进入总账系统时,应对总账系统进行参数设置,总账系统的运行参数直接影响日常业务处理的规则,所以在设置时应充分考虑日常业务的特点和管理要求,正确设置每一项参数,以便在今后的日常业务处理中按预先设置的总账参数进行核算和管理。

总账系统的"选项"界面包括凭证、账簿、会计日历和其他四个选项卡,现将有关内容进行以下说明。

(一)凭证选项卡

1."制单控制"区域

(1)制单序时控制:当选择的凭证编号为"系统编号"时,系统规定填制凭证时,凭证编号应按时间顺序排列,即制单序时。默认选择此项。

(2)支票控制:在启用票据管理时,如果选择此项,在制单时录入未在支票簿中登记的支票号,系统将提供支票登记簿要求登记支票号。

(3)资金及往来赤字控制:如果选择此项,当制单时,"库存现金""银行存款"科目余额出现负数时,系统将给予提示,但并非拒绝保存该凭证。默认选择此项。

(4)制单权限控制到科目:如果只允许某操作员使用指定会计科目填制凭证,而不能使用其他的会计科目填制凭证,就选择此项。使用此项可以实现对制单权限的进一步设置。

(5)允许修改、作废他人填制的凭证:如果选择此项,在制单时可修改非本人填制的凭证,在修改后制单人随之改变。如果不选择此项,则只能由制单人对凭证进行修改。

(6)允许查看他人填制的凭证:如果选择此项,在查询凭证时,允许查询非本人填制的凭证。默认选择此项。

(7)可以使用其他系统受控科目:如果选择此项,填制凭证时可以使用其他系统的受控科目。默认选择此项。

(8)现金流量项目必录:如果选择此项,在填制凭证时填写了现金流量科目时,必须录入现金流量项目,否则系统拒绝保存该凭证。

2."凭证控制"区域

(1)打印凭证页脚姓名:如果选择此项,在打印时将自动打印制单人、出纳、审核人及记账人的姓名。默认选择此项。

（2）凭证审核控制到操作员：如果希望对审核权限作进一步设置，如只允许某操作员审核其本部门的操作填制的凭证，而不能审核其他部门操作员填制的凭证，则应选择此项。

（3）出纳凭证必须经由出纳签字：如果希望所有含有"库存现金""银行存款"科目的凭证必须经由出纳签字才能记账，就选择此项。要实现对所有含有"库存现金""银行存款"科目凭证的记账作进一步设置，还应完成"指定会计科目"的相关操作。

（4）未审核的凭证允许记账：如果选择此项，则未经审核的凭证可以记账。

（5）打印项目核算凭证时，显示项目分类编码：如果选择此项，打印的凭证中有需要进行项目核算的科目时，可以显示该科目的项目分类编码。

3. "凭证编号方式"区域

系统提供了两种编号方式，分别是"系统编号"和"手工编号"。系统默认的是"系统编号"。

4. "外币核算"区域

企业如果有外币业务，则应选取相应的汇率方式。

5. "预算控制"区域

系统提供了两种预算控制方式，分别是"精细预算控制"和"粗放预算控制"。系统默认的是"粗放预算控制"。

6. "新增凭证时，自动带入的凭证日期"区域

系统提供了两种自动带入新增凭证的日期，分别是"登录日期"和"最后一次录入凭证的日期"。系统默认的是"登录日期"。

7. "合并凭证显示、打印"区域

如果选择该项，则可以按两种方式显示、打印合并凭证，分别是"按科目、摘要相同方式合并"和"按科目相同方式合并"。系统默认的是"按科目、摘要相同方式合并"。

（二）账簿选项卡

1. "打印倍数宽度（包括小数点及小数位）"区域

定义正式账簿打印时各样栏目的宽度，包括摘要、金额、外币、数量、汇率及单价。

2. "明细账（日记账、多栏账）打印输出方式"区域

（1）按月排页：即打印时从所选月份范围的起始月份开始将明细账按顺序排页，再从第一页开始将其打印输出，打印起始页号为"1页"。若所选月份范围不是第一个月，则打印结果的页号必然从"1页"开始排列。

（2）按年排页：即打印时从本会计年度的第一个会计月开始将明细账按顺序排页，再将打印月份范围所在的页打印输出，打印起始页号为所打印月份在全年总排页中的页号。若所选月份范围不是第一个月，则打印结果的页号有可能不是从"1页"开始排列。

3. "凭证、账簿套打"区域

选择套打打印时，系统只将凭证、账簿的数据内容打印到相应的套打纸上，并且不打印各种表格线。

4. "明细账查询权限控制到科目"区域

有些时候，要对查询和打印权限作进一步细化，如只允许某种操作员查询或打印指定科

目明细账,而不能查询或打印其他科目的明细账。

5."正式账每页打印行数"区域

可对明细账、日记账和多栏账的每页打印行数进行设置。双击表格或按空格键对行数直接修改即可。

(三) 会计日历选项卡

系统自动将会计期间、启用日期和结束日期列表。可以在此处选择"启用日期"以确定用户开始使用软件的时间。"结束日期"是指用户每月的结账日期,系统默认的每月结账日期是月末,如果用户的每月结账日期不是月末则可在"系统管理"中进行修改。

(四) 其他选项卡

1."数量、单价小数位及本位币精度"区域

在制单与查账时,按此处定义的小数位及精度输出小数,不足位数将用"0"补齐。

2."部门、个人、项目排序方式"区域

在查询部门、个人、项目账或参照其目录时,可以按编码或名称排序。

【案例 2-28】 华夏公司要求对部分总账控制参数进行修改:①不允许修改作废他人填制的凭证。②现金流量项目必录。③出纳凭证必须经由出纳签字。

【操作步骤】

(1) 在"畅捷通 T3——标准版"窗口中,单击[总账]/[设置]/[选项],如图 2-73 所示。

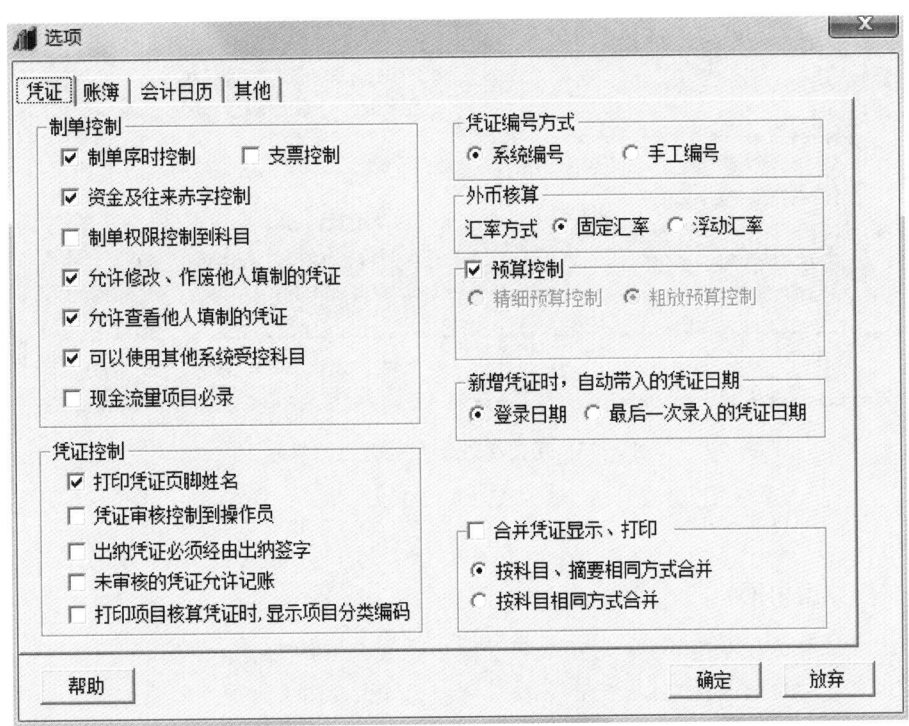

图 2-73 用友 T3"选项"界面

(2) 单击"允许修改、作废他人填制的凭证"复选框(即取消复选框中的"√"),系统出现提示,如图 2-74 所示。

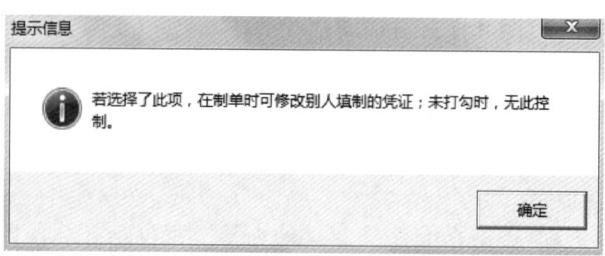

图 2-74 用友 T3"选项"修改提示界面

(3) 单击[确定]按钮,单击"现金流量项目必录"复选框(即在复选框中打"√"),选择"出纳凭证必须经由出纳签字"复选框(即在复选框中打"√"),如图 2-75 所示。

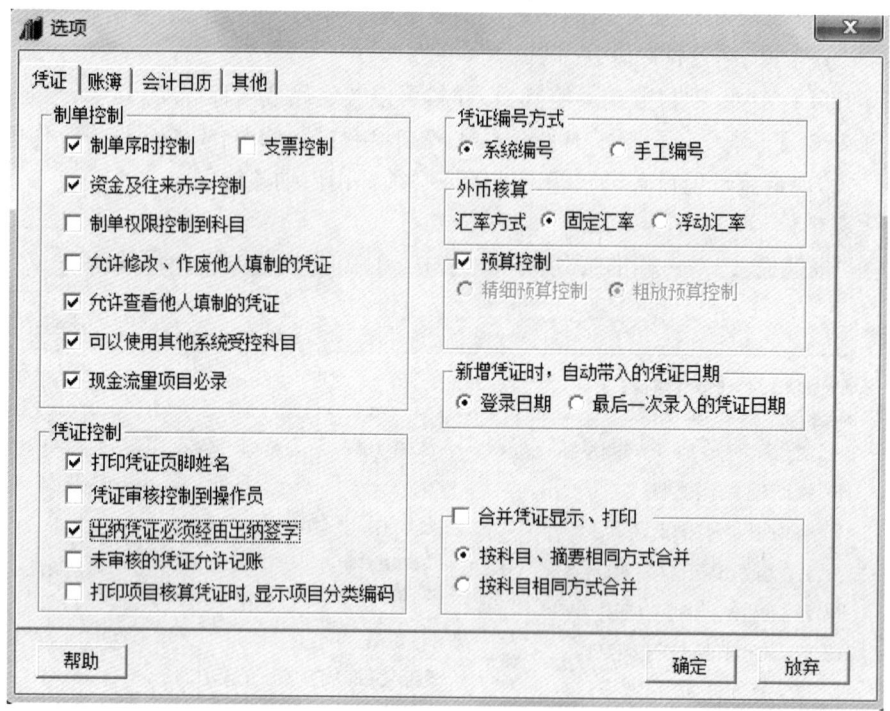

图 2-75 用友 T3"选项"修改完毕界面

(4) 单击[确定]按钮。

> **操作注意事项**
>
> 1. 在启动总账系统前,应先在系统管理中设置相应的账套。
> 2. 在启动总账系统前,应先在系统管理中启用总账系统。
> 3. 选中"凭证审核控制到操作员"后,还应通过设置"明细权限"功能设置相应的明细审核权限。
> 4. 选中"明细账查询权限控制到科目"后,还应通过设置"明细权限"功能设置相应的明细科目查询权限。

二、录入期初余额

为了保证与手工会计数据相衔接,并保持企业会计数据的连续性和完整性,在实际使用总账系统前,要将手工账上各个科目的最后余额输入计算机。如果是数量金额类科目,还应输入相应的数量和单价;如果是外币科目,还应输入相应的外币金额;如果某一科目中设置了辅助核算,还需要把相关科目的辅助核算期初余额及关键内容录入到系统中去。

如果是在年初启用总账系统,只要输入各个科目的上一年的年末余额即可;如果是在年中启用总账系统(如9月),除了要输入启用时的各科目余额,还要输入从年初到启用日期(即1月至8月)为止的各个科目借方和贷方的累计发生额。

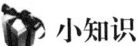

小知识

一般情况下,系统默认资产类科目余额在借方,负债及所有者权益类科目的余额在贷方,而"坏账准备""累计折旧""累计摊销"等抵减科目除外。但是在实际工作中,有一部分会计科目与原有系统设置的余额方向不一致(如材料成本差异),在建立会计科目时也没有对其进行相应的调整,那么在录入会计科目的余额时,系统提供了调整余额方向的功能,即在还未录入会计科目余额时,如果发现会计科目的余额方向与系统设置的方向不一致,可以调整其方向。

为了保证录入的数据的准确性,满足数据间的平衡关系,确保今后日常业务发生时能生成正确的数据,数据录入完毕后,一定要对数据进行试算平衡。

(一)无辅助核算、无明细科目的一级科目期初余额录入

【**案例2-29**】 华夏公司部分期初余额如表2-11所示,请完成设置。

表2-11　　　　　　　　　　　期　初　余　额(一)　　　　　　　　　　单位:元

科目编码	科目名称	科目金额
1001	库存现金	10 000
1402	在途物资	20 000
1601	固定资产	250 000
1602	累计折旧	70 000
2001	短期借款	130 000
4001	实收资本	807 560

【**操作步骤**】

(1)在"畅捷通T3——标准版"窗口中,单击[总账]/[设置]/[期初余额],打开"期初余额录入"界面,单击"库存现金"科目这一行的"期初余额"栏,直接输入"10 000",如图2-76所示。

(2)按照上述方法继续录入其他会计科目的期初余额,直至全部增加完毕。

操作注意事项

1. 第一次使用电算化总账处理系统,必须录入期初余额。

2. 总账科目与其下级科目的方向必须一致,如果所录入明细科目余额方向与总账科目余额方向相反,则用"一"表示。例如,进项税额为借方余额,但在"期初余额录入"界面中,进项税额的余额方向必须与上级科目"应交税费"一致,即贷方,因此需要录入负数。

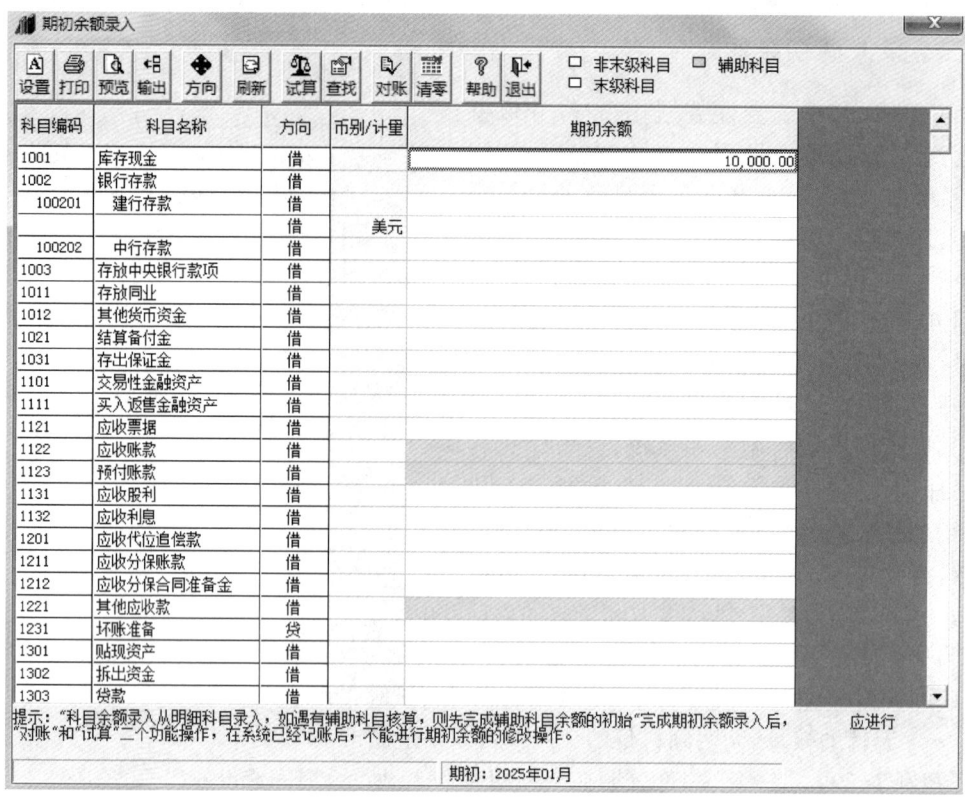

图 2-76 用友 T3 库存现金"期初余额录入"界面

提示

"期初余额"输入栏为白色,表明该会计科目为末级会计科目,此类科目的期初余额可直接输入。修改此类科目的余额时,直接输入正确数据即可。

(二)无辅助核算、有明细科目的会计科目期初余额录入

【案例 2-30】 华夏公司部分期初余额如表 2-12 所示,请完成设置。

表 2-12 期 初 余 额(二) 金额单位:元

科 目 编 码	科 目 名 称	科 目 金 额	备 注
1002	银行存款	543 300	
100201	建行存款	61 200	美元:10 000;汇率:6.12
100202	中行存款	482 100	
1403	原材料	60 000	
140301	A 材料	40 000	200 千克
140302	B 材料	20 000	50 个
1405	库存商品	150 000	2 000 箱

【操作步骤】

（1）在"期初余额录入"界面，单击"建行存款"科目这一行的"期初余额"栏，直接输入"61 200"；在下一行，即币别为"美元"这一行的期初余额栏，直接输入"10 000"，如图 2-77 所示。

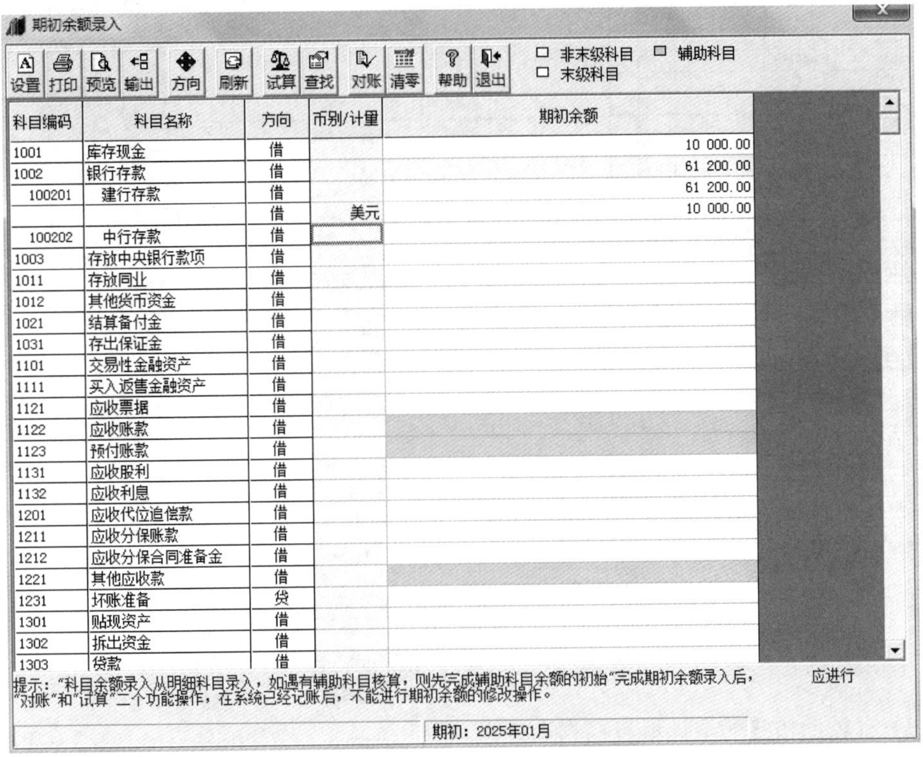

图 2-77　用友 T3 建行存款"期初余额录入"界面

（2）单击"中行存款"科目这一行的"期初余额"栏，直接输入"482 100"。

（3）单击"A 材料"科目这一行的"期初余额"栏，直接输入期初余额"40 000"，在下一行，即计量为"千克"这一行的期初余额栏，直接输入"200"；单击"B 材料"科目这一行的"期初余额"栏，直接输入期初余额"20 000"，在下一行，即计量为"个"这一行的期初余额栏，直接输入"50"；单击"库存商品"科目这一行的"期初余额"栏，直接输入期初余额"150 000"，在下一行，即计量为"箱"这一行的期初余额栏，直接输入"2 000"，如图 2-78 所示。

操作注意事项

如果某科目有期初余额（数量、外币核算），应录入期初数量、外币余额，而且必须先录入本币余额，再录入数量、外币余额。

提示

"期初余额"输入栏为黄色，表明该会计科目非末级会计科目，此类科目的期初余额不用录入，只需录入最末级科目的数额即可，系统将根据其下级明细科目的金额自动汇总计算填入上级科目的期初余额。

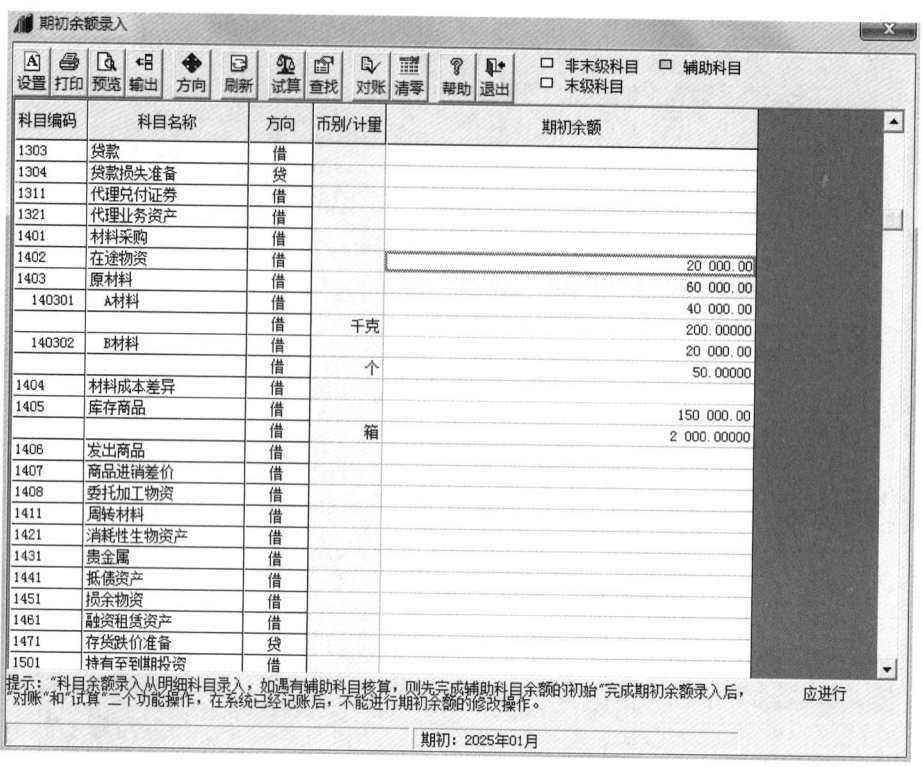

图 2-78 用友 T3 原材料、库存商品"期初余额录入"界面

(三) 有辅助核算的会计科目期初余额录入

【案例 2-31】 华夏公司部分期初余额如表 2-13 所示,请完成设置。

表 2-13 期 初 余 额(三) 单位:元

科目编码	科目名称	科目金额	备注
1122	应收账款	11 700	2024 年 12 月 21 日,向立胜公司销售商品,货款未支付,转-96 号
1123	预付账款	10 000	2024 年 12 月 23 日,向上海劲松公司采购 B 材料,付-56 号
1221	其他应收款	5 000	2024 年 12 月 25 日,采购部孙亮出差借款,付-62 号
2202	应付账款	37 440	2024 年 12 月 23 日,向北京基运公司采购 A 材料,转-99 号
2203	预收账款	15 000	2024 年 12 月 28 日,向济南齐联公司销售商品,收-45 号

【操作步骤】

(1) 在"期初余额录入"界面,双击"应收账款"科目这一行的"期初余额"栏,打开"客户往来期初"界面。单击[增加],单击参照按钮选择日期"2024-12-21",直接输入或双击后单击参照按钮选择凭证号"转-96",直接输入或双击后单击参照按钮选择客户"立胜",直接输入摘要"销售未收款",系统默认方向为"借",直接输入金额"11 700"元,如图 2-79 所示。

(2) 单击[退出],按照上述方法继续录入"预付账款""其他应收款""应付账款"和"预收账款"的期初余额。

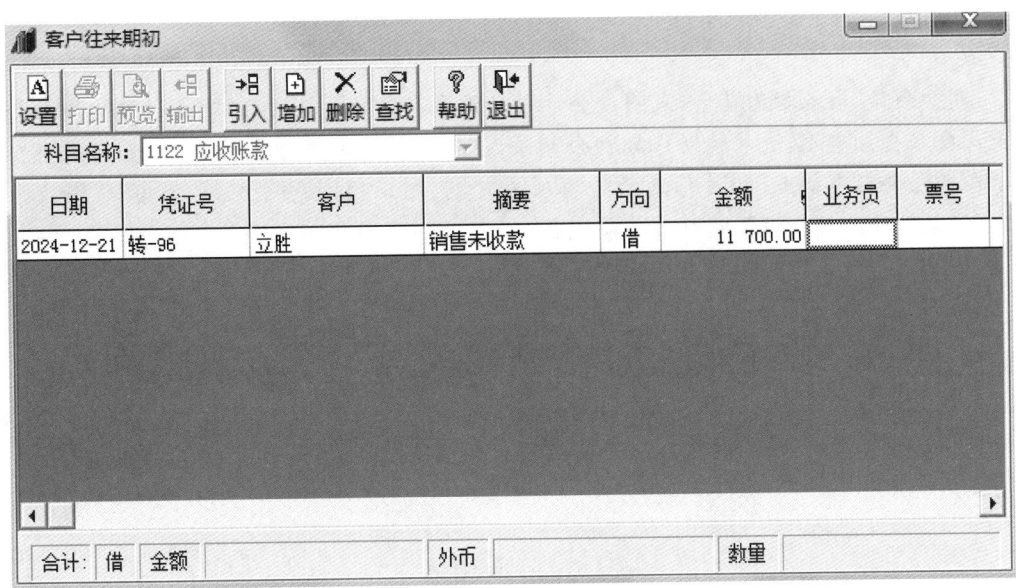

图 2-79 用友 T3 应收账款"客户往来期初"界面

【案例 2-32】 试算平衡。

【操作步骤】

(1) 单击[试算],查看期初余额试算平衡表,检查余额是否平衡,如图 2-80 所示。

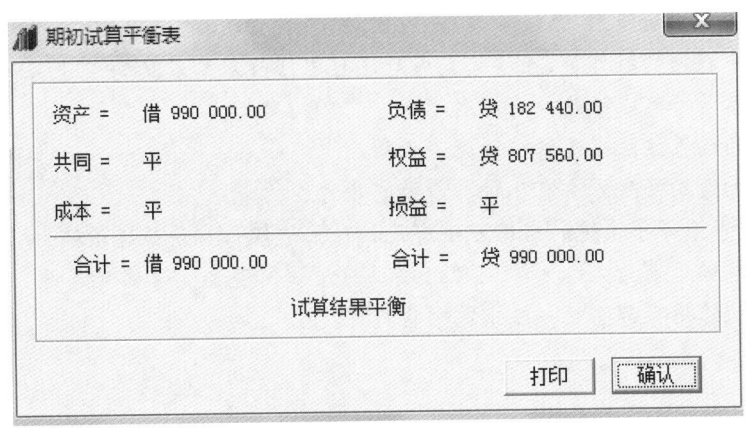

图 2-80 用友 T3"期初试算平衡表"界面

(2) 单击[确认]/[退出]。

操作注意事项

1. 在完成期初所有数据的输入后,必须进行试算平衡。如果试算不平衡,则不能记账,但可以填制凭证。
2. 凭证记账后期初余额变为浏览只读状态,不能再修改。

"期初余额"输入栏为蓝色,表明该会计科目设置有辅助核算项目,此类科目的期初余额的录入要双击该单元,进入辅助账期初余额录入窗口,录入相关信息后退出,金额就会自动显示在期初余额窗口上(相关信息的必填项为日期、辅助项、摘要、方向、金额)。修改余额时,应该通过修改辅助核算明细内容来完成。

本章小结

本章主要学习了会计信息系统初始化操作,包括建立账套、修改账套、启用账套的方法,各项基础档案设置的方法,以及期初余额录入的方法等;总账参数设置对企业账务处理流程的影响。

本章重要概念

系统管理员　账套主管　凭证类别　会计科目　辅助核算　结算方式　期初余额

本章练习

1. 哪些人员可以注册使用"系统管理"?他们对"系统管理"的使用权限有何区别?
2. 系统管理中新增的操作员,在增加完成后还可以修改基本信息吗?可以删除操作员吗?
3. 账套建立后是否可以修改?请简述步骤。
4. 账套主管的设置方法有几种?请简述步骤。
5. 分类编码方案的修改方法有几种?请简述步骤。
6. 总账、固定资产等子系统的启用方法有几种?如何操作?请简述步骤。
7. 如果部门编码原则为※※ ※※,则部门编码应该如何设置?请举例说明。
8. 指定科目的作用有哪些?一般指定哪些科目?

第三章　总账系统日常账务处理

> ➢ 内容简介
> ➢ 学习目的和要求
> ➢ 思政育人
> ➢ 第一节　填制凭证
> ➢ 第二节　出纳签字、审核和记账
> ➢ 第三节　凭证管理
> ➢ 本章小结
> ➢ 本章重要概念
> ➢ 本章练习

内容简介

本章主要讲解了总账系统日常业务处理的主要任务,包括填制凭证、审核凭证、出纳签字、修改凭证、记账、查询凭证。本章重点为填制凭证、修改凭证的方法及操作注意事项;难点在凭证处理的不同阶段对凭证的修改方法。

学习目的和要求

通过本章的学习,学生应掌握填制凭证、审核凭证、出纳签字、记账的方法;明确在凭证处理的不同阶段修改凭证的方法;熟悉查询各种凭证的方法。

 **思政育人**　　　　树立诚实守信的价值观

党的二十大报告指出,弘扬诚信文化,健全诚信建设,建设长效机制。一个社会的诚信文化建设,直接反映了精神文明建设的水平。面对当前世界百年未有之大变局,面对以中国式现代化实现中华民族伟大复兴的使命任务,面对构建高水平社会主义市场经济体制的新要求,我们迫切需要进一步夯实社会诚信基石,推进新时代的诚信文化建设。

新时代呼唤诚信,每一个人都要做诚信道德的践行者、诚信文化的建设者。

第一,要明诚信之大德。在国家层面,诚信是一种境界。在新时代,我们讲诚信,最大的"诚"是对党和国家的忠诚,最大的"信"是对中国特色社会主义的信念和信仰。对党员干部来说,忠诚最重要的体现是对党和国家事业忠诚,对人民忠诚。对公民来说,忠诚于自己的国家,是首要的美德。忠诚于自己的国家,就要做到表里如一。

第二,要守诚信之公德。在社会层面,诚信是一种责任。新时代诚信文化建设,既要靠制度约束,又要靠道德自觉。公民要深刻认识到,诚信是做人做事的道德底线,不可逾越;企业要深刻认识到,诚信是最宝贵的无形资产,要把诚信经营作为一种责任,努力为新时代诚信文化建设作出贡献。

资料来源:邢云文.加强新时代诚信文化建设[EB/OL].(2023-05-25)[2024-06-21].https://jspopss.jschina.com.cn/shekedongtai/202305/t20230525_7952117.shtml.有删节。

【思政寄语】身为一名会计人员,应时刻践行诚信道德的价值观念,在使用会计信息系统过程中,应以诚信为本,坚持原则。

总账系统日常账务处理流程在会计信息系统模式下和手工会计模式下基本相同,主要包括凭证输入、凭证审核、记账、账簿输出和月末结账等,操作流程如图3-1所示。

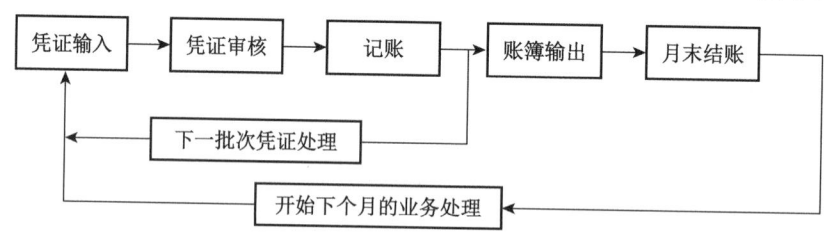

图 3-1　用友 T3 总账系统业务处理流程

3-1 引例:使用财务软件为企业带来的收获

第一节　填　制　凭　证

记账凭证是账务处理的起点,是登记账簿的依据,也是总账管理数据处理的唯一数据源。日常业务处理先从填制凭证开始。实行计算机处理账务后,电子账务的准确性和完整性依赖于记账凭证,因此务必要确保准确、完整地输入记账凭证。

在总账系统中,记账凭证的产生途径有两种:一是后台处理方式,即先手工编制好记账凭证,经过审核确认无误以后,再集中输入计算机,这种方式适用于刚刚实行会计信息系统,工作人员对会计软件的操作尚不熟练的情况,或会计信息系统刚投入运行,还处于人机并行阶段的情况;二是前台处理方式,即根据已经批准报销的原始单据直接在计算机上填制凭证,这种方式适用于会计信息系统工作基础较好,工作人员操作比较熟练,或者单位业务量不大的情况。

当同时运行了多个子系统时,除了前面提到的两种凭证生成方式,记账凭证的生成还有第三种方式——机制凭证方式,就是由总账系统以外的其他子系统生成凭证,再传递到总账系统中,这种方式适用于使用网络化多个子系统同时运行的情况。例如,通过固定资产系统生成相应的记账凭证,传递到总账系统进行凭证审核并记账。此项内容将在以后章节进行介绍。

记账凭证一般包括凭证头和凭证正文两部分。凭证头包括凭证类别、凭证编号、制单日期、附单据数四项内容;凭证正文包括摘要、科目名称、发生金额和方向四项内容。如果输入的会计科目有辅助核算要求,则应输入辅助核算内容;如果一个科目同时兼有多种辅助核算,则同时要求输入各种辅助核算的有关内容。

一、一般凭证

【案例 3-1】 由"KJ02 陈光明"填制凭证。1月2日,收到吉宝公司捐赠的一项专利,价值 50 000 元。

【操作步骤】

> **小技巧**
> 系统提供的设置常用摘要功能,可以单击摘要栏的 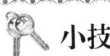,选择常用摘要。

(1) 以"KJ02"的身份登录用友通,在"畅捷通T3——标准版"窗口中,单击[总账]/[凭证]/[填制凭证],或者直接单击桌面流程中的"填制凭证"图标,打开"填制凭证"窗口,单击[增加](或按 F5 键)。选择凭证类别字为"转",确认制单日期为"2025.01.02",在摘要栏录入"收到捐赠的专利"。

(2) 在科目名称栏输入无形资产科目的编码"1701",或单击 选择"1701 无形资产",也可以直接输入科目名称"无形资产",在借方金额栏输入"50 000",按 Enter 键,继续输入下一行,在"科目名称"栏输入营业外收入科目的编码"6301",或单击 选择"6301 营业外收入",也可以直接输入科目名称"营业外收入",在贷方金额栏输入"50 000"(或单击"="键),单击[保存],系统显示提示,如图 3-2 所示。

> **小技巧**
> 如果发现金额输入的方向错误,如把借方金额填在了贷方,可以先将光标定位于金额处,再按空格键即可把金额移到对方位置。

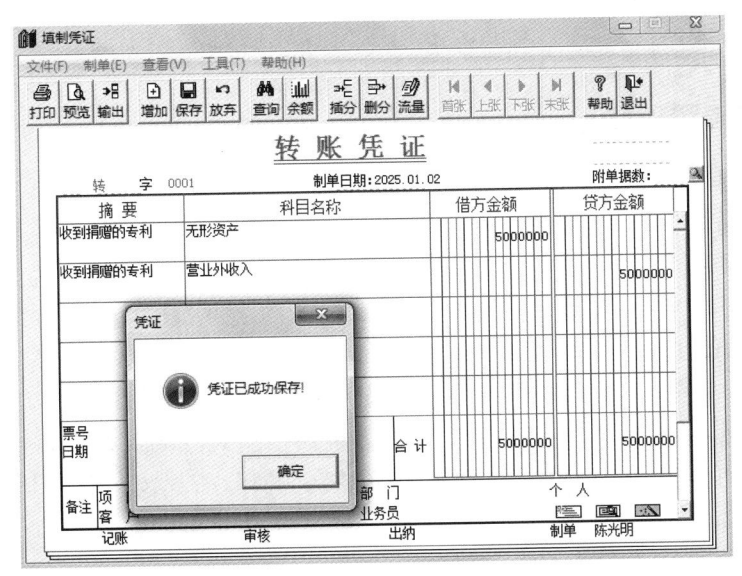

图 3-2 用友 T3 保存"填制凭证"界面

3-2 填制凭证基本方法

(3) 单击[确定]。

> **操作注意事项**
>
> (1) 采用序时控制时,凭证日期应大于或等于启用日期,但不能超过计算机系统日期,凭证日期随凭证号递增而递增,不能为已结账月份的日期。
>
> (2) 凭证一旦保存,其凭证类别、凭证编号均不能修改。
>
> (3) 正文中不同行的摘要可以相同也可以不同,但不能为空。每行摘要将随相应的会计科目在明细账、日记账中出现。摘要书写有3种方式:①直接在摘要栏填写。②单击摘要栏,查找常用摘要。③新增非首行分录后,按回车键,系统将摘要自动复制到下一分录行。
>
> (4) 科目编码必须是末级的科目编码。录入科目编码有5种方式:①直接在科目名称栏中,填写科目名称,系统可自动转换为会计科目编码。②直接在科目名称栏中,填写科目代码。③直接在科目名称栏中,填写科目助记码,系统可自动带出并转换为会计科目编码。④点击"科目名称"栏,点击🔍,选择所需会计科目,系统可自动带出并转换为会计科目编码。⑤先在常用摘要中设置相关科目,然后在选择常用摘要后,系统即可自动带出并转换为会计科目编码。
>
> (5) 金额不能为"零"。
>
> (6) 凭证填制完成后,只要保存、继续增加凭证或退出当前凭证,当前凭证均可自动保存。

💡 **提示**

1. 凭证类别为初始设置时已定义的凭证类别代码或名称。

2. 采用自动编号时,计算机自动按月按类别连续进行编号。

3. 在"附单据数"处可以按"Enter"键通过,也可以输入单据数量。如果需要把某些图片、文件作为附件链接到凭证上,可以按以下方法操作:单击"附单据数"右侧🔍,打开"凭证附件"对话框,单击[增加],选中所需文件,单击[打开]/[退出]。

二、现金流量项目

【案例3-2】 1月5日,企业以现金支付罚款200元。

【操作步骤】

(1) 在"填制凭证"窗口,单击[增加](或按F5键),选择凭证类别字为"付",确认制单日期为"2025.01.05"。在摘要栏输入"支付罚款",在科目名称栏输入科目的编码"6711",或单击🔍,选择"6711　营业外支出"。在借方金额栏输入"200",按Enter键,继续输入下一行,在科目名称栏输入科目的编码"1001",或单击🔍,选择"1001　库存现金",也可以直接输入科目名称"库存现金"。在贷方金额栏输入"200",按Enter键,打开"现金流量表"界面,单击[增加],在"项目编码"栏单击🔍,选择"07　支付其他与经营活动有关的现金",如图3-3所示。

(2) 单击[保存]/[保存]/[确定]。

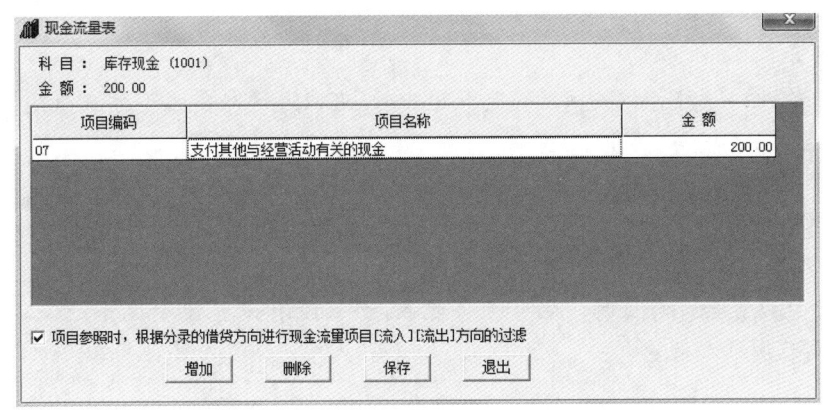

图 3-3　用友 T3 录入"现金流量表"界面

 提示

1. 由于在设置会计科目时,指定了"库存现金"和"银行存款"为"现金流量科目",所以在填制凭证中涉及"库存现金"和"银行存款"及其明细科目,则要求填写"现金流量项目",以便由系统自动生成"现金流量表"。

2. 当未输入"现金流量表"信息就退出时,可以通过单击上方[流量],打开"现金流量表"对话框,补充填写现金流量信息。

三、银行账、数量核算

【案例 3-3】　1 月 8 日,向立胜公司销售商品 2 000 件,单价 500 元,增值税销项税额为 16 000 元,单位产品成本 300 元,企业已收到立胜公司支付的货款,采用现金支票方式结算,现金支票票号:2018。

【操作步骤】

在"填制凭证"窗口,单击[增加](或按 F5 键),选择凭证类别字为"收",确认制单日期为"2025.01.08"。在摘要栏输入"销售商品确认收入",在科目名称栏单击🔍,选择"100202 中行存款",按"Enter"键,打开"辅助项"对话框,输入结算方式"201"(或单击🔍,选择"201 现金支票"),票号"2018",如图 3-4 所示。在借方金额栏输入"1 160 000",按"Enter"键,打开"现金流量表"界面,单击[增加],在"项目编码"栏单击🔍,选择"01　销售商品、提供劳务收到的现金",单击[保存]。按"Enter"键,继续输入下一行,在科目名称栏单击🔍,选择"6001　主营业务收入"。按"Enter"键,打开"辅助项"对话框,输入数量"2 000",单价"500"。按"Enter"键,继续输入下一行,在科目名称栏单击🔍,选择"22210102　销项税额",在贷方金额栏输入"16 000"(或单击"="键)。单击[保存]/[确定]。

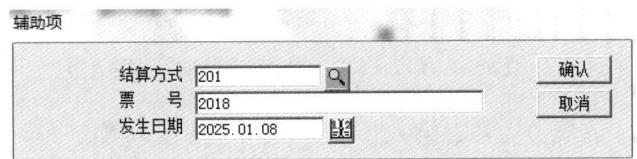

图 3-4　用友 T3 银行账"辅助项"界面

> **提示**
>
> 1. 当未输入"银行账"相关辅助信息就退出时,可以通过双击右下方三个图标中最右侧的图标进行补充填写,其中"发生日期"不得在制单日期之后。
>
> 2. 由于在设置会计科目时,指定"银行存款"为"银行总账科目"(即"银行存款"按"银行账"辅助核算),所以在填制凭证时涉及的"银行存款"及其明细科目,要求填写结算方式、票号和发生日期等信息,作为银行对账的参数。
>
> 3. 由于在设置会计科目时,"主营业务收入"科目没有设置数量核算,所以要先修改会计科目,否则无法录入数量。

四、部门核算、个人往来

【案例3-4】 1月10日,采购部孙亮报销差旅费3 500元,归还1 500元现金。

【操作步骤】

(1) 在"填制凭证"窗口,单击[增加](或按F5键),选择凭证类别字为"收",确认制单日期为"2025.01.10",单击摘要栏,单击摘要栏右侧🔍,选择"004 报销差旅费",在科目名称栏输入库存现金科目的编码"1001",或单击🔍,选择"1001 库存现金",也可以直接输入科目名称"库存现金",在借方金额栏输入"1 500",按Enter键。打开"现金流量表"界面,单击[增加],在"项目编码"栏单击🔍,选择"03 收到其他与经营活动有关的现金",单击[保存]。按Enter键,继续输入下一行,在科目名称栏单击🔍,选择"660203 差旅费",按Enter键。打开"辅助项"对话框,输入部门"采购部"(或单击🔍,选择"401 采购部"),如图3-5所示。

图3-5 用友T3部门核算"辅助项"界面

(2) 单击[确认],在借方金额栏输入"3 500",按Enter键。继续输入下一行,在科目名称栏输入其他应收款科目的编码"1221",或单击🔍,选择"1221 其他应收款",也可以直接输入科目名称"其他应收款",按Enter键。打开"辅助项"对话框,输入部门"采购部"(或单击🔍,选择"401 采购部")、个人"孙亮"(或单击🔍,选择"401 孙亮"),如图3-6所示。

图3-6 用友T3个人往来"辅助项"界面

(3) 单击[确认],在贷方金额栏输入"5 000",单击[保存]/[确定]。

提示

1. 在设置会计科目时,修改"管理费用"的明细科目辅助信息为"部门核算",所以在填制凭证时系统要求填写其"部门"等辅助信息。

2. 在设置会计科目时,修改"其他应收款"的明细科目辅助信息为"个人往来",所以在填制凭证时系统要求填写其"个人"等辅助信息。

3. 同一张凭证中有多个会计科目涉及辅助核算信息的填写时,处理方法与凭证中只有一个科目涉及辅助核算信息填写是基本一样的。

4. 当未输入"部门核算"或"个人往来"相关辅助信息就退出时,可以通过双击右下方三个图标中最右侧的图标进行补充填写,其中"发生日期"项不得在制单日期之后。

【案例3-5】 1月15日,财务部张虹预借差旅费3 000元。

操作方法同上。

五、部门核算、银行账

【案例3-6】 1月18日,行政部用现金支票购买一批办公用品3 000元,现金支票票号:2019。

【操作步骤】

在"填制凭证"窗口,单击[增加](或按F5键),选择凭证类别字为"付",确认制单日期为"2025.01.18",在摘要栏录入"购买办公用品"。在科目名称栏单击,选择"660202　办公费",按Enter键,打开"辅助项"对话框,输入部门"行政部"(或单击,选择"1　行政部"),单击[确认],在借方金额栏输入"3 000"。按Enter键,继续输入下一行,在科目名称栏单击,选择"100202　中行存款",按Enter键,打开"辅助项"对话框,输入结算方式"201"(或单击,选择"201　现金支票")、票号"2019",单击[确认]。按Enter键,在贷方金额栏输入"3 000"(或单击"="键),按Enter键,打开"现金流量表"界面,单击[增加]。在"项目编码"栏单击,选择"07　支付其他与经营活动有关的现金",单击[保存]/[保存]/[确定]。

【案例3-7】 1月22日,发生以下几笔业务:

(1) 行政部用转账支票支付招待费6 000元,转账支票票号:3011。

(2) 销售部用转账支票支付广告费50 000元,转账支票票号:3012。

(3) 以转账支票支付销售部租金3 000元,转账支票票号:3013。

操作方法同上。

六、常用凭证

由于在日常经济业务处理的过程中有很多业务内容是基本相同的,涉及的凭证类别、所附单据数、摘要、会计科目完全一致,只有发生日期、辅助核算信息有差别,为了方便此类凭证的填写,系统提供了设置常用凭证的功能。

【案例3-8】 设置从中国银行提取现金的常用凭证。

【操作步骤】

(1) 在"畅捷通T3——标准版"窗口中,单击[总账]/[凭证]/[常用凭证]/[增加],输入编码"001"、说明"从中行提取现金"、选择类别名称"付　付款凭证"、选择分类"无分类"、选择启用"是",如图 3-7 所示。

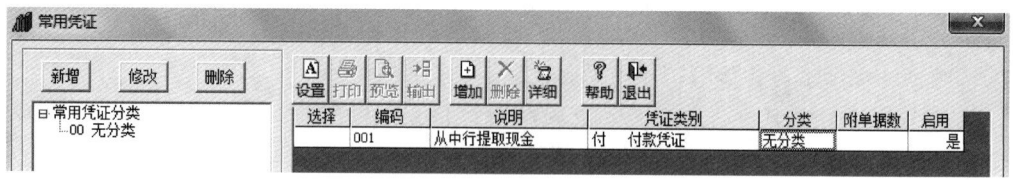

图 3-7　用友 T3"常用凭证"设置界面

（2）单击［详细］/［增加］,输入科目编码"1001",单击［增加］,输入科目编码"100202",输入结算方式"201　现金支票",单击［确定］,如图 3-8 所示。

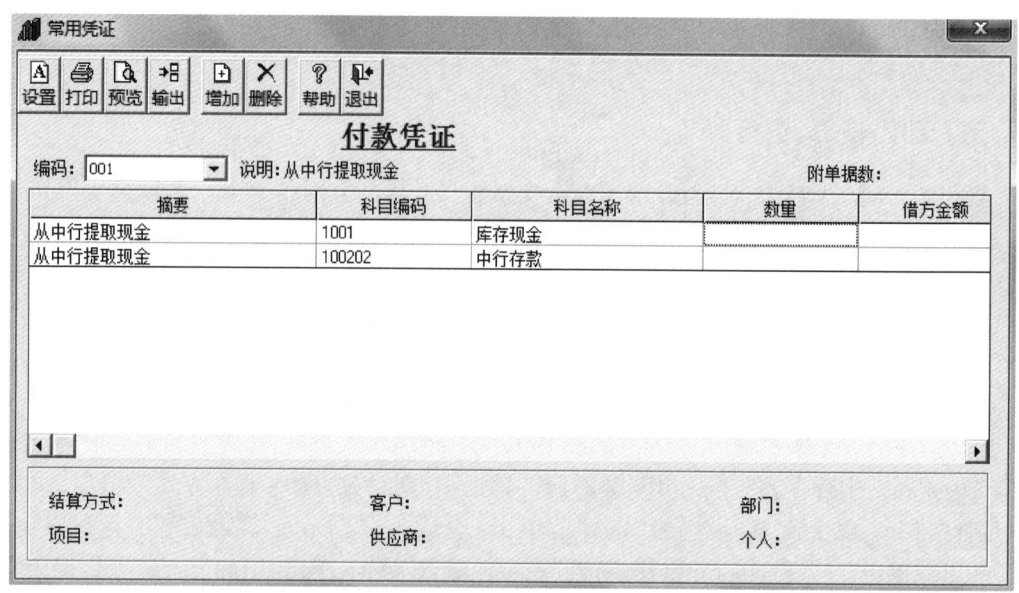

图 3-8　用友 T3"常用凭证"详细设置界面

（3）单击［退出］。

【案例 3-9】　1 月 23 日,从中国银行提取现金 1 000 元,现金支票票号:2020。通过调用常用凭证完成。

【操作步骤】

在"填制凭证"窗口,单击［制单］/［调用常用凭证］,输入凭证代号"001",单击［确定］,确认制单日期为"2025.01.23",在借方金额栏输入"1 000",按"Enter"键,打开"现金流量表"界面,单击［退出］,在贷方金额栏输入"1 000",按"Enter"键,打开"辅助项"对话框,输入结算方式"201"（或单击 🔍 ,选择"201　现金支票"）、票号"2020",按"Enter"键,打开"现金流量表"界面,单击［退出］/［保存］/［确定］。

💡 **提示**

当企业发生存取款业务时,现金流量流入、流出抵消,可以不录入现金流量,所以要先取消现金流量项目必录,单击［总账］/［设置］/［选项］,单击"现金流量项目必录"复选框（即取消复选框中的"√"),在做存取款业务时,弹出现金流量录入窗口时直接退出后保存即可。

延伸阅读3-1

凭证录入模块的正确性检查措施

不正确的凭证输入计算机,必然产生错误的账簿和报表。因此,在录入凭证的过程中系统增加以下正确性控制机制,以确保凭证正确可靠。

1. 凭证类型和凭证号

凭证号是记账凭证的标识,按会计制度的要求,不同类型的凭证每月分别从1开始连续编号,不能有重号、漏号。因此,当用户输入凭证类型后,其控制机制为:系统检查出该类最后一张凭证号,自动加1后就生成当前凭证号。

2. 凭证日期

凭证日期用于标识经济业务发生的时间,凭证日期必须为公历日期,凭证日期应随凭证号递增而递增。因此,其控制机制为:

(1) 凭证日期为公历日期。

(2) 输入日期不能为已经结账月份的日期。

3. 会计科目

会计科目是经济业务分类的主要依据,凭证录入模块提供对科目编码设置一系列的控制机制:

(1) 存在性检查。检查凭证中科目编码是否存在。财会人员在输入记账凭证时,输入某一科目编码,如果在初始设置时设置了该科目编码,检查结果为"正确";否则,检查结果为"错误"。

(2) 是否是末级科目检查。检查凭证中科目编码是否为最低级科目编码或记账明细科目。在计算机条件下,科目是分级的。输入记账凭证时,只能输入末级科目,不能输入非末级科目。如果输入的科目为末级科目,检查结果为"正确";否则,检查结果为"错误"。

(3) 与凭证类型是否相符的检查。检查输入的借方科目或贷方科目与凭证类型是否相符。特定的凭证类型要求凭证中必须出现某些科目,如付款凭证中贷方科目必须出现"库存现金"或"银行存款";收款凭证中借方科目必须出现"库存现金"或"银行存款";转账凭证中借方、贷方科目一定不能出现"库存现金"或"银行存款"。如果满足上述条件,检查结果为"正确";否则,检查结果为"错误"。

(4) 金额。任何一张凭证都满足"有借必有贷,借贷必相等"的原则,因此,每一张凭证存入凭证文件之前,其控制机制为自动进行借贷平衡检查。如果平衡,检查结果为"正确";否则,检查结果为"错误"。

只有当所有检查结果都为"正确"时,该凭证才会被计算机接收;否则,会被计算机拒绝接收。

第二节 出纳签字、审核和记账

凭证输入以后,必须经过审核才能记账。凭证的审核可分成出纳签字和审核凭证两个环节。

一、出纳签字

出纳凭证涉及企业现金的收入与支出,因此应加强对出纳凭证的管理。出纳凭证的管理可以采用多种方法,其中出纳签字就是主要的方法之一。出纳人员可通过出纳签字功能对制单员填制的带有库存现金、银行存款会计科目的凭证进行检查核对,主要核对出纳凭证的出纳科目的金额是否正确，审查出有错误或有异议的凭证，然后交与制单人修改后再核对。本功能适用于那些出纳人员不制作现金、银行凭证情况，这种情况下，所有出纳凭证均由其他会计人员填制，再由出纳在此功能中签字确认后，这些凭证才能记账。

【案例 3-10】 由“KJ03　王志”对凭证进行出纳签字。

【操作步骤】

(1) 以“KJ03”的身份登录用友通，在“畅捷通 T3——标准版”窗口中，单击[总账]/[凭证]/[出纳签字]，如图 3-9 所示。

图 3-9　用友 T3“出纳签字”凭证选择条件界面

(2) 单击[确认]，打开“符合条件的凭证”界面，如图 3-10 所示。

制单日期	凭证编号	摘要	借方金额合计	贷方金额合计	制单人	签字人
2025.01.08	收 - 0001	销售商品确认收入	1 160 000.00	1 160 000.00	陈光明	
2025.01.10	收 - 0002	报销差旅费	5 000.00	5 000.00	陈光明	
2025.01.05	付 - 0001	支付罚款	200.00	200.00	陈光明	
2025.01.15	付 - 0002	预借差旅费	3 000.00	3 000.00	陈光明	
2025.01.18	付 - 0003	购买办公用品	3 000.00	3 000.00	陈光明	
2025.01.22	付 - 0004	支付招待费	6 000.00	6 000.00	陈光明	
2025.01.22	付 - 0005	支付广告费	50 000.00	50 000.00	陈光明	
2025.01.22	付 - 0006	支付租金	3 000.00	3 000.00	陈光明	
2025.01.23	付 - 0007	从中行提取现金	1 000.00	1 000.00	陈光明	

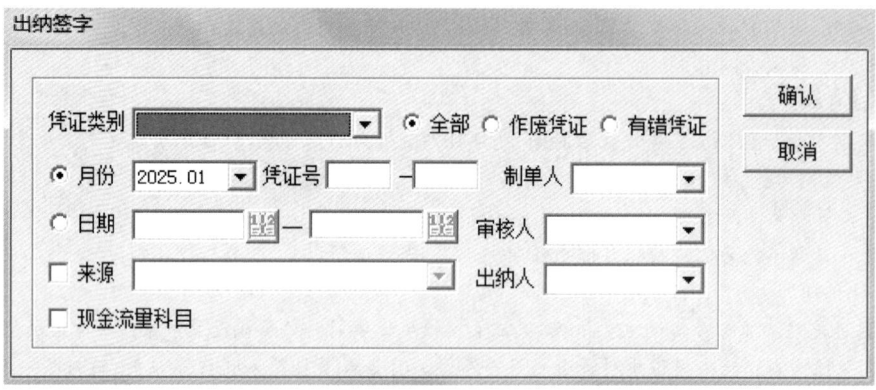

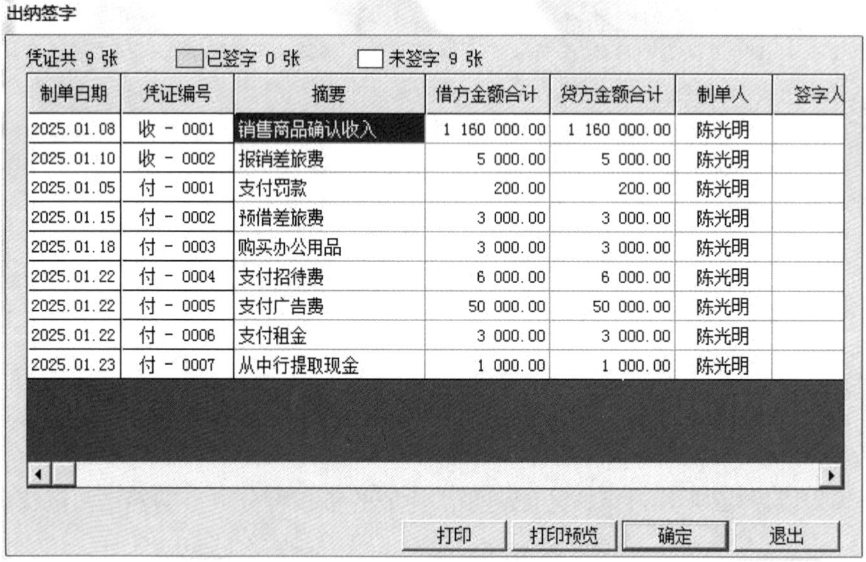

图 3-10　用友 T3“符合条件的凭证”界面

(3) 单击[确定]，打开一张需出纳签字的凭证。检查核对无误后，单击[签字]，系统在凭证的“出纳”处自动签上出纳的姓名，如图 3-11 所示。

(4) 单击[下张]，用同样的方法继续对其他的凭证进行签字处理，单击[退出]/[退出]。

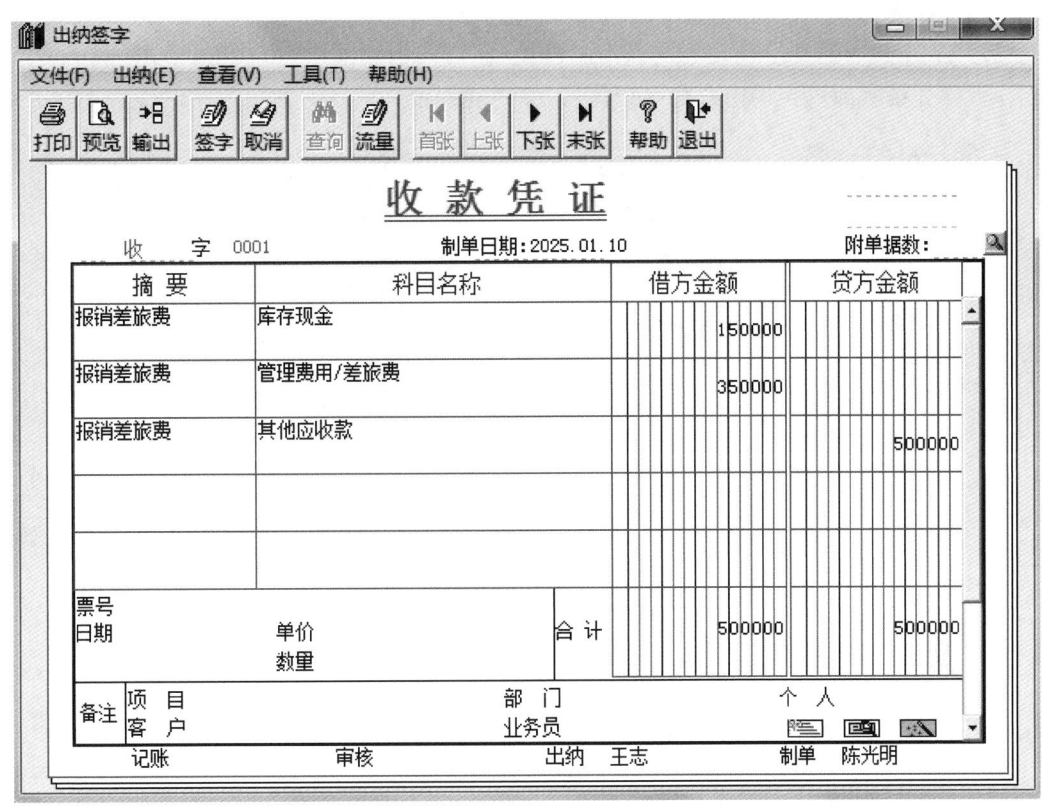

图 3-11　用友 T3"已完成出纳签字的凭证"界面

提示

1. 出纳签字时,可以单击[签字]/[成批出纳签字];取消签字时,则可以单击[签字]/[成批取消签字],完成相应的操作。

2. 若对出纳凭证进行签字操作应做好两项准备。即:

(1) 具有"出纳签字"权限的操作员。

(2) 在系统初始化的科目设置中指定"库存现金"为现金总账科目,"银行存款"为银行总账科目。

3. 出纳签字人和凭证填制人可以为不同的人,也可以为同一个人。

二、审核凭证

审核凭证的目的是防止错误及舞弊,是指由具有审核权限的操作员按照会计制度规定,对制单人填制的记账凭证进行完整性、准确性和合法性检查,主要是审核记账凭证是否与原始凭证相符、会计分录是否正确等,审查认为错误或有异议的凭证,应返回填制人员修改后再次审核。审核凭证不仅需要对通过手工输入方式填制的凭证进行审核,还需要对由系统的期末转账功能及其他子系统生成的记账凭证也进行审核。

【案例 3-11】 由"KJ01　刘莉"对凭证进行审核。

【操作步骤】

(1) 以“KJ01”的身份登录用友通,在“畅捷通 T3——标准版”窗口中,单击[总账]/[凭证]/[审核凭证],或直接单击总账系统流程图中“凭证审核”图标,如图 3-12 所示。

凭证审核
确认
取消
凭证类别
全部
作废凭证
有错凭证
月份
2025.01
凭证号
制单人
日期
审核人
来源
出纳人
现金流量科目

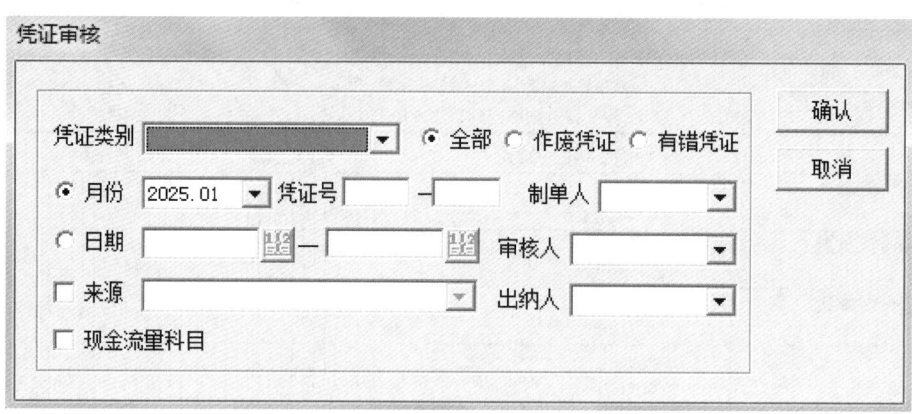

图 3-12　用友 T3“凭证审核”界面

(2) 单击[确认],打开“需审核的凭证”界面,如图 3-13 所示。

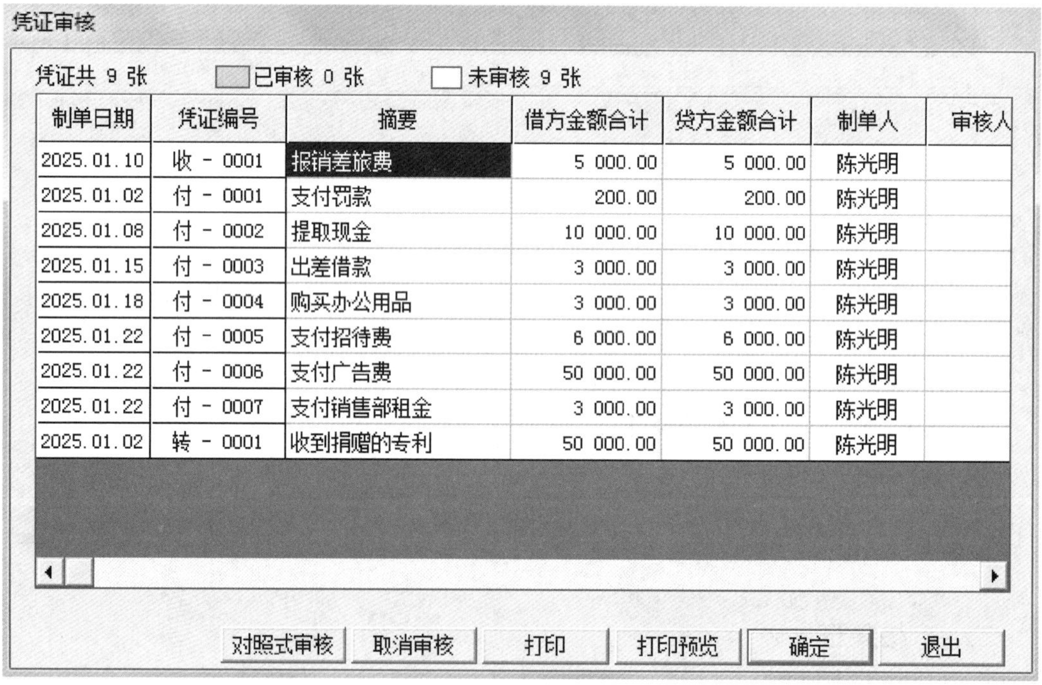

凭证审核
凭证共 9 张
已审核 0 张
未审核 9 张
制单日期 凭证编号 摘要 借方金额合计 贷方金额合计 制单人 审核人
2025.01.10 收 - 0001 报销差旅费 5 000.00 5 000.00 陈光明
2025.01.02 付 - 0001 支付罚款 200.00 200.00 陈光明
2025.01.08 付 - 0002 提取现金 10 000.00 10 000.00 陈光明
2025.01.15 付 - 0003 出差借款 3 000.00 3 000.00 陈光明
2025.01.18 付 - 0004 购买办公用品 3 000.00 3 000.00 陈光明
2025.01.22 付 - 0005 支付招待费 6 000.00 6 000.00 陈光明
2025.01.22 付 - 0006 支付广告费 50 000.00 50 000.00 陈光明
2025.01.22 付 - 0007 支付销售部租金 3 000.00 3 000.00 陈光明
2025.01.02 转 - 0001 收到捐赠的专利 50 000.00 50 000.00 陈光明
对照式审核
取消审核
打印
打印预览
确定
退出

图 3-13　用友 T3“显示符合条件的凭证”界面

(3) 单击[确定],打开待审核的凭证。检查核对无误后,单击[审核]。系统在凭证的“审核”处自动签上审核人员的姓名,如图 3-14 所示。

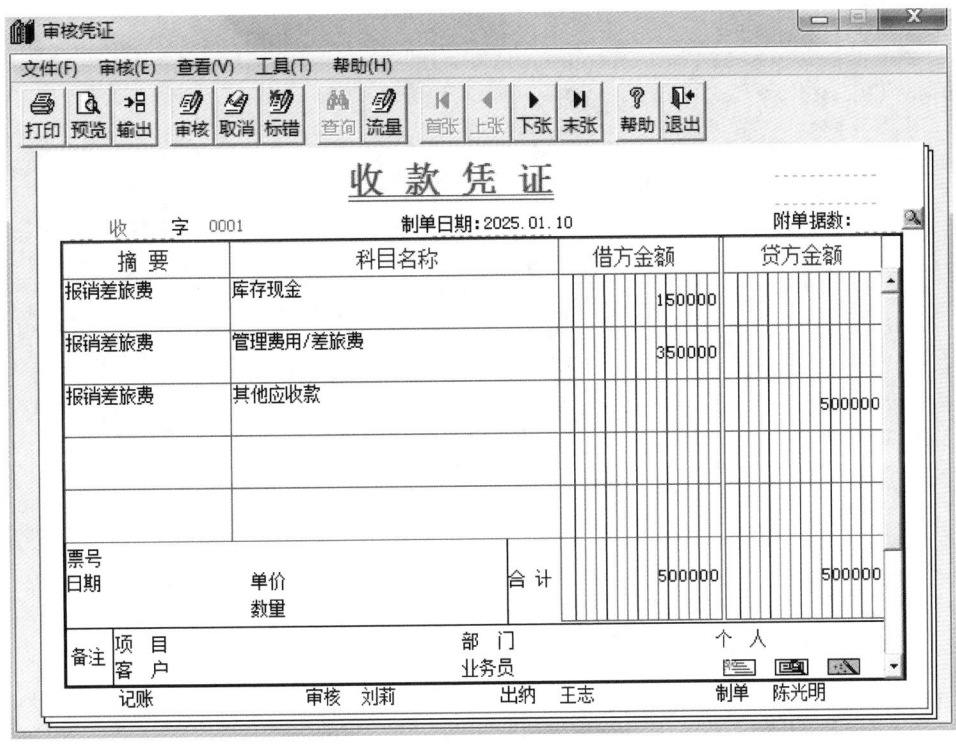

图 3-14 用友 T3"已审核的凭证"界面

(4) 单击[下张],用同样的方法继续审核其他凭证,直至所有凭证审核完毕,单击[退出]/[退出]。

> **操作注意事项**
> 1. 在确认一批凭证无错误时可以单击[审核]菜单中的"成批审核凭证"功能,以完成成批审核的操作。
> 2. 审核人和制单人不能是同一个人。
> 3. 已标错的凭证不能被审核,需取消标错后才能审核。

提示

如果认为待审核的凭证有错误,可单击[标错],如图 3-15 所示。

三、记账

记账是以会计凭证为依据,将经济业务全面、系统、连续地记录到具有账户基本结构的账簿中的一种方法。在手工方式下,记账是由会计人员根据已审核的记账凭证及所附的原始凭证逐笔或汇总登记有关的总账和明细账等账簿;在电算化方式下,记账是由有记账权限的操作员发出记账指令,由计算机按照预先设计的记账程序,采用向导方式,不用人工干涉,自动进行合法性检查、科目汇总并登记账簿等。

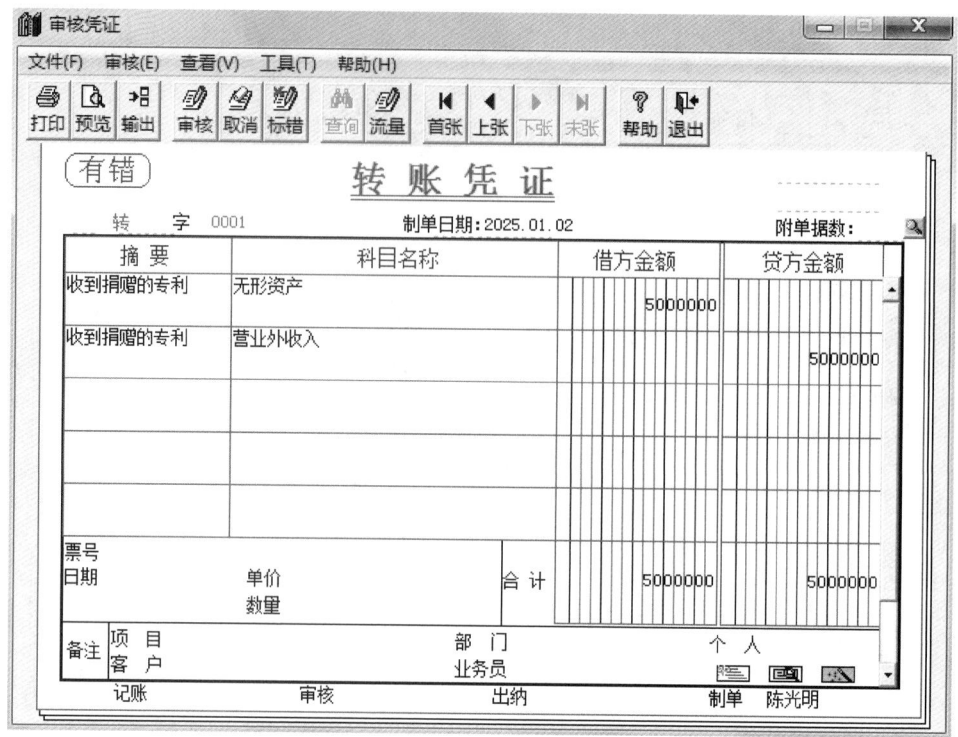

图 3-15 用友 T3"已标错的凭证"界面

【案例 3-12】 由"KJ02 陈光明"对已审核过的记账凭证进行记账。

【操作步骤】

（1）以"KJ02"的身份登录用友通，在"畅捷通 T3——标准版"窗口中，单击［总账］/［凭证］/［记账］，或直接单击总账系统流程图中"记账"图标，如图 3-16 所示。

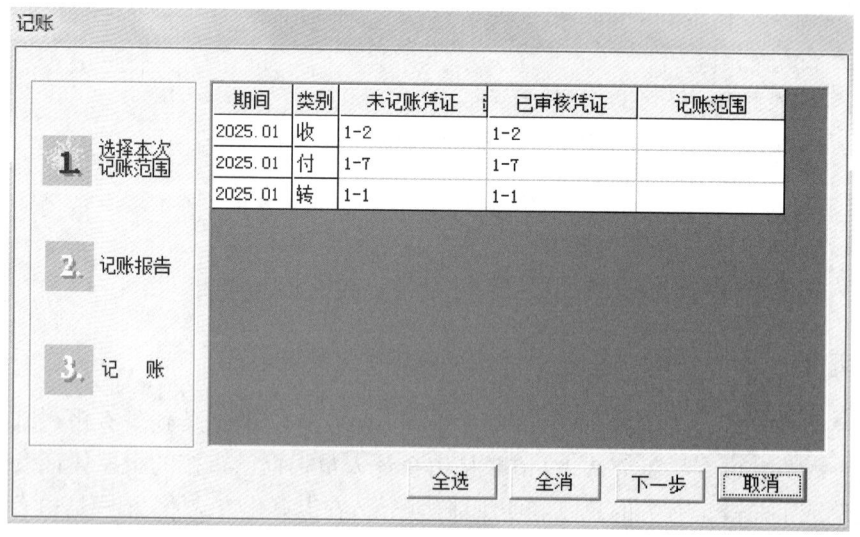

图 3-16 用友 T3"选择本次记账范围"界面

(2) 选择需要记账的范围，单击[下一步]，如图 3-17 所示。

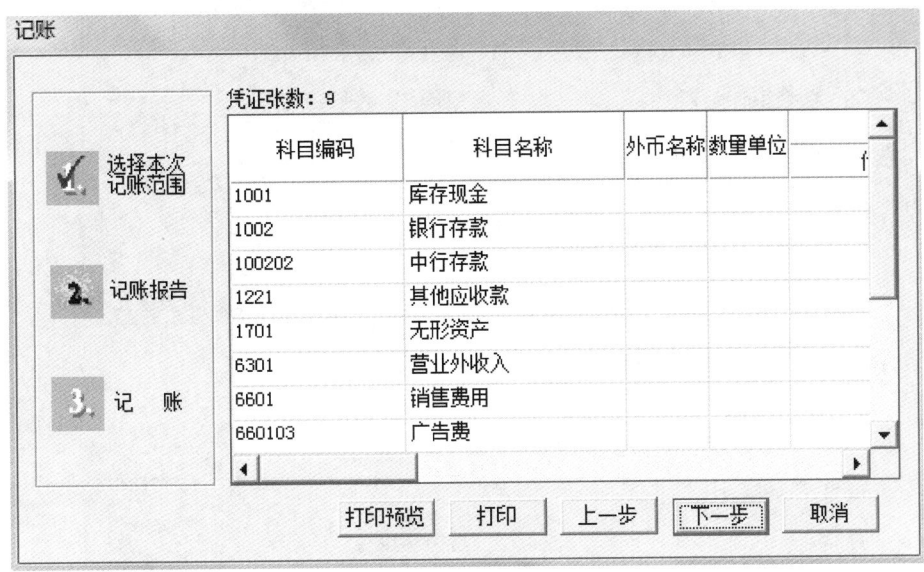

图 3-17　用友 T3"记账报告"界面

(3) 如果需要打印报告，可单击[打印]，单击[下一步]，如图 3-18 所示。

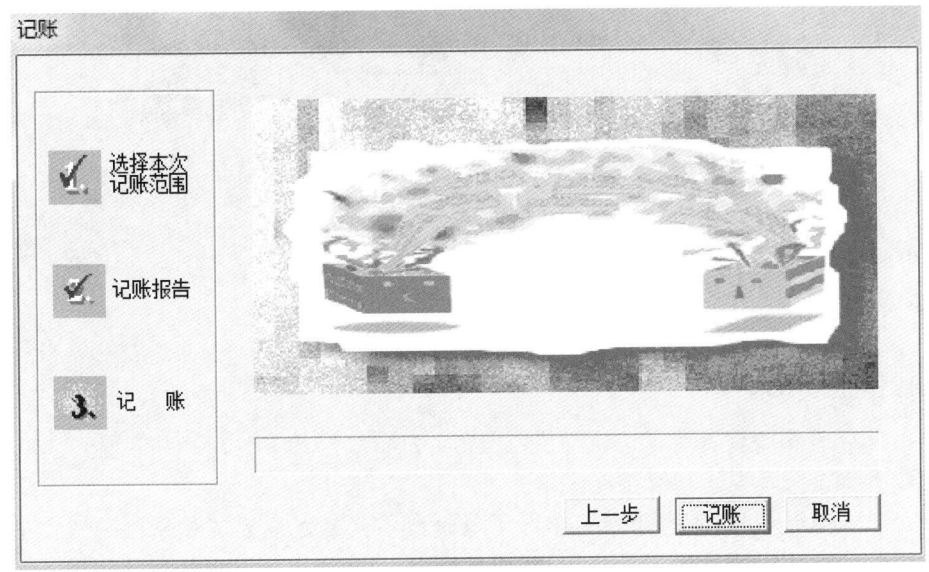

图 3-18　用友 T3"记账"界面

(4) 单击[记账]，如图 3-19 所示。
(5) 单击[确认]，系统开始登录有关的总账、明细账及辅助账，结束后系统弹出"记账完毕！"的提示对话框，如图 3-20 所示。

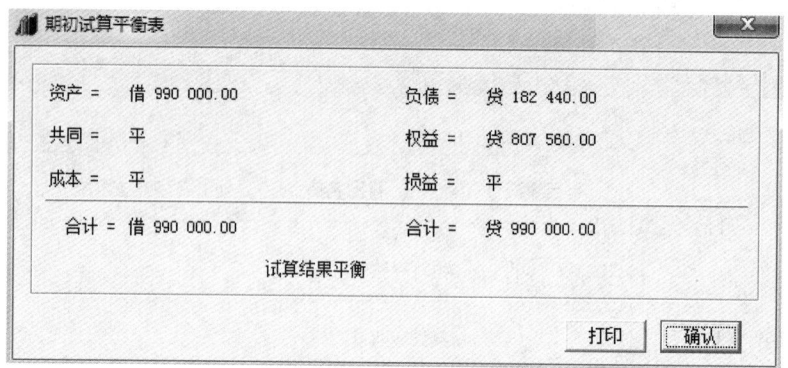

图 3-19 用友 T3"期初试算平衡表"界面

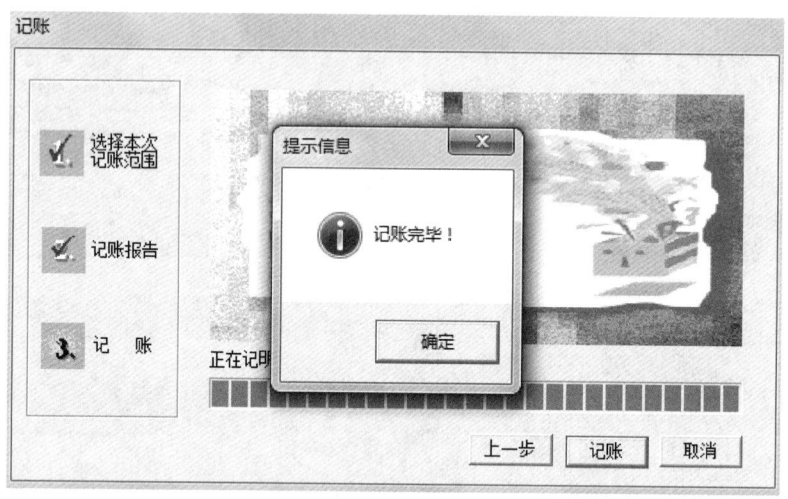

图 3-20 用友 T3"记账完毕"提示界面

(6) 单击[确定]。

> **操作注意事项**
> 1. 记账范围可输入数字、"—"和",",默认为全选。
> 2. 作废凭证不需审核可直接记账。
> 3. 在记账过程中,不得中断退出。记账过程一旦断电或因其他原因造成中断后,系统将自动调用"恢复记账前状态"功能恢复数据,然后再重新记账。

> **提示**
> 1. 记账功能随时可运行,每月可执行的记账次数是任意的。
> 2. 在记账过程中,如果发现某一步设置错误,可单击[上一步]返回后进行修改。如果不想再继续记账,可单击[取消],取消本次记账工作。

四、取消记账

由于某种原因,事后发现本月已记账的凭证有错误且必须在本月进行无痕迹修改,则可利用"恢复记账前状态"功能,将本月已记账的凭证恢复到未记账状态,进行修改、审核后再记账。

【案例 3-13】 由"KJ01 刘莉"执行取消 1 月所有凭证的记账操作。

【操作步骤】

(1) 以"KJ01"的身份登录用友通,单击[总账]/[凭证]/[恢复记账前状态],选择"2025年01月初状态",单击[确定],如图 3-21 所示。

(2) 单击[确定],如图 3-22 所示。

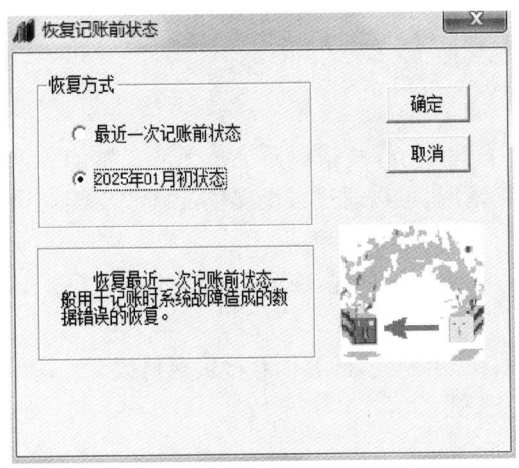 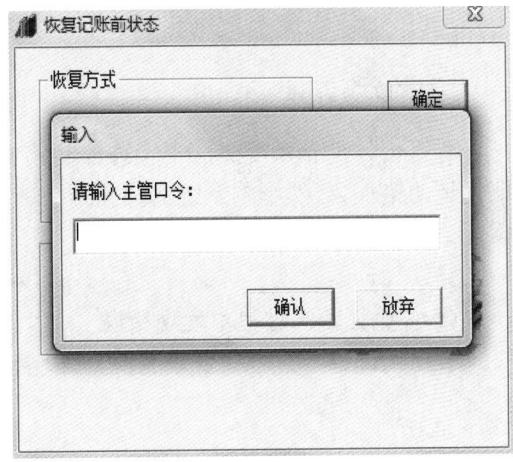

图 3-21 用友 T3"恢复记账前状态"界面　　图 3-22 用友 T3"请输入主管口令"界面

(3) 输入主管口令后,单击[确认],如图 3-23 所示。

(4) 单击[确定]。

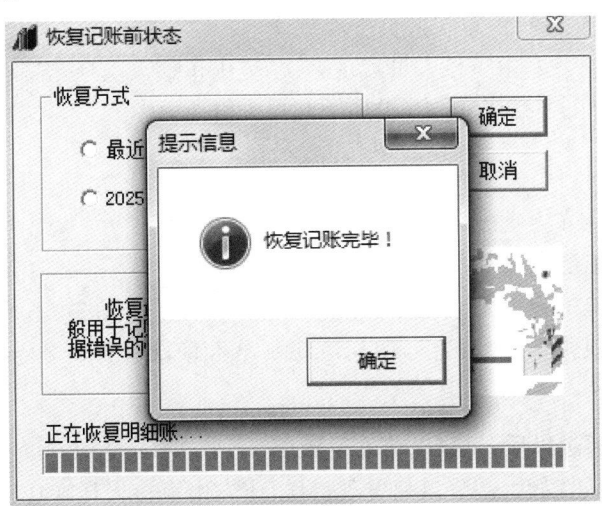

图 3-23 用友 T3"恢复记账完毕"提示界面

> **操作注意事项**
>
> 1. 只有账套主管才有权限取消记账。
> 2. 如果该月已经结账,则不能取消记账。
> 3. 取消记账后,一定要重新记账。
> 4. 如果未显示"恢复记账前状态",单击[对账]后,按"CTRL"和"H"键,则可以显示"恢复记账前状态"的功能。

第三节 凭证管理

一、修改凭证

尽管会计信息系统提供了多种控制错误的手段,但仍有些错误系统是无法识别的。记账凭证的错误,必然影响系统的核算结果。为更正错误,可以通过系统提供的修改功能对错误凭证进行修改。

错误凭证的发现有可能发生在以下4种情况,针对不同情况,应采用不同的处理方法。

(一)凭证输入过程中发现错误

若在凭证输入过程中发现错误,可以由制单人在"填制凭证"界面直接进行修改。

 提示

1. 凭证的辅助项内容如果有错误,可以在单击有错误辅助项的会计科目后,将鼠标移到错误的辅助项所在位置,当出现"笔头状光标"时双击此处,弹出辅助项录入窗口,直接修改辅助项内容,或者双击右下方三个图标中最右侧的图标 来修改辅助项内容。

2. 外部凭证不能在总账系统中修改,只能在生成该张凭证的系统中进行修改。

(二)审核凭证过程中,由审核人员发现错误

若在审核凭证过程中,由审核人员发现错误,应由审核人员单击"审核凭证"界面工具栏上的[标错],给凭证打上"有错"标志,退还给制单人修改。

提示

1. 审核人员不能直接修改凭证,应由制单人进行修改。
2. 已标错凭证不能审核。已审核凭证不能标错。
3. 如果错误凭证是收款凭证或付款凭证,并且经过了出纳签字,那么在审核人员标错以后,应先由出纳人员取消出纳签字,才能退还制单人修改。待制单人修改后,"有错"标志将会自动消失。

(三)凭证审核通过以后,记账以前发现错误

若在凭证审核通过以后,记账以前发现错误,应先由审核人员在凭证审核界面,单击[取消],取消审核后,单击[标错],给凭证打上"有错"标志,退还给制单人修改。

提示

如果错误凭证是收款凭证或付款凭证,并且经过了出纳签字,那么在审核人员取消审核,并且标错以后,还应该由出纳人员取消出纳签字,才能退还制单人修改。

(四)凭证记账以后发现错误

若在凭证记账以后发现错误,应用红字冲销法和补充登记法进行修改。

【**案例3-14**】 冲销已记账凭证:1月23日,从中行提取现金1000元。

【**操作步骤**】

(1) 在"填制凭证"窗口,单击[制单]/[冲销凭证],选择月份"2025.01"、凭证类别"付付款凭证",输入凭证号"7",如图3-24所示。

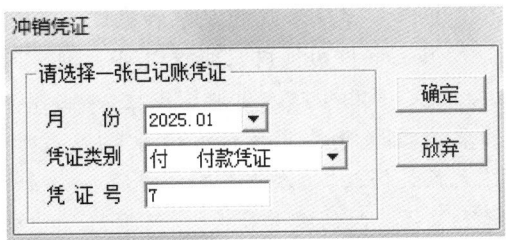

图 3-24 用友 T3"冲销凭证"界面

(2) 单击[确定],系统自动生成一张红字冲销凭证,如图 3-25 所示。

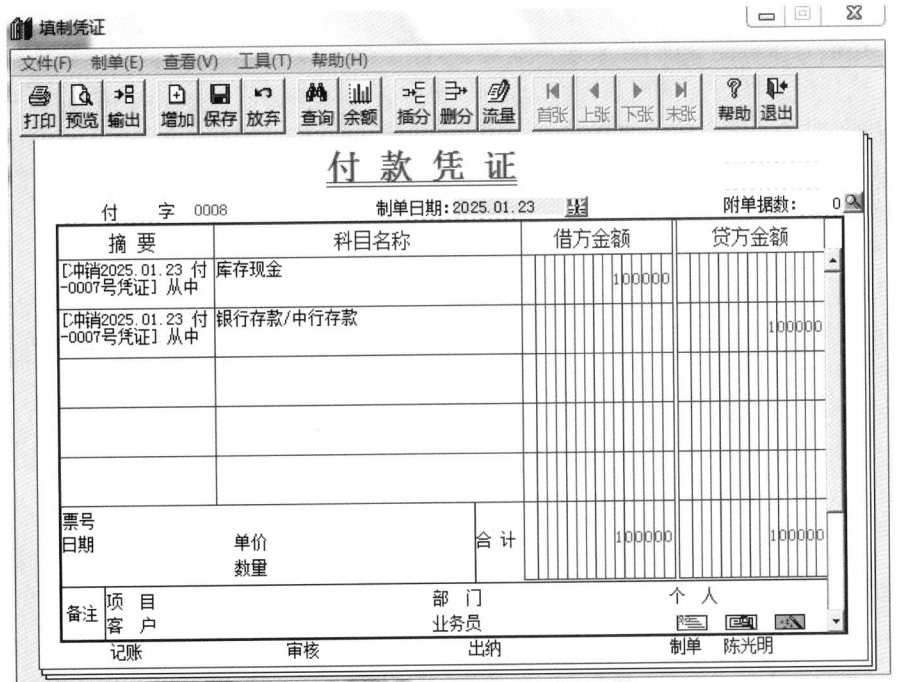

图 3-25 用友 T3"红字冲销凭证"界面

提示

1. 如果凭证不是在总账系统生成的,而是由固定资产系统、工资系统、购销存系统或核算系统生成并传递到总账系统的,则只能到生成该凭证的子系统中进行红字冲销。
2. 进行红字冲销的凭证,必须是已经记账的凭证。
3. 通过红字冲销法增加的凭证,应视其为正常凭证进行后续处理。
4. 一般情况下,制作红字冲销凭证将错误凭证冲销后,需要再编制正确的蓝字凭证进行补充,并且红字凭证和蓝字凭证都要经过审核,再记账。

小结

一般来说,修改凭证可分为"无痕迹修改"和"有痕迹修改"两种:

1. "无痕迹修改"即不留下任何曾经修改的线索和痕迹。下列状态下的错误凭证可实现无痕迹修改:①对已经输入但未审核的机内记账凭证可由制单人直接修改。②已通过审核但未记账的凭证不能直接修改,可由审核人员取消审核,再由制单人员修改。③已记账凭证有错误,可先由账套主管取消记账,再由审核人员取消审核,最后由制单人员修改;但对已记账凭证的错误修改使用"无痕迹修改"的方法是不合规的,一般情况下不采用。
2. "有痕迹修改"即留下曾经修改的线索和痕迹,可通过保留错误凭证和更正凭证的方式留下修改痕迹。已记账的凭证发现有错,应对错误的修改留下审计线索,可采用红字冲销法或补充登记法进行更正。

二、作废、删除凭证

对于还没有审核的凭证,如果发现有错误,除了修改,还可以选择将错误凭证作废后重新输入正确凭证。作废凭证可以保留,也可以删除。如果要删除作废凭证,就需要对作废凭证进行整理,即对该作废凭证之后的未记账凭证进行重新连续编号。

(一) 作废凭证

【案例3-15】 作废第0008号付款凭证。

【操作步骤】

在"填制凭证"窗口中,通过单击[查询](或单击[上张]或[下张]),找到要删除的"付字0008"凭证,单击[制单]/[作废/恢复],凭证左上角会显示"作废"标志,如图3-26所示。

操作注意事项

1. 作废凭证仍保留凭证内容及编号,只显示"作废"字样。
2. 作废凭证不能修改,不能审核,不能标错。
3. 在记账时,已作废的凭证将参与记账,否则月末无法结账,但系统不对作废凭证进行数据处理,即相当于一张空凭证。
4. 账簿查询时,找不到作废凭证的数据。
5. 若当前凭证已作废,可单击"制单"菜单中的"作废/恢复"选项,取消作废标志,并将当前凭证恢复为有效凭证。
6. 已经经过出纳签字、审核的凭证不能作废。

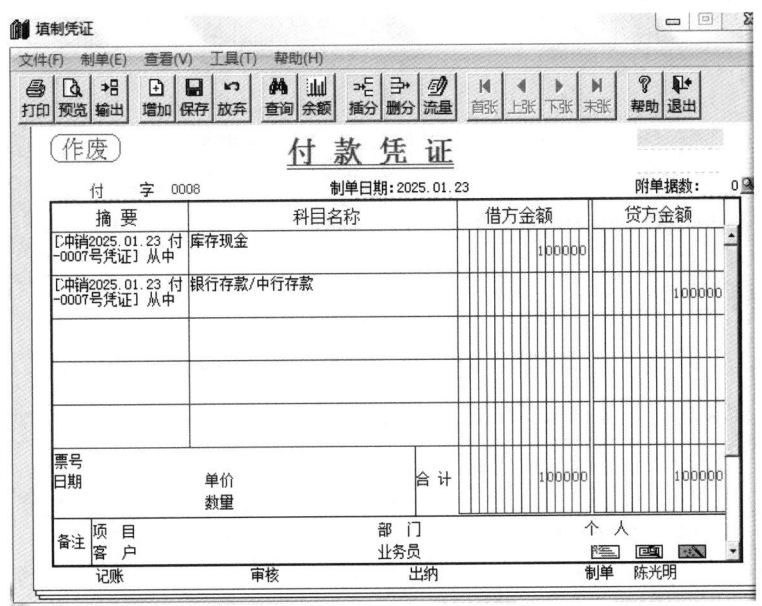

图 3-26 用友 T3"作废凭证"界面

(二)删除凭证

【案例 3-16】 删除作废的凭证。

【操作步骤】

(1)在"填制凭证"界面,单击[制单]/[整理凭证],选择凭证期间,如图 3-27 所示。

(2)单击[确定],打开"作废凭证表"界面,在"删除"栏双击打上"Y"标记,如图 3-28 所示。

3-4 删除凭证的方法

图 3-27 用友 T3"选择作废凭证期间"界面

图 3-28 用友 T3"作废凭证表"界面

(3)单击[确定],如图 3-29 所示。

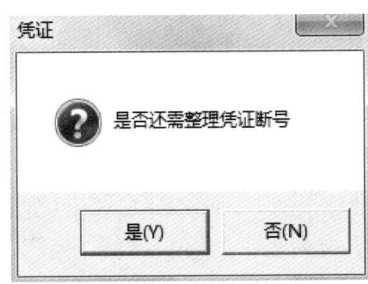

图 3-29 用友 T3"是否还需整理凭证断号"提示界面

(4)单击[是],完成删除凭证的操作。

提示

1. 如果本月已有凭证记账,那么不能对最后一张已记账凭证前面的凭证进行整理,只能对已经记账凭证后面的未记账凭证进行整理。

2. 可以在取消记账后,再对已记账凭证前面的凭证进行整理。

 延伸阅读3-2

"取消审核、取消记账、反结账"存在的弊端

随着"取消审核、取消记账、反结账"功能的广泛使用,其弊端也日益显现,主要表现在以下三个方面。

1. 与现行会计法规相违背

《会计核算软件基本功能规范》第18条、第19条明确规定,发现已经输入并已审核通过或者登账的记账凭证有错误的,可以采用红字冲销法或者补充更正法进行更正,记账凭证输入时可用"—"号或者其他标记表示;在已经输入的原始凭证审核通过或者相应记账凭证审核通过或登账后,原始凭证需修改,会计核算软件在留有痕迹的前提下,可以提供修改和对修改后的机内原始凭证与相应的记账凭证是否相符进行校验的功能。使用"反复核、反记账、反结账"功能更正会计工作差错,不仅违背了上述有关会计差错更正方法的规定,而且在原始凭证、记账凭证、会计账簿等方面,大多数的会计软件没有或很少提供必要的痕迹记录。

2. 为做假账、提供虚假会计信息及经济违法犯罪打开了方便之门

"取消审核、取消记账、反结账"功能的使用,使会计人员为同一单位做几套账、编制几套会计报表变得轻而易举。以前手工账由各人分别编制凭证、记载账簿,如果发生会计造假,通过墨迹或笔迹可以较容易地识别和鉴定。而目前大多数会计软件对更改的会计事项没有提供完整的、真正意义上的痕迹记录。有的会计软件根本不提供这类逆向会计操作的痕迹记录,有的也只是在操作日志中记录了何人何时使用过这些逆向操作功能,至于更正和补充了何种会计事项,其目的和来龙去脉则无从得知。现在,会计凭证、报表、账簿都可以通过计算机打印出来,如果单位缺乏严格周密的会计电算化内部牵制机制,别有用心的人就会在会计业务发生时蓄意留下伏笔,一段时间后,神不知鬼不觉地篡改部分会计凭证、报表和账册,这样就使会计做假、造假和经济违法犯罪变得更加隐蔽,给会计、审计监督工作和防范违法犯罪增加了技术难度。

3. 如果软件功能使用不当,可能会导致账务混乱

在使用"取消审核、取消记账、反结账"功能时,由于财会人员会计电算化业务水平及对软件功能理解的偏差,特别是在运用跨年度反结账功能时,不同年份的会计科目体系可能发生了变化,如果出现错误操作,很可能产生账务混乱,甚至导致整个账务系统的瘫痪,造成不应有的损失。

三、查询凭证

为了随时了解经济业务的发生情况,保证填制凭证的正确性,会计信息系统应提供"凭证查询"的功能。

【案例3-17】 查询2025年1月,已记账的0001号付款凭证。

【操作步骤】

(1)在"畅捷通T3——标准版"窗口中,单击[总账]/[凭证]/[查询凭证],选择"已记账凭证"复选框,选择"凭证类别"下拉列表中的"付　付款凭证",输入凭证号"0001"—"0001",如图3-30所示。

(2)单击[确认]/[确定]。

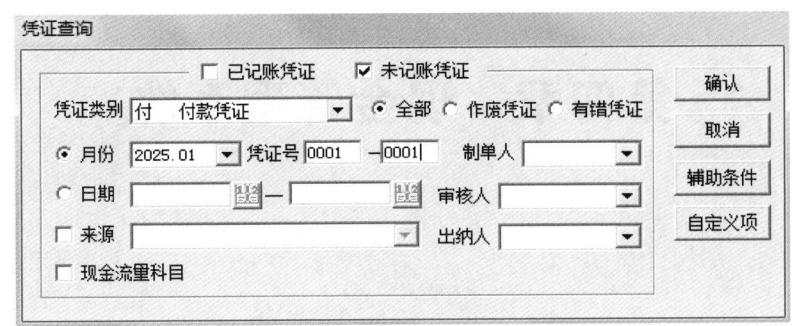

图 3-30 用友 T3"凭证查询"界面

 **提示**

如果需要查询未记账凭证,还可以在"填制凭证"窗口中,单击[查询]或单击[查看]/[查询],选择凭证类别"付 付款凭证",输入凭证号"0001"-"0001",单击[确认]/[确定]。

3-5 查询凭证的方法

本章小结

本章主要学习了:总账系统日常业务处理的主要流程及具体操作方法,包括填制凭证、审核凭证、出纳签字、修改凭证、记账的方法;实务中填制凭证和修改凭证的操作方法、技巧和注意事项。

本章重要概念

填制凭证   出纳签字   审核凭证   有痕迹修改   无痕迹修改

本章练习

1. 请简述凭证的修改方法。
2. 在录入凭证时,如果没有弹出对应的数量核算、客户、供应商、个人往来辅助、结算方式等辅助项窗口,应如何解决?
3. 出纳签字和制单是否可以为同一人?审核和制单、出纳签字是否可以为同一人?
4. 凭证不能进行"出纳签字"操作的原因有哪些?
5. 期初余额试算不平衡可以填制凭证吗?可以记账吗?
6. 一般情况下,哪些会计科目需要设置辅助核算?设置何种辅助核算?

第四章　现金管理系统

- 内容简介
- 学习目的和要求
- 思政育人
- 第一节　日记账查询
- 第二节　支票管理
- 第三节　银行对账
- 本章小结
- 本章重要概念
- 本章练习

内容简介

本章主要讲解了现金日记账、银行存款日记账、资金日报表的查询方法,银行对账的方法,以及支票登记簿的作用和登记方法。本章重点为现金日记账、银行存款日记账、资金日报表的查询方法,银行对账的方法;难点为银行对账的方法。

学习目的和要求

通过本章的学习,学生应掌握查询现金日记账、银行存款日记账、资金日报表的方法,以及银行对账的方法,了解支票登记簿的作用和登记方法。

 **思政育人　　　　强化风险意识，坚持底线思维**

党的二十大报告中指出，我国发展进入战略机遇和风险挑战并存、不确定难预料因素增多的时期，各种"黑天鹅""灰犀牛"事件随时可能发生。我们必须增强忧患意识，坚持底线思维，做到居安思危、未雨绸缪，准备经受风高浪急甚至惊涛骇浪的重大考验。党的十八大以来，习近平总书记多次强调"坚持底线思维""着力防范化解重大风险"，是对新时代加强党的建设提出的新论断、新要求。这一重要论述是坚持和贯彻马克思主义基本原理的内在要求，是深刻总结正反两方面历史经验得出的必然结论，也是全面建设社会主义现代化国家的现实需要。

坚持底线思维，着力防范化解重大风险，是从全局出发，坚持联系的普遍性，善于运用系统思维解决问题的具体体现。底线思维作为一种全局性思维，充分体现了马克思主义关于全局思想和系统优化的理论。当前，面对政治、意识形态、经济、科技、社会、外部环境、党的建设等领域重大风险，我们必须从全局出发，坚持整体与部分的统一，将重大风险看作一个整体的系统，将各个领域的风险看作系统中的要素，决策时要充分考虑要素与要素、系统与要素之间的关系，从而更好地防范和化解各类风险。

坚持底线思维，着力防范化解重大风险，是坚持矛盾的对立统一，承认事物的发展是前进性与曲折性的统一的内在遵循。底线思维是立足最低点，争取最大期望值的思维方法，体现了底线思维中的一对矛盾，是一分为二看问题的具体表现。只有深刻认识我国现阶段的风险挑战，提前进行防范化解，才能更好地实现中华民族伟大复兴的宏伟目标。

资料来源：蔡勤禹，刘振. 正确认识关于坚持底线思维着力防范化解重大风险论述的重要性[EB/OL].(2023-02-23)[2024-06-21]. https://www.workercn.cn/c/2023-02-23/7743797.shtml. 有删节.

【思政寄语】坚守底线思维是每一个会计人员必须具有的原则。在结合新兴技术，进行会计信息化实践过程中，更需要增强风险意识，增强辨别风险的能力。

现金管理是会计核算管理中最基本、最重要的工作之一。在手工条件下，按照内部控制制度的要求，一般单独设出纳岗位进行现金和银行存款的核算和管理工作。在会计信息系统中的总账子系统中，为了加强对现金的管理，也设置了相应的现金管理功能，主要包括输出日记账和资金日报表、支票管理、银行对账等模块。

4-1 引例：会计兼出纳，挪用近千万元公款

 延伸阅读 4-1

出纳和会计的区别

有的人会认为出纳就是给会计打杂的，其实不然。一个单位可以没有会计，因为可以找兼职会计，也可以请会计师事务所代理会计，但不能没有出纳。因为出纳的工作是和钱财紧密不可分的。出纳主要负责所在单位的资金的收、付、存及相关管理工作。对外，主要和银行打交道；对内，和所在单位所有和单位财产有关的人员打交道。

在现实生活中，很多人对出纳工作存在误解，认为出纳很简单，就是跑跑银行，记记账，只要会算账就可以了，真正掌握财政大权的还是会计。其实这种想法是非常错误的。会计和出纳都属于单位的会计系统，但每个人的岗位职责分工不同，出纳管钱，会计管账。钱要收进来或花出去都必须经过出纳的手，同时钱的进出都必须要有凭证，也就是我们所说的"原始凭证"，这些都归出纳保管，出纳认真审核原始凭证交由相关人员签字后填写会计凭证，再交给会计登记核算，这就是钱和账必须分开。只有出纳细心完成了出纳工作，会计才能记账与核算，单位的会计工作才能展开，所以出纳工作是一个单位财务工作的基础和前提。

第一节 日记账查询

日记账查询主要包括现金日记账、银行存款日记账和资金日报表。

一、查询现金日记账和银行存款日记账

在日常业务处理过程中,通过记账功能就能直接完成日记账的记账操作。现金日记账和银行存款日记账的查询功能,既可以查询某一天的现金日记账或银行存款日记账,又可以查询某一个月份的现金日记账及银行存款日记账。

【案例4-1】 由"KJ03 王志"查询2025年1月的银行存款日记账。

【操作步骤】

(1) 以"KJ03"的身份登录用友通,在"畅捷通T3——标准版"窗口中,单击[现金]/[现金管理]/[日记账]/[银行日记账],选择"科目"下拉列表框中的"100202 中行存款",查询方式均按系统默认方式,如图4-1所示。

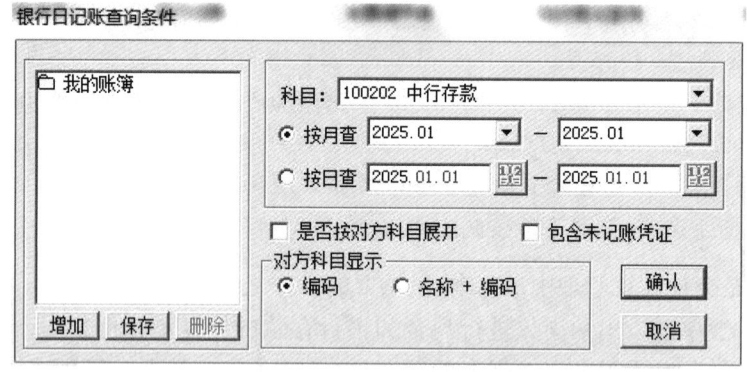

图4-1 用友T3"银行日记账查询条件"界面

(2) 单击[确认],如图4-2所示。

提示

1. 在系统中如果要查询现金日记账及银行存款日记账,必须在"会计科目"功能中将"1001 库存现金"指定为"现金总账科目",将"1002 银行存款"指定为"银行总账科目",否则不能完成查询现金和银行存款日记账的操作。

2. 现金日记账与银行存款日记账的查询操作基本相同。

3. 查询"现金日记账"和"银行存款日记账"时,可以双击某行或单击[凭证],查看相应的凭证,单击[总账]可以查看此科目的总账。

二、查询资金日报表

资金日报表是反映某日现金、银行存款发生额及余额情况的报表,在企业财务管理中占据重要位置。在手工情况下,资金日报表由出纳人员按照每日资金业务的时间顺序,在序时

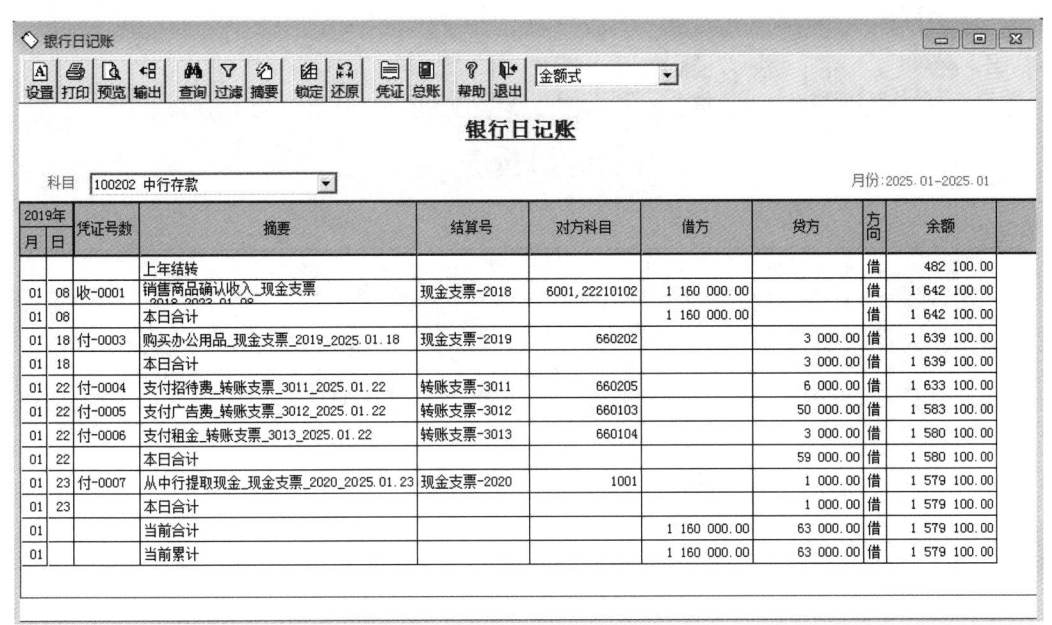

图 4-2 用友 T3"银行日记账"界面

逐笔登记现金日记账和银行存款日记账的基础上,根据准确无误的现金日记账和银行存款日记账,按照统一的格式编制,用来反映当天营业终了时现金、银行存款的收支情况及余额。电算化方式下,资金日报功能主要用于查询、输出或打印资金日报表,提供当日借方、贷方金额合计和余额,以及发生的业务量等信息。

【案例 4-2】 由"KJ03 王志"查询 2025 年 1 月 22 日的资金日报表。

【操作步骤】

(1) 以"KJ03"的身份登录用友通,在"畅捷通 T3——标准版"窗口中,单击[现金]/[现金管理]/[日记账]/[资金日报],打开"资金日报查询界面",将日期选择为"2025.01.22"(或直接输入日期"2025.01.22"),如图 4-3 所示。

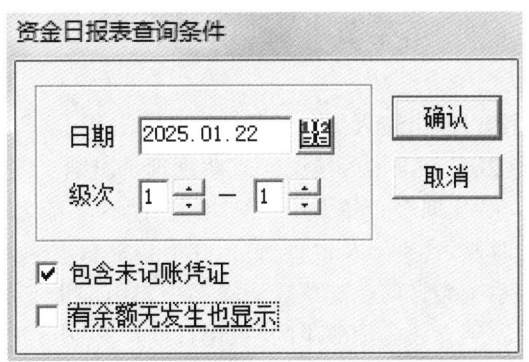

图 4-3 用友 T3"资金日报表查询条件"界面

(2) 单击[确认],显示"2025.01.22 资金日报表",如图 4-4 所示。

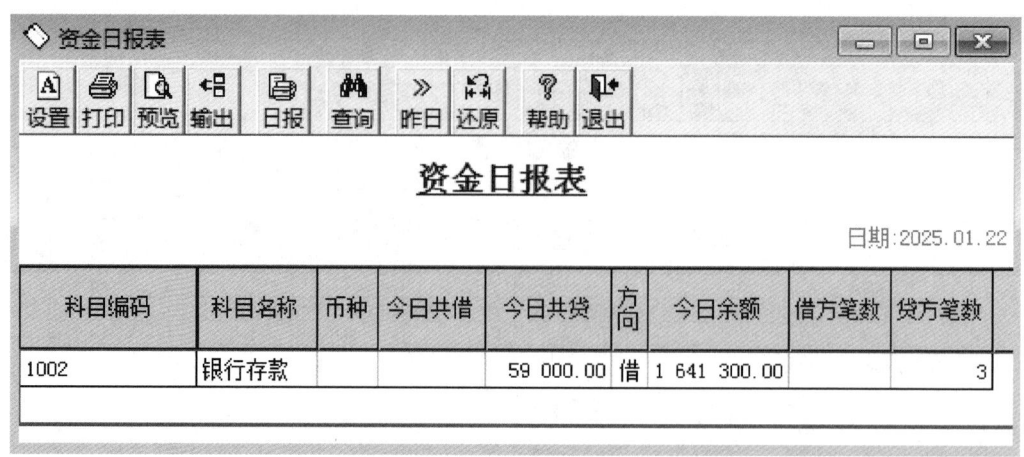

图 4-4 用友 T3"资金日报表"界面

1. 只有查询日期有现金业务发生,才能看到有查询内容的资金日报表;如果查询的日期没有现金业务发生,则显示为空白表。
2. 在"资金日报表"界面,单击[昨日],可以查看"库存现金""银行存款"科目的昨日余额。

延伸阅读4-2

资 金 日 报 表

资金日报表不是规定的财务报表,可以根据公司具体情况设置与报告。一般,以下2种情况需要提供资金日报表:第一,母子公司是异地的企业需要提供资金日报表,目的是帮助企业管理者及时掌握子公司资金情况;第二,资金流动性较强的企业需要提供资金日报表,如商业企业,资金日报表可以及时将资金情况汇总,并发现错误,帮助企业管理者做出正确决策。

第二节 支票管理

为了加强企业的支票管理,出纳人员通常要建立"支票登记簿",以便详细登记支票的领用人、领用日期、支票用途及是否报销等情况。支票管理是出纳工作的重要内容。

可以通过初始设置,在"支票登记簿"功能和"填制凭证"功能之间建立起关联。这种关联的作用是:填制凭证的时候,凡是涉及银行科目,在屏幕提示下输入已经登记、还没有报销的某张支票的票号以后,系统会自动在支票登记簿当中勾销这张支票,同时把凭证的制单日期作为支票的报销日期,填到支票登记簿里的"报销日期"一栏中;如果输入的是还没有在支票登记簿里登记的支票的支票号,系统会自动打开支票登记输入窗口,让用户把支票内容包括报销日期登记到支票登记簿上,同时报销这张支票。

【案例4-3】 由"KJ03 王志"登记支票登记簿。1月25日,领用现金支票,票号:2021,金额:3 000元,用途:提取备用金。

【操作步骤】

(1) 以"KJ03"的身份登录用友通,在"畅捷通 T3——标准版"窗口中,单击[现金]/[票据管理]/[支票登记簿],在"银行科目选择"界面下选择"中行存款　100202",单击[确定],在"支票登记"界面,单击[增加],依次录入领用日期"2025.01.25",领用部门"财务部",领用人"王志",支票号"2021",预计金额"3 000",用途"提取备用金",单击[保存],如图 4-5 所示。

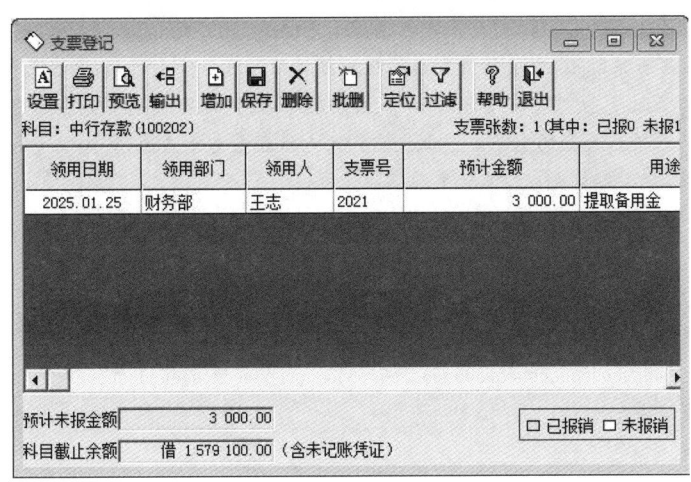

图 4-5　用友 T3"支票登记"界面

(2) 以"KJ02"的身份登录用友通填制该凭证,并输入相关银行账信息。

(3) 以"KJ03"的身份登录用友通,打开"支票登记簿",填写报销日期。

 提示

1. 只有在[基础设置]/[收付结算]/[结算方式]下选择了"票据管理"功能,然后指定了"银行存款"为银行总账科目,并且在[总账]/[设置]/[选项]下选择了"支票控制",才能有效使用支票登记簿功能登记支票的核销情况。由于〖案例 4-3〗之前未做此初始设置,所以不能实现自动管理支票登记簿。

2. 如果未进行支票登记,那么在填制该张凭证并保存时,系统会提示"此支票尚未登记,是否登记?"单击[是],系统会弹出"支票登记簿"界面,输入支票相关信息,单击[保存],完成支票自动报销。

3. 领用日期和支票号必须输入,其他内容可以不输入。

4. 报销日期不能在领用日期之前。

5. 已报销的支票可以成批删除。

6. 已报销支票不能进行修改,若想取消报销标志,只要将光标移到报销日期处,删掉报销日期即可。

 延伸阅读 4-3

电　子　支　票

电子支票是纸质支票的电子替代物,它与纸质支票一样是用于支付的一种合法方式,它使用数字签名

和自动验证技术来确定其合法性。监视器的屏幕上显示出来的电子支票样子十分像纸质支票,填写方式也相同,支票上除了必需的收款人姓名、账号、金额和日期,还隐含了加密信息。电子支票通过电子函件直接发送给收款方,收款人从电子邮箱中取出电子支票,并用电子签名签署收到的证实信息,再通过电子函件将电子支票送到银行,把款项存入自己的账户。

1. 电子支票支付的优点

(1) 与传统支票类似,用户比较熟悉,易于被接受,且可节省时间,减少纸张传递的费用,没有退票,灵活性强。

(2) 电子支票具有可追踪性,当使用者支票遗失或被冒用时可以停止付款,取消交易,风险较低。

(3) 通过应用数字证书,数字签名及各种加密、解密技术,提供比传统纸质支票使用印章和手写签名更加安全可靠的防欺诈手段。加密的电子支票也使它们比电子现金易于流通,买卖双方的银行只要用公开密钥确认电子支票即可,数字签名也可被自动验证。

2. 电子支票支付的缺点

(1) 需要申请认证,安装证书和专用软件,使用较为复杂。

(2) 不适合小额支付及微支付。

(3) 电子支票通常需要使用专用网络进行传输。

因此,尽管电子支票可以大大节省交易处理的费用,但对于在线支票的兑现,人们仍持谨慎的态度。电子支票的广泛普及还需要一个过程。

第三节 银 行 对 账

4-3 银行对账概述

4-4 银行对账PPT

企业的结算业务大部分都要通过银行进行结算,但由于企业与银行的账务处理和入账时间不一致,往往会发生双方账面不一致的情况,即所谓的"未达账项"。为了能够准确掌握银行存款的实际金额,了解企业实际可以使用的货币资金数额,防止记账发生差错,企业必须定期将银行存款日记账与银行出具的对账单进行核对,并编制银行存款余额调节表。银行对账是货币资金管理的主要内容。

银行对账的目的是不仅要找出相同的经济业务进行核销,而且要找出未达账项和造成未达账项的根源,防止有意无意的错误。对于长期的未达账项,更应引起警惕。

在计算机中,总账系统要求银行对账的科目是在科目设置时定义为"银行账"辅助账类的科目。银行对账一般通过以下6个步骤来完成:录入银行对账期初数据、录入银行对账单、与银行对账、编制银行存款余额调节表、查询勾对情况和核销银行账。

一、录入银行对账期初数据

第一次使用银行对账功能前,系统要求录入日记账、银行对账单的期初余额及未达账项。在企业开始使用银行对账以后各期则由系统自动生成下一个月的期初余额及未达账项,不再需要手工输入。

许多用户在使用总账系统时,还未使用银行对账功能。假设某企业于2023年1月开始使用总账系统,可是"银行对账"功能却在同年6月开始使用,这样就有必要对银行对账设置启用日期。启用日期应该是使用"银行对账"功能之前最后一次手工对账的截止日期。如果该企业最后一次手工对账的截止日期是2023年5月31日,那么会计信息系统下银行对账的启用日期就是2023年6月1日。在设置了启用日期以后,还需要输入最后一次手工对账中企业银行存款日记账与银行对账单双方调整前的余额,以及启用日期之前的未达账项。以上信息输入正确后,才能在会计信息系统中启用这个银行账户的对账功能。

【案例4-4】 由"KJ03 王志"录入银行对账期初数据:

(1)华夏公司银行对账启用日期为:2025年1月1日;余额方向为借方。

(2)中行存款日记账期余额为482 100元,有银行已收企业未收的未达账项4 829元,业务日期:2024年12月31日,结算方式:转账支票,票号:3009。

(3)银行对账单期初余额为504 829元,有三项未达账项:①企业已收银行未收的未达账项1 580元,业务日期:2024年12月25日,结算方式:现金支票,票号:2017。②企业已付银行未付的未达账项金额为13 682元,业务日期:2024年12月24日,结算方式:现金支票,票号:2016。③企业已付银行未付的未达账项金额为5 798元,业务日期:2024年12月30日,结算方式:转账支票,票号:3010。

【操作步骤】

(1)以"KJ03"的身份登录用友通,在"畅捷通T3——标准版"窗口中,单击[现金]/[设置]/[银行期初录入],打开"银行科目选择"界面,选择"科目"下拉列表框中的"中行存款(100202)",如图4-6所示。

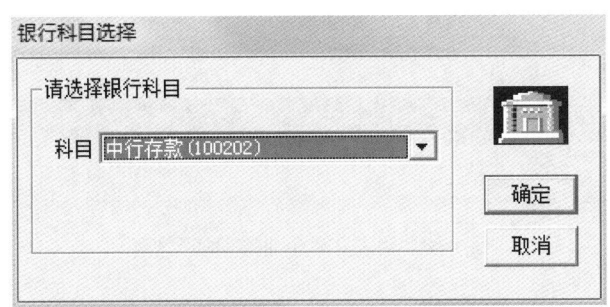

图4-6 用友T3"银行科目选择"界面

(2)单击[确定],打开"银行对账期初"对话框,设置启用日期为"2025.01.01"。在单位日记账中的调整前余额栏中输入"482 100";在银行对账单的调整前余额栏中输入"504 829"。

(3)单击[对账单期初未达项],打开"银行方期初"界面,单击[增加],选择日期为"2024.12.31",输入结算方式"202",票号"3009",借方金额"4 829",如图4-7所示。

(4)单击[保存]/[退出]。

(5)单击[日记账期初未达项],打开"企业方期初"界面,单击[增加],选择日期为"2024.12.25",输入结算方式"201",票号"2017",借方金额"1 580";再单击[增加],选择日期为"2024.12.24",输入结算方式"201",票号"2016",贷方金额"13 682";再单击[增加],选择日期为"2024.12.30",输入结算方式"202",票号"3010",贷方金额"5 798",如图4-8所示。

(6)单击[保存]/[退出],返回"银行对账期初"界面,如图4-9所示。

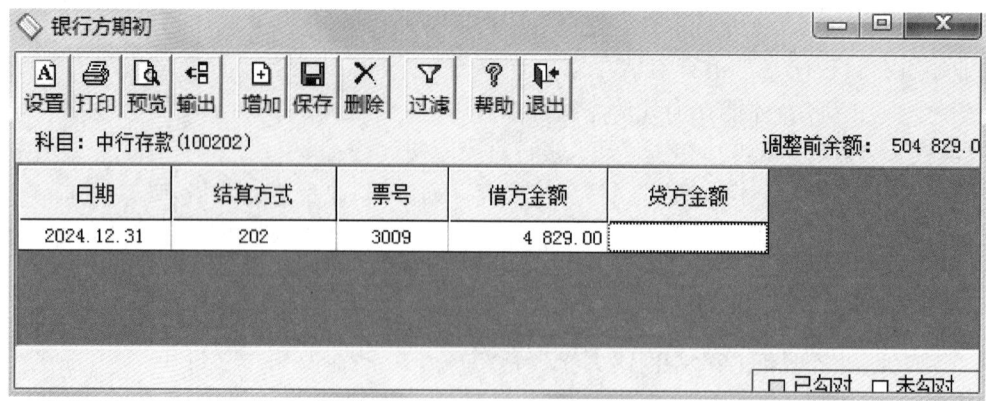

图 4-7　用友 T3"银行方期初"界面

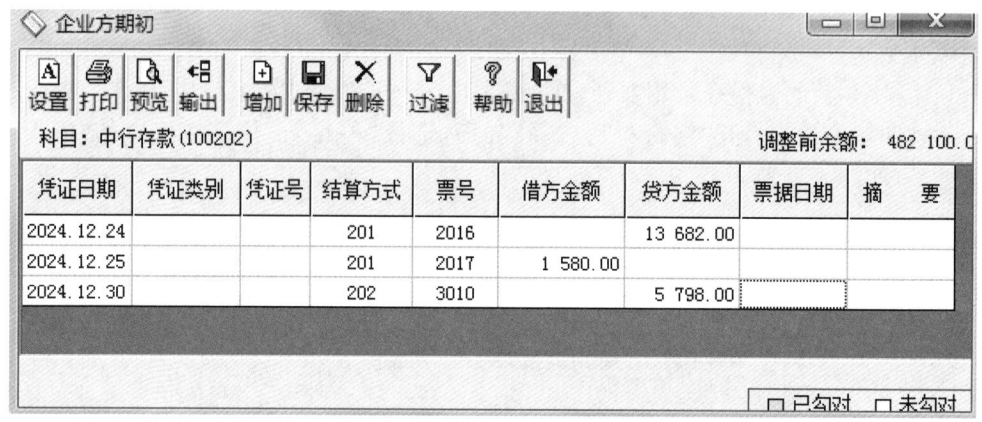

图 4-8　用友 T3"企业方期初"界面

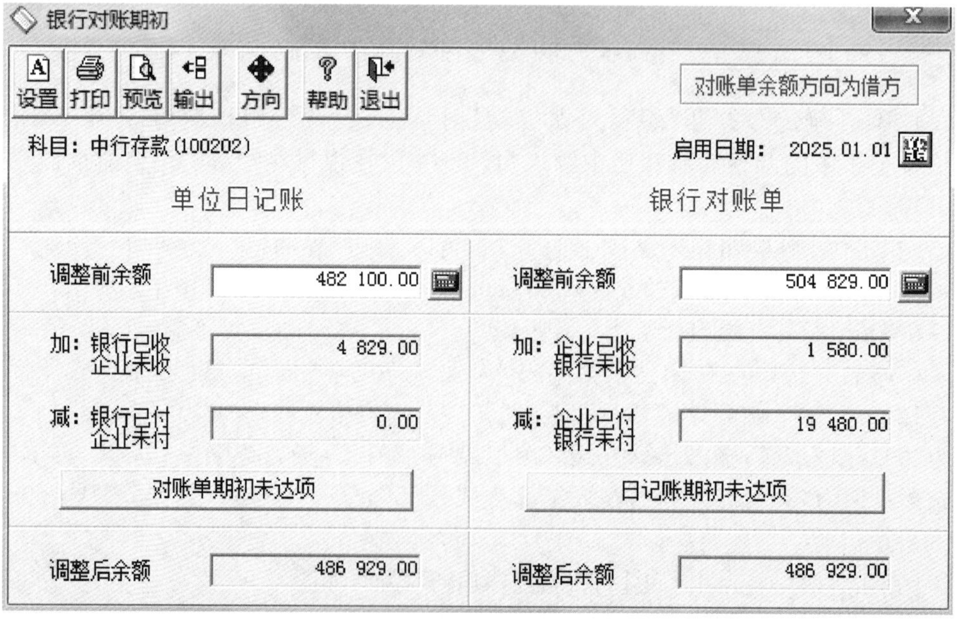

图 4-9　用友 T3"银行对账期初"界面

操作注意事项

1. 录入单位日记账、银行对账单期初未达账项后,不要随意调整启用日期,尤其是向前调整启用日期,这样可能会造成启用日期后的期初数不能再参与对账而导致错误。例如,本来启用日期是1月10日,在输入了1月1日、1月5日、1月8日的三笔期初未达账项后,又把启用日期由1月10日调整为1月6日,那么1月8日的那笔未达账项在期初的银行对账单中就看不到了。

2. 若银行科目已进行对账,在期初未达账项录入中,对于已勾对或已核销的记录不能再修改。

二、录入银行对账单

银行对账单是银行定期出具给客户的,逐笔报告客户账户本月发生额和余额的一份单据,也是证实企业业务往来的记录;除了供企业进行银行对账使用,还可以作为企业资金流动的依据,必要时可以提供给有关政府部门和合作方作为认定企业某一时段的资金规模的凭据,如验资、投资等情况。要实现计算机自动进行银行对账,在每月月末对账前,必须将银行开出的银行对账单输入计算机。

> **小知识**
>
> 用友 T3 中的银行对账单还可以从网上银行引入,引入的银行对账单的文件类型可以是文本文件(*.TXT)、Foxpro 数据库文件(*.DBF)和 Access 数据库文件(*.MDB)等。

【案例 4-5】 2025 年 1 月 31 日,收到中国银行 1 月份的银行对账单,如表 4-1 所示。由"KJ03"将其输入用友系统。

表 4-1　　　　　　　　　　　　中国银行对账单　　　　　　　　　　金额单位:元

日期	结算方式	票号	借方金额	贷方金额
1月1日	现金支票	2017	1 580	
1月8日	现金支票	2018	1 160 000	
1月22日	转账支票	3011		6 000
1月25日	转账支票	3012		50 000
1月28日	现金支票	2022	30 000	

【操作步骤】

(1) 以"KJ03"的身份登录用友通/在"畅捷通 T3——标准版"窗口中,单击[现金]/[现金管理]/[银行账]/[银行对账单],或者直接单击桌面流程中的"银行对账单"图标,打开"银行科目选择"界面,选择"科目"下拉列表框中的"中行存款(100202)",如图 4-10 所示。

(2) 单击[确定],打开"银行对账单"对话框,单击[增加],输入日期"2025.01.01"、结算方式"201"、借方金额"1 580"。

(3) 单击[保存]/[增加]或直接按 Enter 键,继续输入银行对账单上的其他数据资料,单击[保存],如图 4-11 所示。

(4) 单击[退出]。

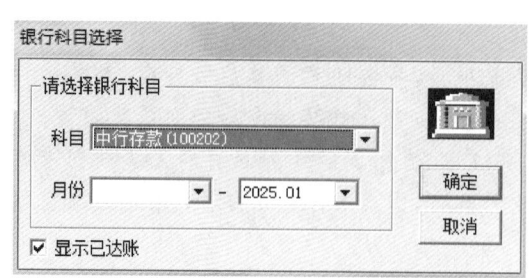

图 4-10 用友 T3"银行科目选择"界面

图 4-11 用友 T3"银行对账单"界面

> **操作注意事项**
>
> 1. 若企业在多家银行开户,则对账单应与其对应账号所对应的银行存款下的末级科目一致。
>
> 2. 输入每笔经济业务的金额后,单击[保存]或按 Enter 键,系统自动计算出该日的银行存款余额。
>
> 3. 输入的银行对账单应该是启用日期之后的银行对账单。

三、与银行对账

一般来说,银行对账分为自动对账和手工对账两种方式。

自动对账是由系统自动在"企业银行账文件"和"银行对账单文件"中寻找完全相同的经济业务进行核对或勾销。完全相同的经济业务是指经济业务发生的时间、内容、摘要、结算方式、结算票号、金额都相同的经济业务。同一笔经济业务在银行和企业分别由不同的人记载,经济业务发生的时间、结算方式、结算票号等可能不完全一样,因此,比较经济业务是否相同的依据是:只有"方向相同,金额相同"是必选条件;其他可选条件是"日期相差天数""结算方式相同"和"结算票号相同"。对于符合对账条件的业务,系统会自动在企业的银行存款日记账和银行对账单双方打上两清标志,并将其作为已达账项;其余记录,系统将其作为未达账项。

自动对账是以"企业银行账文件"和"银行对账单文件"双方对账依据完全相同为条件,所以为了保证自动对账的正确和彻底,要求单位和银行必须保证对账数据处理的规范化和合理化,如"企业银行账文件"和"银行对账单文件"的结算方式和结算票号要统一口径,但在实务中完全做到口径的统一是有困难的。例如,结算票号的位数不相同或其他一些特殊的已达账在自动对账中对不出来,这就需要在自动对账后,用手工对账来进行补充调整。

手工对账是对自动对账的补充。对于使用自动对账后不符合自动对账依据而没有被勾销的已达账(被视为未达账项),由出纳人员从"企业银行账文件"和"银行对账单文件"中分别挑选出来,做上两清标记。

【案例 4-6】 由"KJ03"完成 2025 年 01 月中行存款的银行对账。

第一种方法——自动对账

【操作步骤】

(1) 以"KJ03"的身份登录用友通,在"畅捷通 T3——标准版"窗口中,单击[现金]/[现金管理]/[银行账]/[银行对账],或者直接单击桌面流程中的"银行对账"图标,打开"银行科目选择"界面,选择"科目"下拉列表框中的"中行存款(100202)",单击[确定],打开"银行对账"界面,如图 4-12 所示。

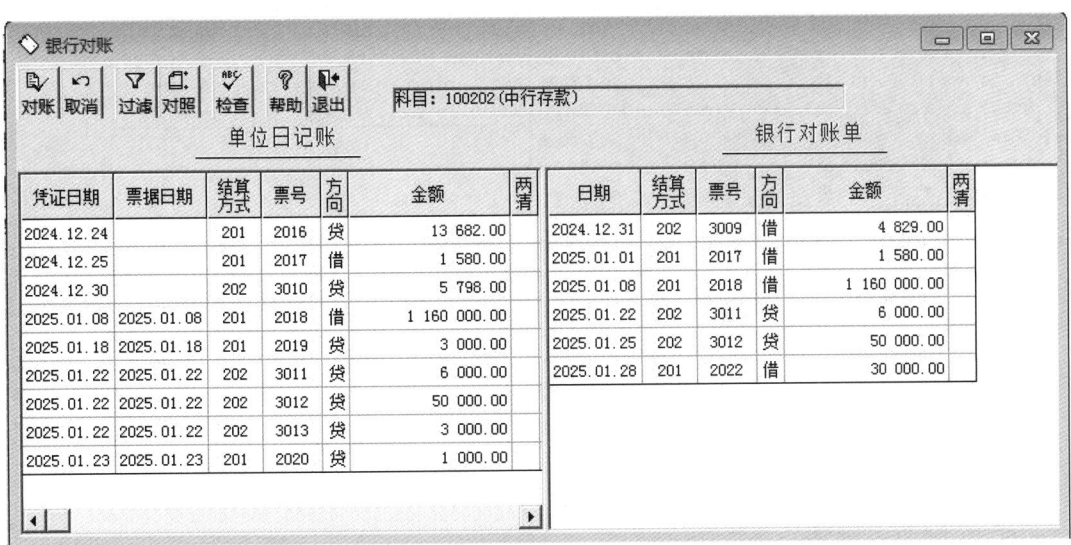

图 4-12　用友 T3"银行对账"界面

(2) 单击[对账],打开"自动对账——对账条件"界面,如图 4-13 所示。

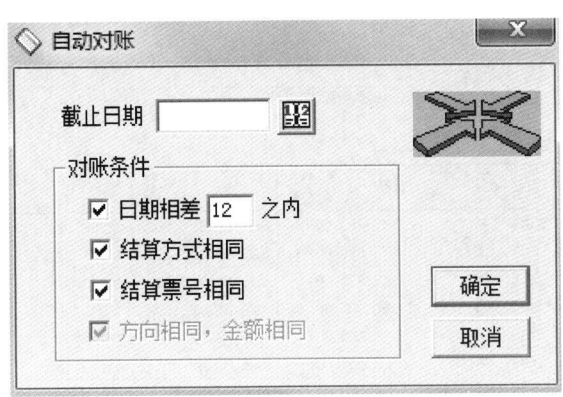

图 4-13　用友 T3"自动对账"界面

(3) 单击[确定],系统自动对账,并显示自动对账结果,如图 4-14 所示。

(4) 单击[退出]。

💡 提示

1. 对账条件中的"方向相同,金额相同"是必选条件。

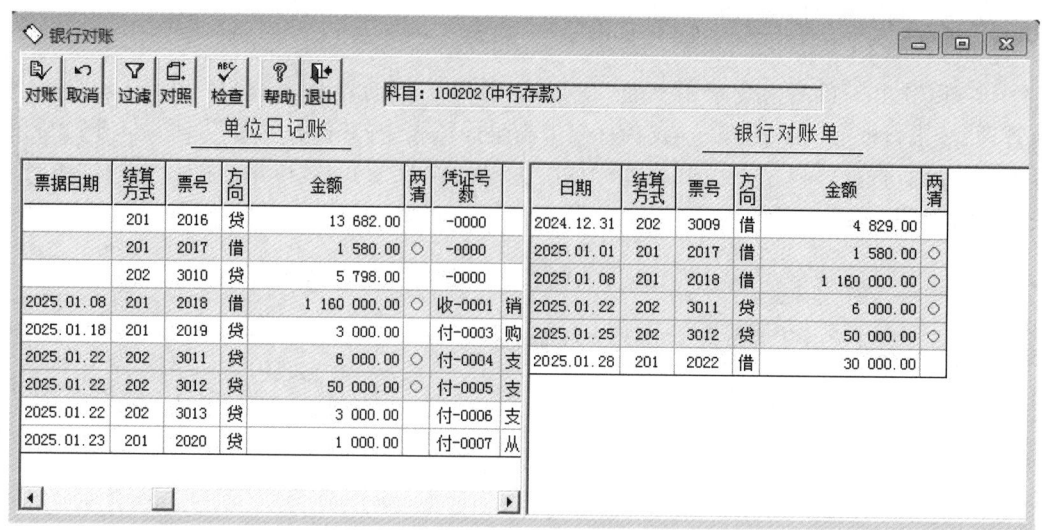

图 4-14 用友 T3"银行对账"结果界面

2. 对账截止日期可以输入,也可以不输入。

3. 自动对账后,对于已达账项,系统自动在银行存款日记账和银行对账单双方的"两清"栏打上○标志,其所在行背景色变为绿色。

第二种方法——手工对账

【操作步骤】

(1)在"银行对账"窗口中,分别双击对应的"单位日记账"和"银行对账单"的记录行,如图 4-15 所示。

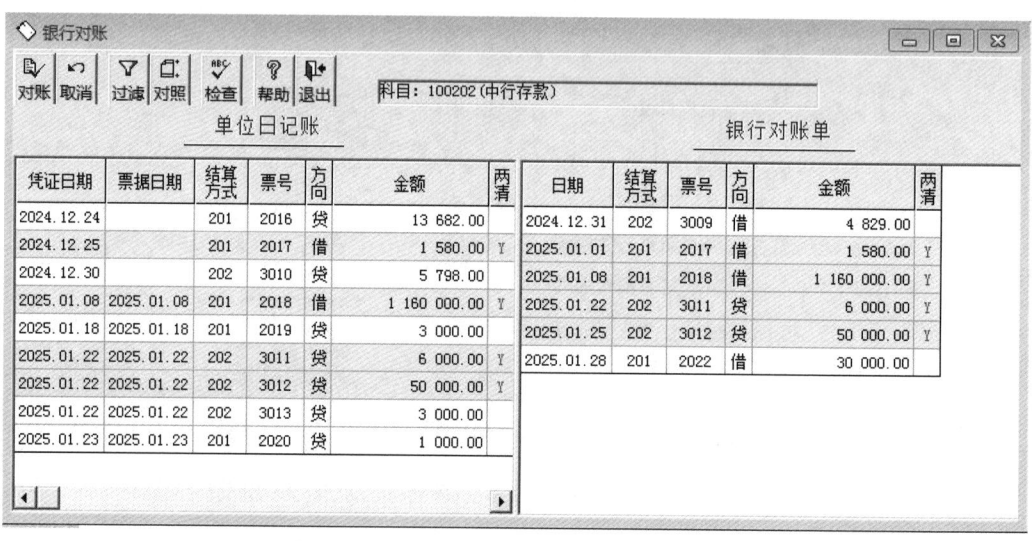

图 4-15 用友 T3"银行对账"结果界面

4-5 自动对账的原理

(2)单击[检查],系统显示"对账平衡检查"界面,如图 4-16 所示。

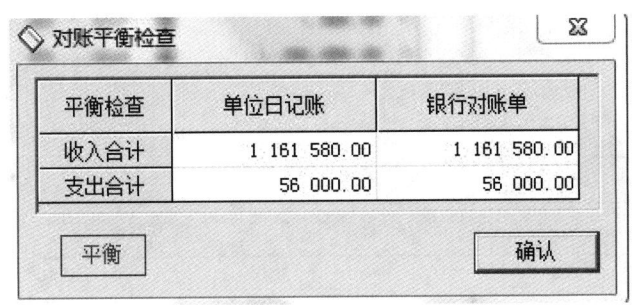

图 4-16 用友 T3"对账平衡检查"界面

(3) 单击[确认]/[退出]。

> **操作注意事项**
>
> 1."手工对账"后,一定要单击[检查];而"自动对账"后,则不必单击[检查]。如果检查结果显示为不平衡,则单击[确认]返回后,仍需继续通过手工对账进行调整,直至平衡为止。
>
> 2. 如果所选银行科目是核算外币的科目,那么单位的银行日记账中显示的是外币账,同时只对外币账进行勾对。

> **提示**
>
> 1. 在手工对账中,可以用以下方法提高工作效率:先在单位日记账中选择要进行勾对的记录,单击工具栏上的[对照],系统会在银行对账单区域锁定金额、方向或票号和选中记录相似的银行对账单上的记录,参照显示情况进行勾对以后,再次单击[对照]可以取消对照即可。
>
> 2. 手工对账后,对于已达账项,系统自动在银行存款日记账和银行对账单双方的"两清"栏打上"√"标志,其所在行背景色变为绿色。
>
> 3. 当需要手工对账的记录较多时,应分批进行检查,不要在对账结束后一次性检查。以免当检查结果"不平衡"时,查找错误的工作量会很大。

四、编制银行存款余额调节表

银行存款余额调节表是反映银行对账以后,在银行对账单余额与企业账面余额的基础上,各自加上对方已收、本单位未收账项数额,减去对方已付、本单位未付数额,双方余额达到一致的各项数据的表单。对账完成后,系统自动整理汇总未达账项和已达账项,生成银行存款余额调节表。银行存款余额调节表是期末证实银行存款日记账和银行存款实际数额相符的主要账表。

【案例 4-7】 由"KJ03"编制 2025 年 1 月的中国银行存款账户余额调节表。

【操作步骤】

(1) 以"KJ03"的身份登录用友通,在"畅捷通 T3——标准版"窗口中,单击[现金]/[现金管理]/[银行账]/[余额调节表查询],或者直接单击桌面流程中的"余额调节表"图标,打开"银行存款余额调节表"界面,如图4-17所示。

图4-17 用友T3"银行存款余额调节表"界面

(2)单击"中行存款"的记录行,单击[查看],或直接双击中行存款所在行,可查看详细的银行存款余额调节表,如图4-18所示。

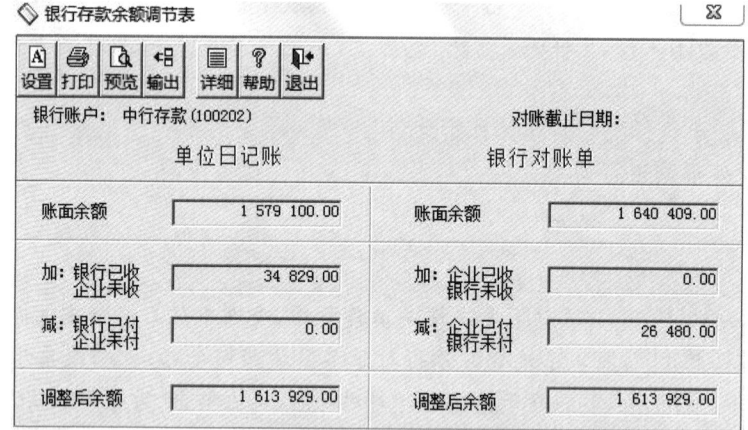

图4-18 用友T3查看"银行存款余额调节表"界面

(3)单击[退出]/[退出]。

> **提示**
>
> 1. 图4-17为截至对账截止日期的余额调节表,若无对账截止日期,则为最新余额调节表。
> 2. 如果余额调节表上显示账面余额不平,应查看以下三处,并根据情况进行调整:
> (1)"银行对账期初录入"中的"调整后余额"项的金额是否平衡。
> (2)"银行对账单"的输入是否正确。
> (3)"银行对账"勾对是否正确。

五、查询勾对情况

在核销已达账前,应先查询单位日记账及银行对账单的对账结果,用户在检查无误后,才可核销已达账项。

【案例4-8】 由"KJ03"查询中国银行存款账户银行对账勾对情况。

【操作步骤】

(1) 以"KJ03"的身份登录用友通,在"畅捷通 T3——标准版"窗口中,单击[现金]/[现金管理]/[银行账]/[查询对账勾对情况],或者直接单击桌面流程中的"勾对情况查询"图标,打开"银行科目选择"界面,选择"科目"下拉列表框中的"中行存款(100202)",单击[确定],打开"查询银行勾对情况"界面,通过单击"银行对账单"或"单位日记账"选项卡切换查看勾对情况,如图 4-19 和图 4-20 所示。

银行对账单

日期	结算方式	票号	借方金额	贷方金额	两清标志
2024.12.31	202	3009	4 829.00		
2025.01.01	201	2017	1 580.00		Y
2025.01.08	201	2018	1 160 000.00		Y
2025.01.22	202	3011		6 000.00	Y
2025.01.25	202	3012		50 000.00	Y
2025.01.28	201	2022	30 000.00		
合计			1 196 409.00	56 000.00	

图 4-19 用友 T3"银行对账单勾对情况"界面

单位日记账

凭证日期	票据日期	结算方式	票号	借方金额	贷方金额	两清	凭证号数	摘要
2024.12.24		201	2016		13 682.00			
2024.12.25		201	2017	1 580.00		Y		
2024.12.30		202	3010		5 798.00			
2025.01.08	2025.01.08	201	2018	1 160 000.00		Y	收-1	销售商品确认收入
2025.01.18	2025.01.18	201	2019		3 000.00		付-3	购买办公用品
2025.01.22	2025.01.22	202	3011		6 000.00	Y	付-4	支付招待费
2025.01.22	2025.01.22	202	3012		50 000.00	Y	付-5	支付广告费
2025.01.22	2025.01.22	202	3013		3 000.00		付-6	支付租金
2025.01.23	2025.01.23	201	2020		1 000.00		付-7	从中行提取现金
合计				1 161 580.00	82 480.00			

图 4-20 用友 T3"单位日记账勾对情况"界面

(2) 单击[退出]。

**提示**

在"银行科目选择"对话框中,系统提供三种查询方式供用户选择:一是"全部显示";二是"显示未达账";三是"显示已达账"。系统默认是"全部显示"。

六、核销银行账

小技巧

在"核销银行账"界面,选择要反核销的银行存款科目,按"ALT"+"U",可以进行反核销,回到核销前的状态。

"核销银行账"用于把在银行对账中核对正确并且确认无误的已达账删除掉。对于一般用户来说,在银行对账正确以后,如果想把已达账删除,只保留未达账的时候,可以使用该功能。

【案例 4-9】 由"KJ03"核销已完成对账的中国银行存款账户。

【操作步骤】

(1) 以"KJ03"的身份登录用友通,在"畅捷通 T3——标准版"窗口中,单击[现金]/[现金管理]/[银行账]/[核销银行账],或者直接单击桌面流程中的"核销银行账"图标,打开"核销银行账"界面,选择"核销银行科目"下拉列表框中的"中行存款(100202)",如图 4-21 所示。

(2) 单击[确定],系统弹出"您是否确实要进行银行账核销?"的提示,如图 4-22 所示。

(3) 单击[是],系统提示"银行账核销完毕!"。

(4) 单击[确定]/[取消]。

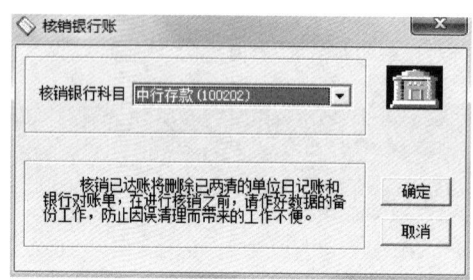

图 4-21 用友 T3"核销银行账"界面

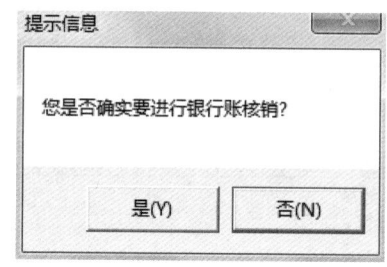

图 4-22 用友 T3"您是否确实要进行银行账核销?"提示界面

**提示**

1. 如果银行对账不平衡,请不要使用"核销银行账"功能,否则会导致以后对账错误。

2. 使用"核销银行账"功能,不影响银行日记账的查询和打印,即"核销银行账"不会改变银行日记账中的数据。

本 章 小 结

本章主要学习了:现金日记账、银行存款日记账、资金日报表的查询,支票登记簿的管理,以及银行对账的方法;银行对账的工作流程,包括录入银行对账期初数据、录入银行对账单、银行对账、编制余额调节表、查询勾对情况、核销银行账;在实务中银行对账方法是自动对账和手工对账相结合。

本章重要概念

现金日记账　银行存款日记账　资金日报表　支票登记簿　银行对账
银行存款余额调节表

本章练习

1. 请简述银行对账的操作流程。
2. 请简述银行自动对账的原理。
3. 如果银行对账操作已经结束,并已完成核销,在进一步核查时却发现勾兑有误,应如何解决?

第五章　工资管理系统

> ➤ 内容简介
> ➤ 学习目的和要求
> ➤ 思政育人
> ➤ 第一节　工资管理系统初始化
> ➤ 第二节　工资管理系统日常业务处理
> ➤ 第三节　工资管理系统凭证管理
> ➤ 本章小结
> ➤ 本章重要概念
> ➤ 本章练习

内容简介

本章主要讲解了工资管理系统的主要功能和操作方法；企业职工的工资核算和管理，包括工资类别、人员类别、人员档案等初始设置，工资变动、个人所得税计算、工资分摊等日常业务处理和凭证管理。本章重点为工资类别、人员类别、工资项目、工资公式的设置及操作注意事项；难点为工资分摊及工资凭证的修改方法。

学习目的和要求

通过本章的学习，学生应理解工资管理系统的设计原理和基本操作流程；熟悉工资管理系统的主要功能；能够进行工资管理系统初始化设置和工资管理系统日常业务处理；掌握工资类别、人员类别、人员档案、工资项目的设置方法和注意事项；掌握工资计算、工资分摊的方法；掌握使用财务、业务一体化策略生成凭证、查询凭证、修改凭证的方法。

思政育人　强化实践创新能力，提升会计职业能力

习近平新时代中国特色社会主义思想是当代中国马克思主义、21世纪马克思主义，是中华文化和中国精神的时代精华，实现了马克思主义中国化时代化新的飞跃。党的二十大报告中，习近平总书记指出，只有把马克思主义基本原理同中国具体实际相结合、同中华优秀传统文化相结合，坚持运用辩证唯物主义和历史唯物主义，才能正确回答时代和实践提出的重大问题，才能始终保持马克思主义的蓬勃生机和旺盛活力。习近平总书记立足于实际，站在新时代前沿，解答了一系列世界难题，进一步丰富了马克思主义哲学实践观，为我们提供了切实的理论指导。

党的二十大报告中也指出，我们必须坚持解放思想、实事求是、与时俱进、求真务实，一切从实际出发，着眼解决新时代改革开放和社会主义现代化建设的实际问题，不断回答中国之问、世界之问、人民之问、时代之问，作出符合中国实际和时代要求的正确回答，得出符合客观规律的科学认识，形成与时俱进的理论成果，更好指导中国实践。

资料来源：刘一丁.习近平总书记的实践观[EB/OL].（2023-05-03）[2023-06-21].http://www.qstheory.cn/qshyjx/2023-05/03/c_1129586162.htm.（有删节）

【思政寄语】在会计信息化实施过程中，应坚持解放思想，实事求是，与时俱进，求真务实，一切从实际出发，与先进技术相结合，不断完善会计系统的发展。

第一节　工资管理系统初始化

5-1 引例：小王的苦恼

5-2 工资管理系统概述

5-3 工资管理系统概述PPT

一、工资管理系统概述

（一）工资管理系统的主要功能

工资管理子系统是用来管理和核算企业职工的工资，通过设置工资项目公式、工资变动数据等，自动计算、汇总工资数据；并根据计算结果自动编制记账凭证和各种工资账表，从而实现企业工资的统一核算和管理。该模块的主要功能如下：工资管理系统初始化；工资管理系统日常业务处理；工资管理系统期末处理；工资管理系统相关账表查询。

（二）工资管理系统的操作流程

工资管理系统的操作流程如图5-1所示。

（1）系统初始化：①建立工资账套：参数设置、扣税设置、扣零设置、人员编码。②基础设置：人员类别、银行名称、人员附加信息、工资项目、人员档案、工资公式、权限设置等。

（2）工资管理系统日常业务处理：工资变动、工资计算、扣缴个人所得税、设置银行代发文件格式、工资分摊等。

（3）工资管理系统期末处理：对账、结账等。

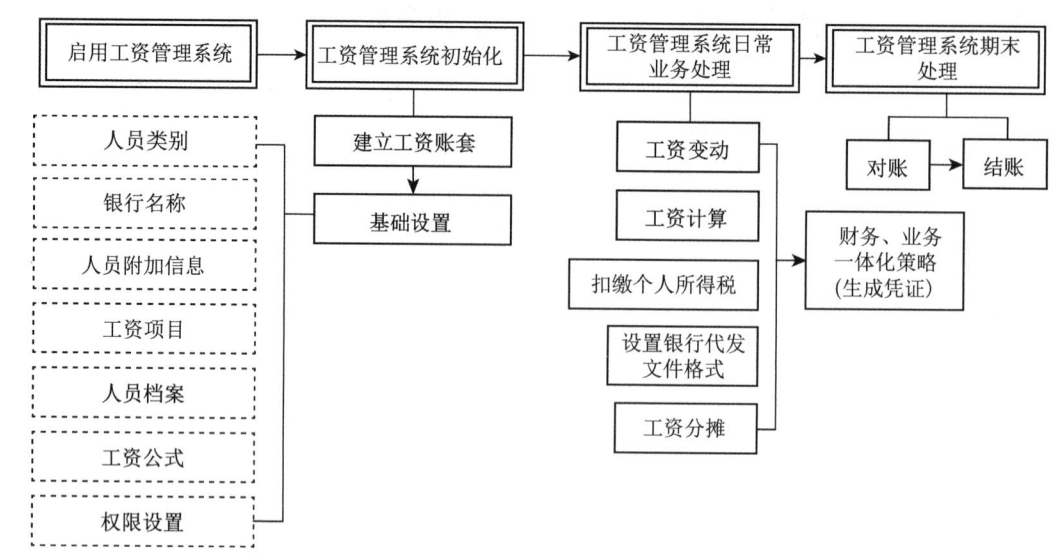

图 5-1 工资管理系统的操作流程

二、建立工资账套

(一) 启用工资管理系统

【案例 5-1】 启用工资管理系统,启用日期:2025 年 1 月 1 日。

【操作步骤】

(1) 以账套主管登录系统管理,单击[账套]/[启用]。

(2) 在工资管理模块前的"系统编码"方框内单击,并设置启用日期为 2025 年 1 月 1 日,单击[确定]。(可参照第二章总账系统的启用)

> **操作注意事项**
>
> 1. 工资管理系统的启用日期不能早于主账套的启用日期。例如,本案例的华夏公司建账日期为 2025 年 1 月 1 日,则工资管理系统启用日期不能是 2025 年 12 月 31 日。
>
> 2. 在建立账套时已经启用了工资管理系统,则这一步骤无需再次操作,应该跳过此步骤,直接建立工资账套。

(二) 建立工资账套操作流程

【案例 5-2】 请操作员"KJ04"按照以下资料为华夏公司建立工资账套:

工资类别个数:多个;核算币种:人民币;代扣税:工资中代扣个人所得税;扣零设置:不扣零;人员编码长度:4;启用日期:2025-01-01。

【操作步骤】

(1) 建立工资账套,选择"多个"工资类别,币别"人民币",如图 5-2 所示,单击[下一步]。

(2) 在"是否从工资中代扣个人所得税"项目前面打勾,如图 5-3 所示,单击[下一步]。

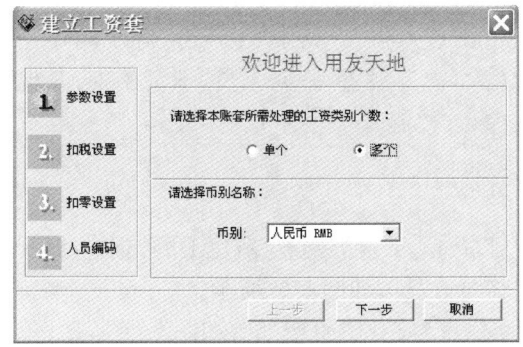
图 5-2 用友 T3"参数设置"界面

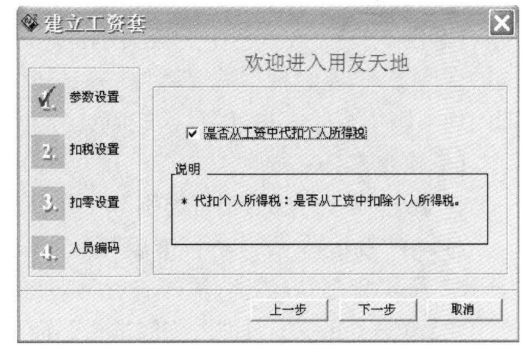
图 5-3 用友 T3"扣税设置"界面

（3）进入"扣零设置"界面，按照默认设置即可，不进行扣零。实务中，以现金发放工资时，为避免找零麻烦，将"零头"暂扣，累积到下月发放，称为"扣零"。以银行代发工资时，设置扣零没有实际意义。

（4）进入"人员编码"界面，设置"人员编码长度"和"账套启用日期"，如图 5-4 所示。

（5）单击[完成]，系统提示"未建立工资类别"，单击[确定]，进入工资类别管理界面，如图 5-5 所示。单击[取消]，暂不设置工资类别。

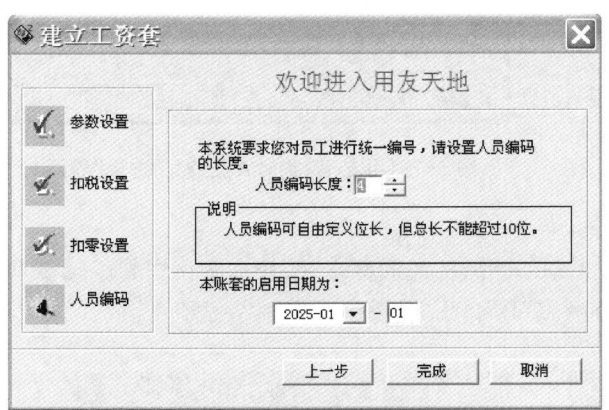
图 5-4 用友 T3"人员编码"界面

图 5-5 用友 T3"工资类别管理"界面

提示

1. 只有选择了"多个"工资类别，在工资账套建立完成时，才会有步骤(5)。

2. 工资类别可以立即新建，也可以稍后新建。这里暂时不建立工资类别，稍后根据案例资料再建立。

3. 建账完毕后，有些参数可通过[工资]/[设置]/[选项]进行修改。

（三）工资类别

工资类别是工资计算方法的归类，它是指工资账套中，为了根据不同情况对工资进行分类管理而设置的工资数据的管理类别。

如果单位中所有人员的工资统一管理，人员的工资项目、工资计算公式全部相同，选择

"单个",可提高系统的运行效率。

【案例5-3】 设置两个工资类别:"临时人员""正式人员"。其中"生产部"除了聘用正式的生产工人,还会根据需要聘用一些临时生产工人,需要设置"临时人员"工资类别,其他部门均不聘用临时人员,都是正式职员。

【操作步骤】

1. 新建"临时人员"工资类别

(1) 在"畅捷通T3——标准版"窗口中,单击[工资]/[工资类别]/[新建工资类别],打开"新建工资类别"向导界面,输入工资类别名称为"临时人员",如图5-6所示。

(2) 单击[下一步],进入部门选择界面,根据案例资料选择"生产部",如图5-7所示,单击[完成]。

图5-6 用友T3临时人员"工资类别"界面

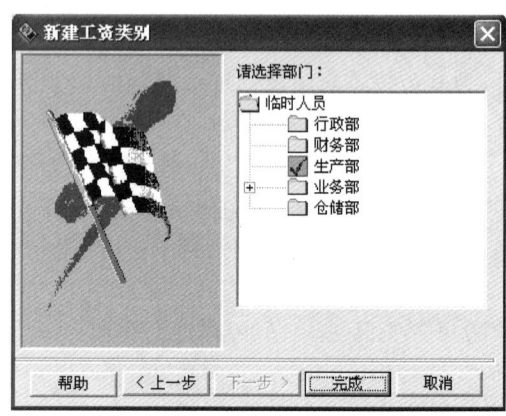

图5-7 用友T3临时人员"部门选择"界面

2. 新建"正式人员"工资类别

单击[工资]/[工资类别]/[关闭工资类别],然后按照同样步骤,根据案例资料继续新建工资类别"正式人员",并选择所有部门,如图5-8和图5-9所示,单击[完成]。

图5-8 用友T3"输入工资类别名称"界面

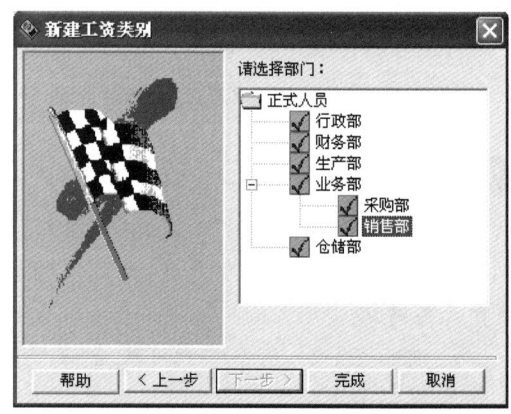

图5-9 用友T3正式人员"部门选择"界面

> 操作注意事项
>
> 1. 在建立工资账套时,如果选择多个工资类别,则需要建立至少一个工资类别。
> 2. 如果工资类别为"多个",则凡是和工资类别有关的操作,如人员档案、工资项目、工资公式等,都要先打开对应的工资类别再处理;如果与具体的工资类别无关,如人员类别、银行信息等,则不需要打开工资类别,可以直接设置。

三、基础设置

(一)人员类别

设置人员类别的目的是便于工资数据的统计和汇总,通常依据职员的所在部门和工作性质来设置。例如,根据工作性质设置销售人员、生产工人、管理人员等。用友 T3 工资管理系统中人员类别名称长度不得超过 10 个汉字或 20 位字符。

> 小知识
>
> 设置人员类别时,系统已经默认设置了一项"无类别"。实务中,如果单位不对人员划分类别,则应该选择此"无类别"项;如果单位根据部门和工作性质区分人员类别,则此项"无类别"可以修改或删除。

【案例 5-4】 为华夏公司设置人员类别:管理人员、生产人员、销售人员。

【操作步骤】

(1)单击[人员类别],打开"类别设置"界面;选中"无类别"将其修改为"管理人员",按回车键保存。

(2)单击[增加],输入"生产人员";同理,输入"销售人员",如图 5-10 所示。

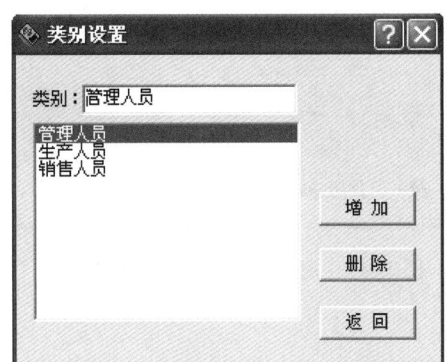

图 5-10 用友 T3"类别设置"界面

> 操作注意事项
>
> 1. 人员类别不允许为空,只剩一个时将不允许删除。若单位中某些人员无具体类别,则应设置"无类别"项。
> 2. 已经使用的人员类别不允许删除,但可以随时修改。
> 3. 人员类别名称不允许重复。

(二)银行名称

设置银行名称的目的是设置代发工资的银行信息,便于工资统一发放。银行名称可设置多个,以满足需要。银行名称长度不得超过10个汉字或20位字符。

银行账号定长是指此银行要求所有人员的账号长度必须相同。银行账号长度不得为空,且不能超过30位。

【案例5-5】 华夏公司的工资由中国银行代发,请添加该银行信息。

银行名称:中国银行;账号定长:11位;录入时需要自动带出的长度:7。

【操作步骤】

(1) 单击[银行名称设置],打开"银行名称设置"界面。

(2) 单击[增加],则在显示银行信息的栏框内出现空白行,此时在"银行名称"处的空白栏内录入"中国银行"。

(3) 在账号定长处打勾,并将账号长度指定为"11"位。

(4) 设置"录入时需要自动带出的长度"为"7",按回车键保存,如图5-11所示。

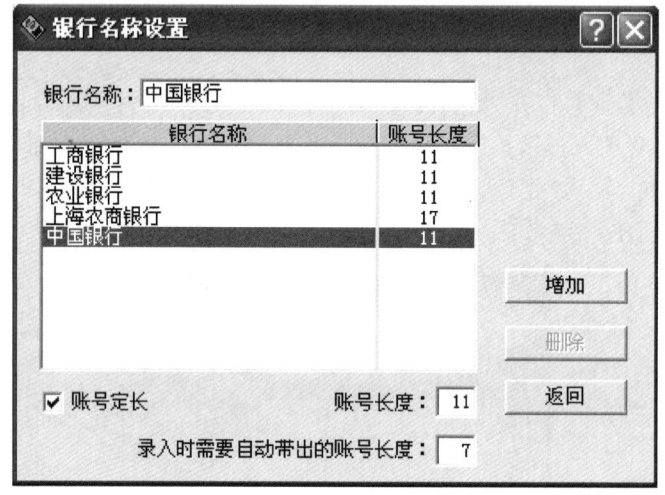

图5-11 用友T3"银行名称设置"界面

操作注意事项

1. 银行名称不允许为空。

2. 修改银行账号长度时,应按回车键确认。银行账号不定长时需指定最长账号的长度,否则系统默认为30位。

3. 在删除银行名称时,与该银行有关的所有设置将一并删除,包括银行的代发文件格式的设置、磁盘输出格式的设置,同此银行有关人员的银行名称和账号等。

(三)人员附加信息

人员附加信息是用来设置没有包括在"人员档案"中的信息。人员附加信息是附加的项目,它被用来丰富人员档案的内容,便于对人员进行更有效的管理。例如,性别、学历、婚否、职称等。

设置的附加信息将在人员档案中最后几栏显示,可根据需要填写。已经使用的人员附加信息不允许删除。

【案例 5-6】 设置人员附加信息"婚否""学历"。

【操作步骤】

(1) 单击工资主界面的[人员附加信息],打开设置界面。

(2) 单击[增加],输入信息名称(或通过"参照"选择信息名称),如图 5-12 所示。

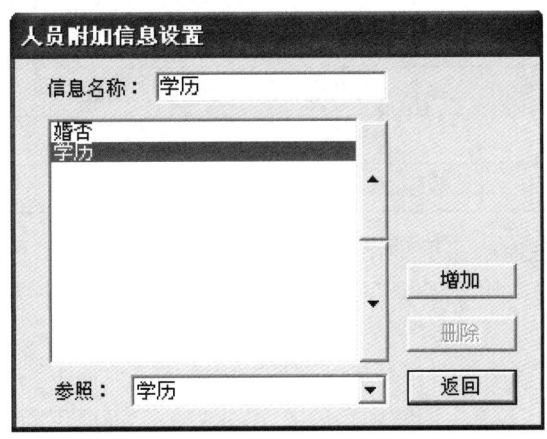

图 5-12 用友 T3"人员附加信息设置"界面

(四) 工资项目

工资往往由多个项目组成,如基本工资、岗位工资、住房补贴等。定义工资项目,即定义工资项目的名称、类型、宽度、小数、增减项。如果是"多个"工资类别,则工资项目的设置需要分两批进行;第一批设置所有的工资项目;第二批设置各工资类别的工资项目。如果是"单个"工资类别,则工资项目的设置无需分批进行,只设置一次即可。

【案例 5-7】 设置工资项目。正式人员工资项目如表 5-1 所示,临时人员工资项目如表 5-2 所示。

表 5-1　　　　　　　　　　　　正式人员工资项目

项目名称	类型	长度	小数	增减项	项目名称	类型	长度	小数	增减项
基本工资	数字	8	2	增项	请假扣款	数字	8	2	减项
岗位工资	数字	8	2	增项	代扣税	数字	8	2	减项
奖金	数字	8	2	增项	扣税基数	数字	8	2	其他
交通补助	数字	8	2	增项	扣款合计	数字	8	2	减项
住房补助	数字	8	2	增项	实发合计	数字	8	2	增项
应发合计	数字	8	2	增项	养老保险	数字	8	2	减项
日工资	数字	8	2	其他	医疗保险	数字	8	2	减项
事假天数	数字	8	0	其他	失业保险	数字	8	2	减项
病假天数	数字	8	0	其他	应发工资	数字	8	2	其他

【操作步骤】

(1) 增加所有工资类别的工资项目。关闭工资类别,单击[工资项目],打开"工资项目设置"界面,单击[增加],出现空白行。

表 5-2　　　　　　　　　　　　　　　临时人员工资项目

项目名称	类型	长度	小数	增减项	项目名称	类型	长度	小数	增减项
基本工资	数字	8	2	增项	病假天数	数字	8	0	其他
计件工资	数字	8	2	增项	请假扣款	数字	8	2	减项
计件数	数字	8	0	其他	扣税基数	数字	8	2	其他
应发工资	数字	8	2	其他	代扣税	数字	8	2	减项
日工资	数字	8	2	其他	扣款合计	数字	8	2	减项
事假天数	数字	8	0	其他	实发合计	数字	8	2	增项

增加工资项目,方法有以下两种:

方法一:参照输入,单击"名称参照"的下拉箭头按钮,从下拉列表中选择工资项目即可,如图 5-13 所示。

方法二:直接录入,直接在项目名称空白处双击输入。根据表 5-1 和表 5-2 设置所有的工资项目,并注意通过上下箭头调整项目的顺序,这里的工资项目顺序会影响工资变动表的项目顺序。

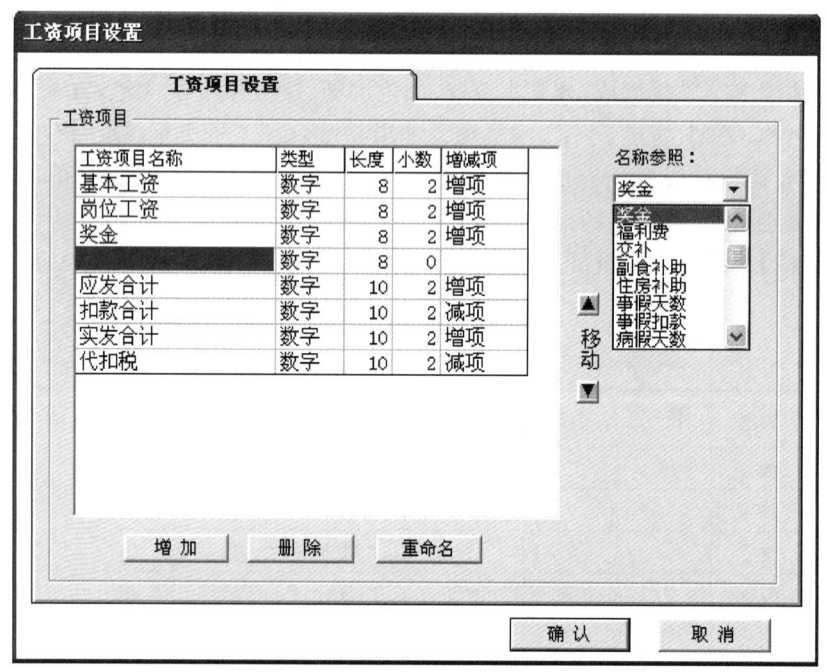

图 5-13　用友 T3"工资项目设置"界面

(2) 增加正式人员的工资项目。打开"正式人员"工资类别,单击[工资项目],打开"工资项目设置"界面。

根据表 5-1 设置正式人员的工资项目,操作方法同方法一和方法二。

(3) 增加临时人员的工资项目。根据表 5-2 设置临时人员的工资项目,操作方法同方法一和方法二。

> **操作注意事项**
>
> 1. 多工资类别的账套在建立工资项目时,要先关闭所有的工资类别,设置公共工资项目。设置公共工资项目后,还应分别打开每个工资类别,分别设置工资项目。
> 2. "应发合计""扣款合计""实发合计"是固定项目,系统不允许删除。
> 3. 如果建账时选择了"代扣个人所得税",则系统提供"代扣税"项目。
> 4. 如果建账时选择了"扣零"处理,则系统提供"本月扣零"和"上月扣零"两个工资项目。
> 5. 设置完成后,单击"确认"退出。

(五) 人员档案

【案例 5-8】 设置人员档案。正式人员档案如表 5-3 所示,临时人员档案如表 5-4 所示。

表 5-3　　　　　　　　　　　　　　正式人员档案

人员编码	人员姓名	行政部门	人员类别	学历	婚否	银行账号(中国银行)
0101	王楠	行政部	管理人员	硕士	否	62270000010
0201	刘莉	财务部	管理人员	本科	是	62270000011
0202	陈光明	财务部	管理人员	本科	是	62270000012
0203	王志	财务部	管理人员	专科	是	62270000013
0204	李力	财务部	管理人员	本科	否	62270000014
0205	张虹	财务部	管理人员	本科	否	62270000015
0301	高斌	生产部	管理人员	本科	否	62270000016
0401	孙亮	采购部	管理人员	专科	否	62270000017
0402	郑卓	销售部	销售人员	专科	否	62270000018
0501	王宁	仓储部	管理人员	本科	否	62270000019

表 5-4　　　　　　　　　　　　　　临时人员档案

人员编码	人员姓名	行政部门	人员类别	银行账号(中国银行)
0001	张文	生产部	生产人员	62270000000
0002	李丽	生产部	生产人员	62270000001
0003	张富贵	生产部	生产人员	62270000002

【操作步骤】

(1) 打开正式人员工资类别,然后单击[工资]主界面的[人员档案],打开设置界面。

(2) 使用"批量从职员档案中引入"功能,将机构设置中的人员信息引入,并根据表 5-3 修改"人员档案",如图 5-14 所示。

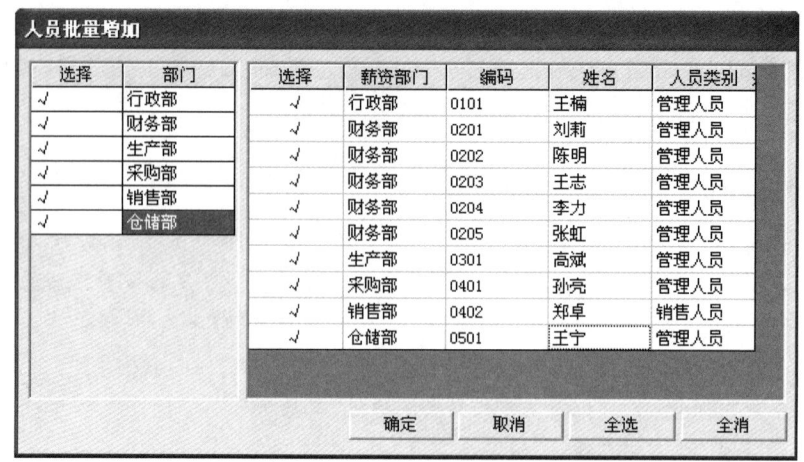

图 5-14 用友 T3"人员批量增加"界面

(3) 单击[人员信息修改]按钮,根据表 5-3 录入账号、婚姻、学历信息,如图 5-15 所示。
(4) 单击[确定],系统提示"写入该人员档案信息吗?",单击[确定]进行保存。
(5) 打开"临时人员"工资类别,单击[人员增加]按钮。根据表 5-4 录入临时人员基本信息,如图 5-16 所示。单击[确定]进行保存。

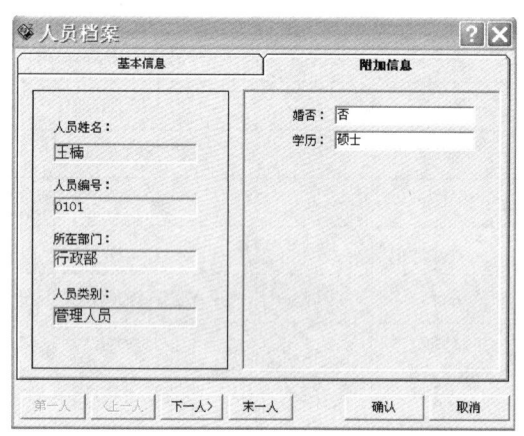

图 5-15 用友 T3"人员附加信息"界面

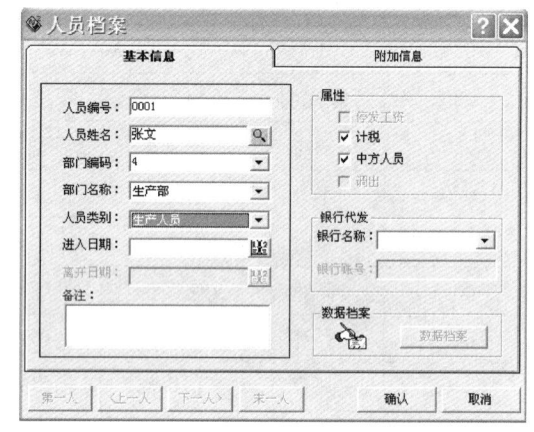

图 5-16 用友 T3"人员基本信息"界面

操作注意事项

1. 只有在基础设置中录入了职员档案,才能在工资系统中使用批量引入功能。
2. 人员档案与工资类别相关,必须要打开各自的工资类别分别进行设置。
3. 批量引入人员档案时,人员类别、银行账号等信息不能自动带入,需要手工修改。

(六) 工资公式

工资公式是用于计算企业职员工资的公式。在"多个"工资类别情况下,工资公式应该根据工资类别分别设置。通常情况下,工资公式在建立工资账套时进行初始设置,在以后每月计算工资时直接运行,无须每月设置,极大地减少了工资核算的工作量。

【案例 5-9】 根据如下资料设置工资计算公式。

1. 正式人员工资公式
(1) 奖金:按照基本工资和岗位工资合计数的 20% 按月发放。
公式表达为:
$$奖金=(基本工资+岗位工资)\times 20\%$$

(2) 交通补助:销售部交通补助为每月 200 元,其他人员交通补助为每月 150 元。
公式表达为:
$$交通补助=Iff(部门="销售部",200,150)$$

(3) 住房补助:管理人员住房补助为每月 800,其他人员的住房补助为每月 500 元。
公式表达为:
$$住房补助=Iff(人员类别="管理人员",800,500)$$

(4) 日工资:以每月平均 22 天计算。
公式表达为:
$$日工资=(基本工资+岗位工资)\div 22$$

(5) 请假扣款:事假扣除当日工资,病假减半。
公式表达为:
$$请假扣款=事假天数\times 日工资+病假天数\times 日工资\times 0.5$$

(6) 养老保险:按照基本工资的 8% 为职工缴纳养老保险。
公式表达为:
$$养老保险=基本工资\times 8\%$$

(7) 失业保险:按照基本工资的 1% 为职工缴纳失业保险。
公式表达为:
$$失业保险=基本工资\times 1\%$$

(8) 医疗保险:按照基本工资的 2% 为职工缴纳医疗保险。
公式表达为:
$$医疗保险=基本工资\times 2\%$$

(9) 扣税基数:即税前工资。
公式表达为:
$$扣税基数=应发合计-请假扣款-养老保险-失业保险-医疗保险$$

(10) 应发工资:按应发合计扣除请假扣款计算。
公式表达为:
$$应发工资=应发合计-请假扣款$$

2. 临时人员工资公式
(1) 计件工资:按照生产合格品的件数发放计件工资,每件工资 30 元。
公式表达为:
$$计件工资=计件数\times 30$$

(2) 日工资:以每月平均 26 天计算日工资。
公式表达为:
$$日工资=基本工资\div 26$$

（3）请假扣款：事假扣除当日工资，病假减半。

公式表达为：

请假扣款＝事假天数×日工资＋病假天数×日工资×0.5

（4）扣税基数：即税前工资。

公式表达为：

扣税基数＝应发合计－请假扣款

【操作步骤】

下面以"奖金"为例讲解工资公式的设置。

（1）打开正式人员工资类别，单击［工资项目］/［公式设置］，打开"公式设置"界面。

（2）增加公式。单击［增加］按钮，在"工资项目"栏的

> **小技巧**
>
> 录入过程中，单击"运算符"栏的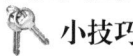，可切换"运算符"界面。

下拉列表框中选择"奖金"。

（3）设置公式内容，有参照录入和直接录入两种方法。

方法一：参照输入。在"运算符"栏单击［(］，在"工资项目"栏单击［基本工资］，在"运算符"栏单击［＋］，在"工资项目"单击［岗位工资］，在"运算符"栏单击［)］，单击［＊］，单击↑图标，将运算符界面切换到数字界面，录入"0.2"，单击［公式确认］，如图5-17所示。

方法二：直接录入。在右侧"奖金公式定义"的白色文本框内直接输入公式"（基本工资＋岗位工资）＊0.2"，单击［公式确认］。

下面以"交通补助"为例讲解工资项目公式的设置。

（1）增加公式。单击［增加］按钮，在"工资项目"栏的下拉列表框中选择"交通补助"。

（2）选择函数。单击［函数公式向导输入］，选择iff函数，单击［下一步］，打开"函数向导"界面。

（3）录入逻辑表达式。单击 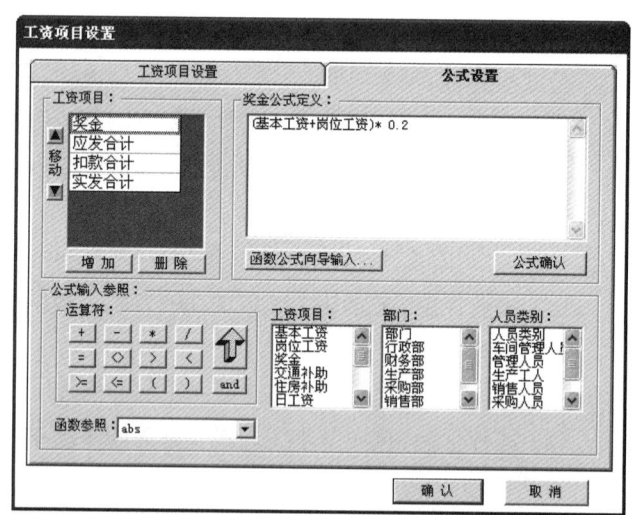 打开参照列表，选择［部门］/［销售部］，单击［确定］。

图5-17 用友T3"工资项目设置"界面

（4）录入算术表达式。在"算术表达式1"处录入"200"，"算术表达式2"处录入"150"。单击［完成］，单击［公式确认］，如图5-18所示。

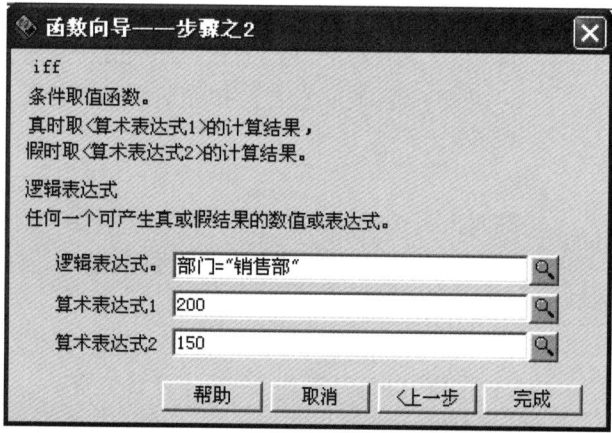

图5-18 用友T3"函数向导"界面

操作注意事项

1. "应发合计""实发合计"等固定项目的公式系统已经预置,不需要进行设置。

2. 单击[删除]按钮可以删除公式,但固定项目的公式不允许删除。例如,"应发合计"公式系统不允许删除。

3. 每个公式定义完毕后必须单击[公式确认]按钮方可保存。此处[公式确认]按钮作用有两种:一是对公式进行合法性检查;二是对公式进行保存。

4. 所有公式定义完毕后,必须单击[确认]进行保存,否则会导致数据丢失。

5. 设置公式前要先完成人员档案设置,否则系统不允许录入工资公式。

6. 公式中的标点符号均为英文状态的标点。

提示

1. "应发合计""扣款合计""实发合计"三个工资项目是系统的固定项目,系统会自动定义这三个项目的公式。定义依据为工资项目是"增项"还是"减项",设置为"增项"的会自动出现在"应发合计"中,设置为"减项"的会自动出现在"扣款合计"中。"实发合计"默认为"应发合计"扣减"扣款合计"后的差额。

5-5 公式设置

2. 设置时注意公式的排列顺序。先得到数据的项目应先设置公式。例如,"日工资"应在"请假扣款"之前,"应发合计"应在"实发合计"之前。调整公式顺序使用[上移]和[下移]按钮。

(七)权限设置

权限设置功能可实现将操作员的权限细分到部门和工资项目,这里的操作员是指具有工资权限的非账套主管操作员。

【案例 5-10】 为 KJ04 进行授权,授予"临时人员"和"正式人员"工资类别主管的权限。

【操作步骤】

(1) 由账套主管操作,单击[工资]/[设置]/[权限设置],打开"权限设置"界面。

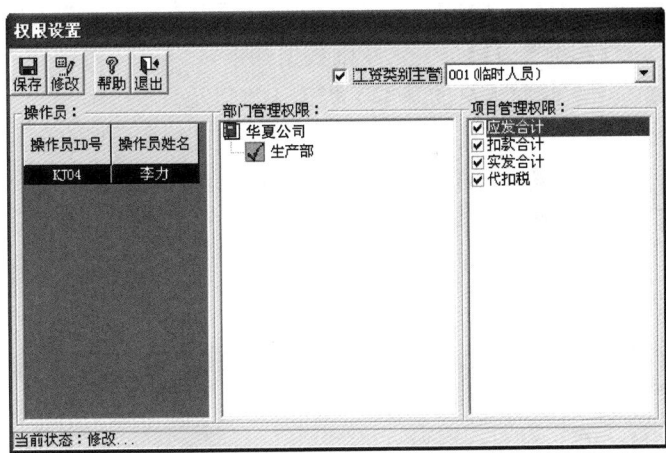

图 5-19 用友 T3"权限设置"界面

(2) 选择 KJ04 操作员,单击[修改],在右侧选择[临时人员],在[工资类别主管]处打勾,如图 5-19 所示。

同理,授予"正式人员"工资类别权限。

延伸阅读 5-1

工资类别

用友 T3 软件中工资类别的设计为用户提供了一个可以为不同情况设置不同计算公式等核算信息的接口。实务中可以根据企业自身情况选择。

（1）如果对所有人员统一工资核算方案的企业，可使用单一工资类别核算。

（2）企业存在不同类别的人员，他们的工资发放项目不同，计算公式也不同，但需要进行统一的工资核算管理，可使用多工资类别核算，如企业需要分别对正式人员、临时人员进行工资核算等情况。

（3）每月进行多次工资发放，月末统一核算的企业，可使用多工资类别核算。

（4）在不同地区有分支机构，而由总部统一进行工资核算或工资发放使用多种货币的企业，可使用多工资类别核算。

第二节 工资管理系统日常业务处理

工资管理系统日常业务处理包括工资变动、工资计算、扣缴个人所得税、设置银行代发文件格式、工资分摊等的处理。每月计算工资发放金额时，需要先使用"工资变动"模块，录入员工病假天数、事假天数等工资变动数据，系统自动根据录入的数据计算工资，并生成相关账表。

一、工资基础数据

工资数据中有些是基本不变的，如基本工资、岗位工资等；有些是每月都变动的，如请假天数、计件数等。那些相对而言基本不变的数据，被称为工资基础数据；相对而言每月变动的数据称为工资变动数据。工资变动数据每月变化，需要每月录入；工资基础数据相对不变，在第一次计算工资时录入，以后每月可以直接从上个月的工资数据中转入。

【案例 5-11】 工资基础数据如下：

（1）临时人员的基本工资为 1 000 元。

（2）正式人员中，管理人员的基本工资为 3 400 元，其余人员的基本工资为 2 200 元；管理人员的岗位工资为 2 000 元，其余人员的岗位工资为 800 元。

【操作步骤】

（1）打开"临时人员"工资类别，在工资主界面单击[工资变动]，打开"工资变动"表，如图 5-20 所示。

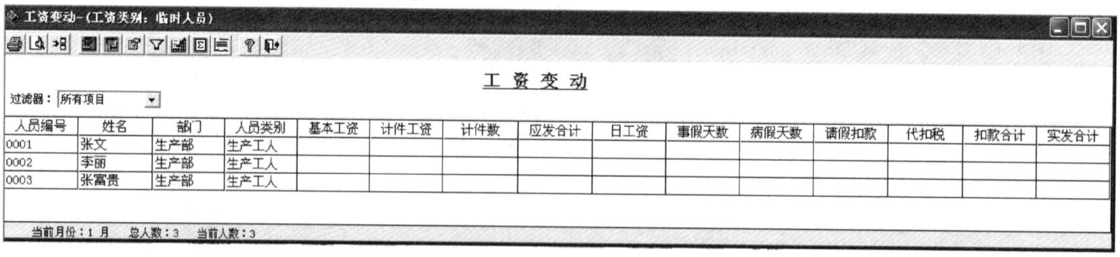

图 5-20 用友 T3"工资变动"界面

（2）单击 打开"工资项数据替换"界面，选择"基本工资"项目，替换值录入"1 000"，单击[确认]，如图 5-21 所示。

（3）打开"正式人员"工资类别，单击[工资变动]，单击 打开数据替换界面，选择"基本工资"项目，替换值录入"3 400"，如图 5-22 所示。

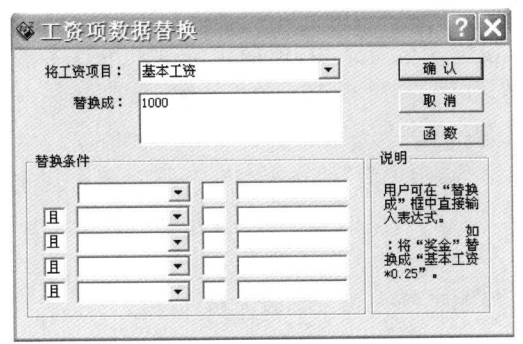
图 5-21 用友 T3"工资项数据替换"界面

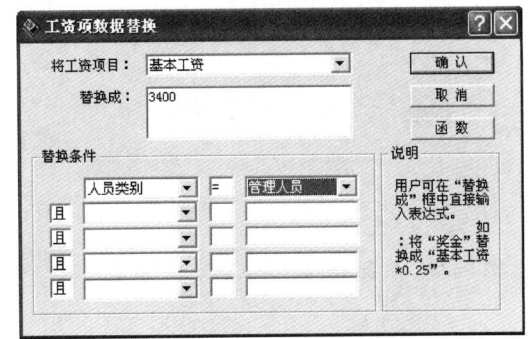
图 5-22 用友 T3"工资项数据替换条件"界面

（4）设置替换条件,"人员类别＝管理人员",如图 5-22 所示。同理,根据资料设置其他的工资数据。

💡 提示

1. 此处录入工资变动数据可以使用"数据替换"功能进行批量录入,也可以在界面上直接双击输入,还可以使用页编辑功能录入。

2. 首次进入本功能前,需先设置职员档案、工资项目及工资的计算公式,然后才能进行工资数据录入。

二、工资变动

工资变动用于输入工资数据,如请假天数等,以便系统自动计算企业职员当月的实发工资金额;相对不变的工资数据可以直接从上月转入,无需录入。

此外,工资变动还包括工资项目的增减、人员的调入调出、部门变更等。需要注意,人员调动、部门变更必须在人员档案中操作。

【案例 5-12】 华夏公司 1 月工资变动数据如下。

1. 考勤情况统计

正式人员:财务部李力请病假 2 天,销售部郑卓请事假 1 天。

临时人员:生产部张文请病假 1 天。

2. 计件数

生产工人计件数如表 5-5 所示。

表 5-5　　　　　　　　　　　生产工人计件数

人员编码	人员姓名	部门	人员类别	计件数（件）
0001	张文	生产部	生产工人	150
0002	李丽	生产部	生产工人	190
0003	张富贵	生产部	生产工人	210

【操作步骤】

（1）打开"正式人员"工资类别,在工资主界面单击[工资变动],单击[人员定位]按钮

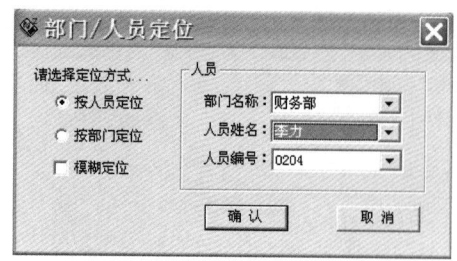，打开定位界面。

（2）设置定位方式为"模糊定位"，人员姓名输入"李力"，如图5-23所示。单击[确定]，则系统自动将光标定位至"李力"处。

（3）在"病假天数"处录入"2"。同理，录入其他考勤数据，"临时人员的考勤"应打开临时人员工资类别录入。

图 5-23　用友T3"部门/人员定位"界面

（4）根据表5-5录入临时人员计件数。

提示

1. 人员定位的定位方式可选择按"人员定位"或按"部门定位"，进行精确定位。
2. 工资变动数据的录入除了使用定位功能录入，还可以双击直接录入，或使用"页编辑"功能录入。

三、工资计算

工资数据录入完成后，系统可以根据设置好的公式，以及录入的相关基础数据和变动数据自动计算各工资项目并汇总。

【案例5-13】　分别计算华夏公司1月份临时人员和正式人员的工资。

【操作步骤】

（1）打开临时人员工资类别，单击  "重新计算"，则系统自动根据录入的工资变动数据和公式自行计算工资各项目数据，如图5-24所示。

（2）同理，打开正式人员工资类别，计算正式人员工资。

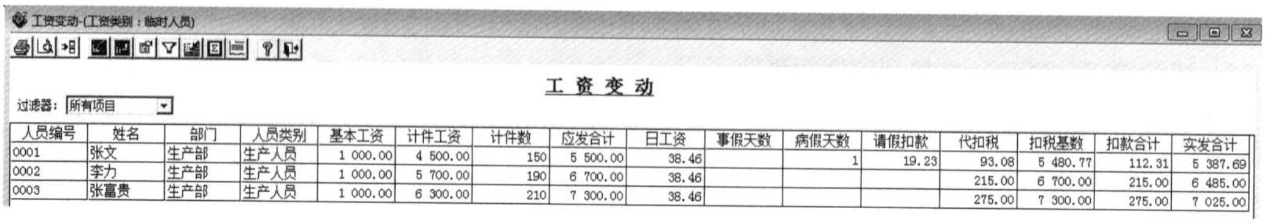

图 5-24　用友T3"工资变动"界面

四、扣缴个人所得税

【案例5-14】　设置代扣个人所得税：所得项目设置为"工资"；计税基础为"扣税基数"；个人所得税费用扣除标准为5 000元；附加费用设置为1 300元。

【操作步骤】

（1）打开"临时人员"工资类别，单击主界面[扣缴个人所得税]，打开设置界面，如图5-25所示。根据资料设置"所得项目"和"对应工资项目"，单击[确认]。

（2）设置税率。打开"个人所得税扣缴申报表"界面后，在菜单栏单击[税率表]按钮 ，

小知识

1. 实务中，这里的扣税基数应根据个人所得税费用扣除标准5 000元设置。
2. 附加费用是对外方人员设置的。外方人员在扣除5 000元外，还需要扣除附加费用1 300元。

打开"个人所得税申报表——税率表"界面,如图 5-26 所示。将"基数"设置为 5 000 元,附加费用设置为 1 300 元。

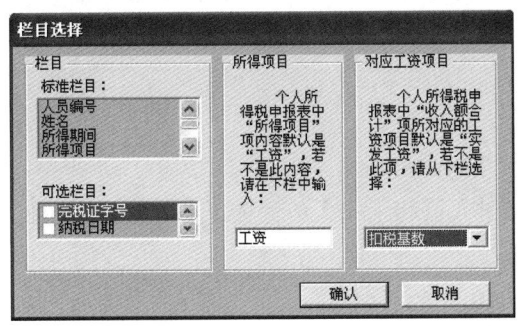

图 5-25 用友 T3"栏目选择"界面

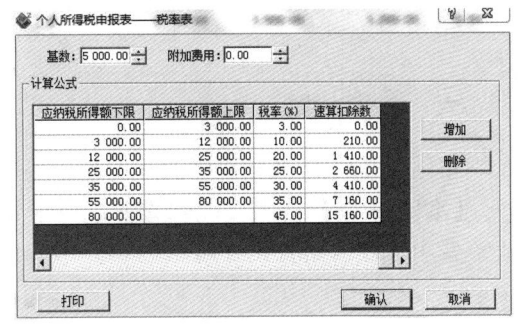

图 5-26 用友 T3"个人所得税申报表——税率表"界面

(3)同理,为正式人员工资类别设置税率表。

> **操作注意事项**
>
> 若在"个人所得税"功能中修改了"税率表"或重新选择了"收入额合计项",则在退出"个人所得税"界面后,需要到"工资变动"中使用"重新计算"功能,对工资数据进行更新,否则会导致工资计算错误。

五、设置银行代发文件格式

【案例 5-15】 设置银行代发文件的格式,要求在"人员编号"下加一栏"人员姓名",数据类型为字符型;总长度为 10;小数位数为 0;数据来源为"人员姓名"。

【操作步骤】

(1)打开临时人员工资类别,单击工资界面[银行代发],选择"中国银行"。

(2)单击"人员编号"所在行,单击[插入行],输入栏目名称"人员姓名",选择数据类型"字符型",输入总长度"10",选择数据来源"人员姓名",如图 5-27 所示。

(3)单击[确认],则系统自动生成银行代发一览表。

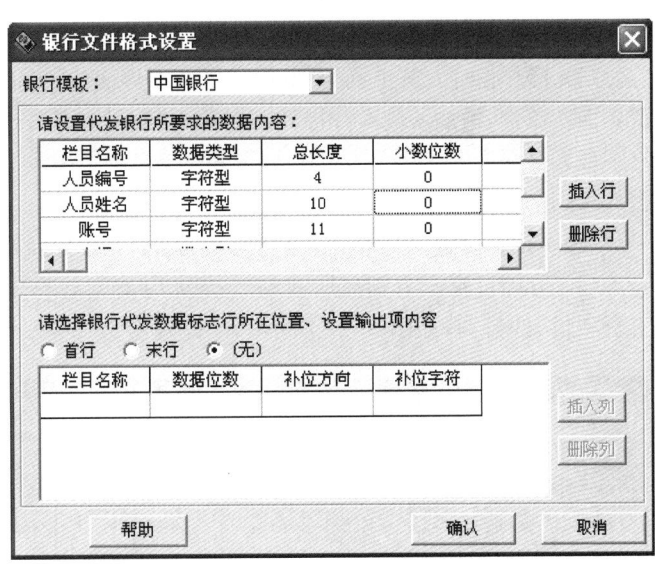

图 5-27 用友 T3"银行文件格式设置"界面

5-6 扣缴个人所得税设置

> **提示**
> 1. 除了银行代发,用友 T3 还提供了"工资分钱清单"功能,适用于用现金发放工资的单位。
> 2. 只有在设置人员档案时录入了银行账号等信息,才能查询"银行代发一览表"。

六、工资分摊

在用友 T3 中,工资费用的分配和计提通过"工资分摊"功能来实现。

【案例 5-16】 1 月 31 日,按照应发工资为临时人员和正式人员分摊工资,并生成凭证。工资费用分配表如表 5-6 所示。

表 5-6 工资费用分配表 单位:元

部门及类别		计提类型及比例							
		应付工资(100%)		工会经费(2%)		应付福利费(14%)		职工教育经费(1.5%)	
计提部门	人员类别	借方	贷方	借方	贷方	借方	贷方	借方	贷方
行政部	管理人员	660201	221101	660201	221103	660201	221102	660201	221104
财务部	管理人员	660201	221101	660201	221103	660201	221102	660201	221104
采购部	管理人员	660201	221101	660201	221103	660201	221102	660201	221104
销售部	销售人员	660101	221101	660101	221103	660101	221102	660101	221104
仓储部	管理人员	660201	221101	660201	221103	660201	221102	660201	221104
生产部	管理人员	510101	221101	510101	221103	510101	221102	510101	221104
	生产人员	500101	221101	500101	221103	500101	221102	500101	221104

【操作步骤】

(1) 打开临时人员工资类别,单击工资主界面的[工资分摊],单击[工资分摊设置],打开设置界面。单击[增加],输入计提类型名称为"应付工资",计提比例为 100%,单击[下一步]。

(2) 根据表 5-6 设置部门、人员类别、项目、借方科目、贷方科目等信息,单击[完成],如图 5-28 所示。

(3) 同理,设置工会经费、应付福利费、职工教育经费。设置完毕后单击[返回]。

(4) 分摊工资。分别在所有的计提费用类型处打勾,选中所有的核算部门,在"明细到工资项目"处打勾,如图 5-29 所示。计提月份为"2025.01",计提分配方式为"分配到部门"。

图 5-28 用友 T3"分摊构成设置"界面

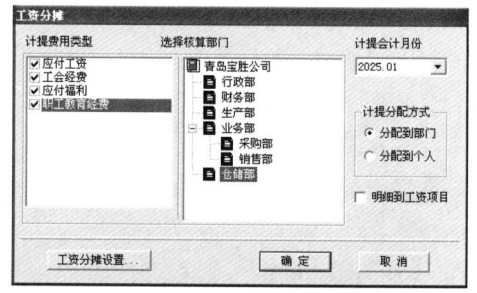

图 5-29 用友 T3"工资分摊"界面

（5）单击[确定]，系统自动生成各个计提类型的分摊一览表，如图5-30所示。在"合并科目相同、辅助项相同的分录"前打勾。单击"类型"处下拉列表可切换计提费用的类型。

（6）使用批量功能制单。单击[批量制单]，系统自动生成各个计提类型的分摊凭证。修改凭证类型和制单日期，检查凭证无误后，单击[保存]，如图5-31所示。

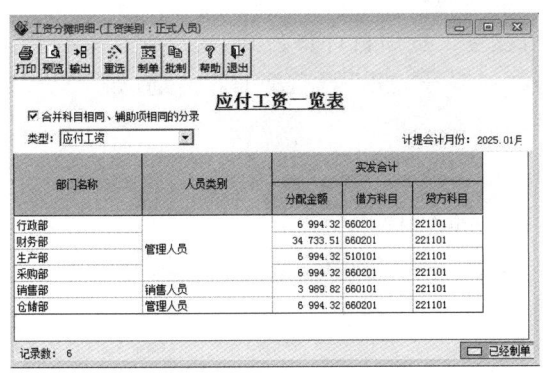

图5-30 用友T3"应付工资一览表"界面

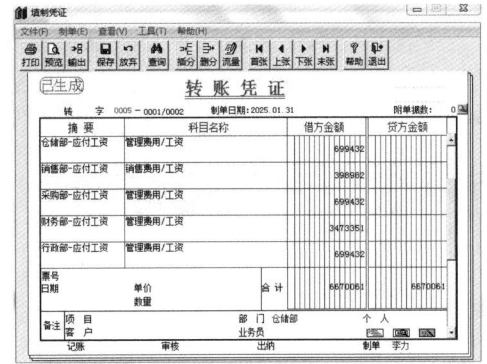

图5-31 用友T3"填制凭证"界面

（7）单击[下张]，对下一张凭证进行修改，无误后单击[保存]。所有凭证保存成功后单击[退出]。

（8）同理，对正式人员工资类别进行工资分摊，操作步骤同上。

提示

1. 制单也可以不使用"批量制单"功能，可以通过"制单"功能逐一生成单张凭证。
2. 工资分摊并不是发放工资，只将工资费用计提出来分配到相关费用及成本中。工资分摊并不生成发放工资的凭证。
3. 如果有多个工资类别，则工资费用分摊和计提必须按照工资类别进行。

相关思考5-1

在进行工资分摊时为什么要在"明细到工资项目"位置打勾？

请问：在进行工资分摊时，如果不在"明细到工资项目"位置打勾，会出现什么情况？

相关思考5-2

在进行工资分摊时发现凭证错误如何处理？

请问：在进行工资分摊时，如果凭证尚未保存，即尚未打上"已生成"标记，便发现工资数据有误，应如何处理？如果凭证已经保存生成，才发现凭证有误，又该如何处理？

七、工资类别汇总

工资类别汇总是将多个工资类别的数据统一汇总到一个工资类别中。在多个工资类别中，以部门编号、人员编号、人员姓名为标准，将此三项内容相同人员的工资数据汇总到工汇总类别中。例如,需要统计所有工资类别本月发放工资的合计数,或某些工资类别中的人员工资都由一个银行代发,希望生成一套完整的工资数据传到银行,则可使用此项功能。

【案例 5-17】 汇总临时人员和正式人员工资类别。

【操作步骤】

(1) 关闭工资类别,单击[工资]/[系统工具]/[工资类别汇总],打开设置界面,在"临时人员"和"正式人员"前打勾,如图 5-32 所示,单击[确认]。

(2) 第一次汇总需在汇总工资类别中重新设置工资项目计算公式,随后便汇总完毕。单击[工资]/[工资类别]/[打开工资类别],则看到编号"998"的汇总工资类别,如图 5-33 所示。

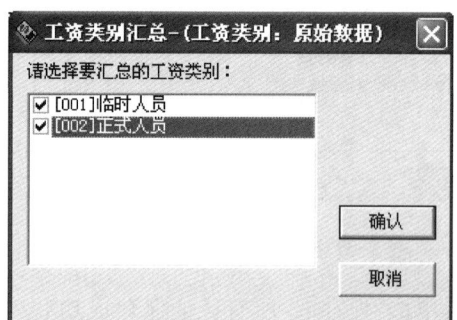
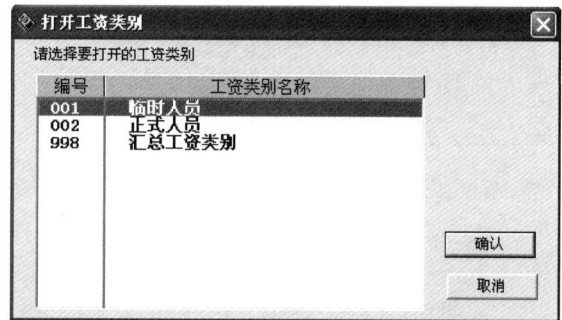

图 5-32 用友 T3"工资类别汇总"界面　　图 5-33 用友 T3"打开工资类别"界面

> **操作注意事项**
>
> 1. 工资类别汇总需要关闭所有工资类别后才能操作。
> 2. 所选工资类别中的币别、人员编号长度必须一致,否则不能汇总。
> 3. 所选工资类别中必须有汇总月份的工资数据。
> 4. 汇总工资类别不能进行月末结算和年末结算。

💡 **提示**

1. 第一次进行工资类别汇总,需在汇总工资类别中设置工资项目计算公式。
2. 如果每次汇总的工资类别一致,则公式不需要进行重新设置。如果与上一次所选择的工资类别不一致,则需重新设置计算公式。

 延伸阅读 5-2

个人所得税计算方法

在我国,个人的工资、薪金所得需要缴纳个人所得税。工资是职工因参加企业劳动,作为劳动报酬领取,并由企业定期支付一定数额的货币。工资、薪金所得应按月计征个人所得税,特定行业的,从中国境外取得的所得,实行按年计征应纳税额。中国个人所得税的征收方式实行源泉扣缴与自行申报并用法,注重源泉扣缴。

工资、薪金所得适用 7 级超额累进税率(表 5-7),按月应纳税所得额计算征税。该税率按个人月工资、薪金应纳税所得额划分等级,最高一级为 45%,最低一级为 3%,共 7 级。具体计算方式如下:

应纳个人所得税税额＝应纳税所得额×适用税率－速算扣除数

扣除标准为 5 000 元/月（工资、薪金所得适用）。

应纳税所得额＝扣除三险一金后月收入－扣除标准

表 5-7　　　　　　　　　　　　7 级超额累进税率

全月应纳税所得额	税率	速算扣除数（元）
全月应纳税所得额不超过 3 000 元	3％	0
全月应纳税所得额超过 3 000 元至 12 000 元	10％	210
全月应纳税所得额超过 12 000 元至 25 000 元	20％	1 410
全月应纳税所得额超过 25 000 元至 35 000 元	25％	2 660
全月应纳税所得额超过 35 000 元至 55 000 元	30％	4 410
全月应纳税所得额超过 55 000 元至 80 000 元	35％	7 160
全月应纳税所得额超过 80 000 元	45％	15 160

第三节　工资管理系统凭证管理

一、工资管理系统凭证生成

工资管理系统生成的凭证在保存成功后会传递到总账系统，再由总账系统对凭证进行审核、出纳签字和记账。工资管理系统和总账系统通过凭证建立联系。

用友 T3 工资管理系统在工资计算汇总完成后，通过工资分摊功能自动生成计提工资及福利费等相关业务的凭证。

工资计算结果的正确与否与工资公式、工资变动的设置密切相关；工资分摊的正确与否与工资分摊设置密切相关。只要保证工资公式、工资变动、工资分摊设置正确，则工资凭证一般不会出错。具体操作参见本章第二节工资分摊功能。

二、凭证查询

工资管理系统保存成功的记账凭证，可通过两种方法进行查看：一是通过总账的凭证查询功能查看；二是通过工资管理系统的凭证查询功能查看。

【案例 5-18】　在工资管理系统中查询华夏公司临时人员 1 月工资分摊生成的凭证。

【操作步骤】

（1）打开临时人员工资类别，单击［工资］/［统计分析］/［凭证查询］，打开查询界面，如图 5-34 所示。

（2）单击 可联查凭证。

三、凭证修改与删除

如果工资管理系统自动生成的凭证出现错误，说明工资计算错误，应先将凭证作废或删除,再重新计算工资并生成正确凭证。如果凭证已经记账,则应通过红字冲销功能制作红字凭证,再重新计算工资并生成正确凭证。

【操作步骤】

(1) 在凭证查询界面,如图 5-34 所示,选择需要作废或删除的凭证,单击菜单栏[删除]按钮,可将凭证作废。

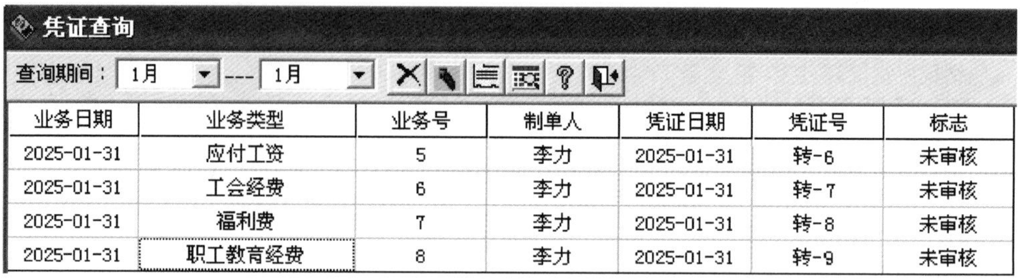

业务日期	业务类型	业务号	制单人	凭证日期	凭证号	标志
2025-01-31	应付工资	5	李力	2025-01-31	转-6	未审核
2025-01-31	工会经费	6	李力	2025-01-31	转-7	未审核
2025-01-31	福利费	7	李力	2025-01-31	转-8	未审核
2025-01-31	职工教育经费	8	李力	2025-01-31	转-9	未审核

图 5-34　用友 T3"凭证查询"界面

(2) 在总账系统中,执行"凭证整理"操作,可将凭证彻底删除。

> **操作注意事项**
>
> 　　1. 工资管理系统生成的凭证对于总账系统来说是外部凭证,不能在总账系统中删除,只能在工资管理系统中删除。
> 　　2. 这里的凭证修改在凭证未做审核、未进行出纳签字时可实现无痕迹修改。
> 　　3. 若凭证已经记账,则通过"冲销"功能制作红字冲销凭证,再编制正确凭证,确保有痕迹修改。

本 章 小 结

本章主要学习了:工资管理系统初始化;工资管理系统日常业务处理及操作注意事项;工资管理系统凭证查询、修改和作废。

本章重要概念

工资管理系统初始化　扣零设置　工资项目　工资变动　工资类别　人员类别　工资分摊

本 章 练 习

1. 工资类别"单个""多个"分别适用于哪种情况?
2. 工资类别为"多个"时,工资项目的录入步骤是什么?
3. 工资公式的设置中,哪些是系统的固定工资项目?固定项目公式的生成原理是什么?

第六章 固定资产系统

- 内容简介
- 学习目的和要求
- 思政育人
- 第一节 固定资产系统初始化
- 第二节 固定资产系统日常业务处理
- 第三节 固定资产系统凭证管理
- 本章小结
- 本章重要概念
- 本章练习

内容简介

本章主要讲解了固定资产系统的功能、操作方法、操作注意事项及操作技巧,包括固定资产系统初始化;固定资产系统日常业务处理,主要包括资产增加、折旧计提、资产减少、资产变动等;固定资产卡片管理等。本章重点为固定资产系统初始化和固定资产系统日常业务处理;难点为固定资产系统凭证管理。

学习目的和要求

通过本章的学习,学生应了解固定资产系统的功能结构,理解固定资产系统的设计理念和基本概念;熟悉固定资产业务的处理流程;掌握固定资产系统初始化设置,期初固定资产录入,资产增加、减少、变动;熟悉固定资产卡片管理、变动单管理;了解资产评估的操作;掌握使用财务、业务一体化策略生成凭证、查询凭证、修改凭证的方法。

思政育人　　　　加强会计人员职业道德规范

2023年2月1日,由中华人民共和国财政部发布的《关于印发〈会计人员职业道德规范〉的通知》(财会〔2023〕1号)中明确指出各地财政部门、中央有关主管单位应当组织开展形式多样的学习活动,充分利用各类媒体平台,大力宣传《会计人员职业道德规范》(以下简称《规范》)精神,帮助广大会计人员全面理解《规范》内容,准确把握《规范》提出的要求,将有关要求落实到具体会计工作中,使其成为广大会计人员普遍认同和自觉践行的行为准则;应当推动高校财会类专业加强职业道德教育,将《规范》要求有机融入教学内容;应当指导用人单位加强会计人员职业道德教育,将遵守职业道德情况作为评价、选用会计人员的重要标准。

资料来源:中华人民共和国财政部.关于印发《会计人员职业道德规范》的通知[EB/OL].(2023-02-1)[2024-06-21].https://www.gov.cn/zhengce/zhengceku/2023-02/01/content_5739504.htm.有删节。

【思政寄语】完善会计人员职业道德规范,会计人员职业道德规范包括:坚持诚信,守法奉公;坚持准则,守则敬业;坚持学习,守正创新。

6-1 引例:固定资产管理

6-2 固定资产管理系统概述PPT

第一节　固定资产系统初始化

一、固定资产系统概述

(一) 固定资产系统的主要功能

固定资产系统是管理和核算企业的固定资产的系统,它以固定资产卡片的形式为每项资产建立卡片,详细记录固定资产的名称、类别、规格型号、存放地点、使用部门、原值金额、使用年限、折旧方法、累计折旧、净值、残值等信息。

当发生资产购入、报废等业务时,通过对卡片进行增加、减少等操作完成固定资产处理,并使用财务、业务一体化策略生成对应凭证,从而实现固定资产的核算和管理。

固定资产系统的主要功能如下:

(1) 固定资产系统初始化:参数设置、基础设置、期初固定资产卡片录入。

(2) 固定资产系统日常业务处理:资产增加、资产减少、资产变动、计提折旧等。

(3) 固定资产系统期末处理:固定资产系统对账、结账操作等。

(4) 固定资产卡片管理:卡片查询、修改、删除等。

(5) 固定资产账表查询:折旧计提汇总表、资产原值一览表等账表查询。

 提示

提示:我国企业会计准则规定,固定资产是指使用期限超过1年的房屋、建筑物、机器、机械、运输工具,以及其他与生产经营有关的设备、器具、工具等。不属于生产经营主要设备的物品,单位价值在2 000元以上,并且使用年限超过两年的,也应作为固定资产进行管理。

(二) 固定资产系统的操作流程

第一次使用固定资产系统需要进行初始化设置,今后每年通过账套数据结转功能,将本年数据结转到下年,然后开始下年的固定资产日常业务处理。固定资产系统的操作可以分

为:固定资产系统初始化、固定资产系统日常业务处理和固定资产系统期末处理三个部分。

(1) 固定资产系统初始化:①参数设置:设置启用月份、折旧方法、折旧分配周期、编码方案、与财务系统接口。②基础设置:设置部门档案、部门对应折旧科目、资产类别、卡片项目、卡片样式、定义增减方式及对应入账科目、定义折旧方法。③期初资产录入:录入固定资产系统启用月份前的固定资产。

(2) 固定资产系统日常业务处理:资产增加、资产变动、计提折旧、资产减少等,通过对卡片的增加、减少、变动完成相应的资产增加、减少、变动操作,并通过财务、业务一体化策略生成凭证,将其传递到总账系统。

(3) 固定资产系统期末处理:固定资产系统对账、结账操作等,通过设置与账务系统接口的对账科目,与总账系统进行对账。

固定资产系统操作流程如图 6-1 所示。

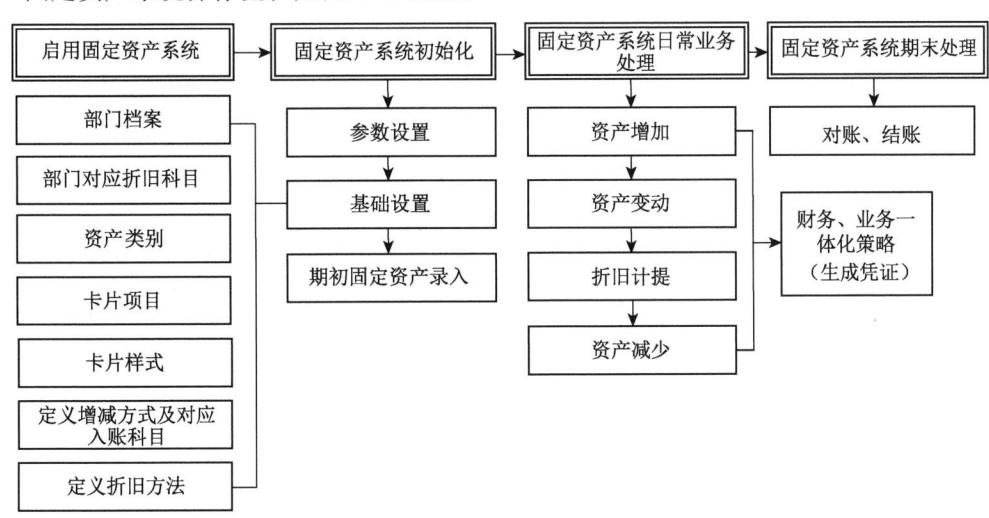

图 6-1　固定资产系统操作流程

6-3 固定资产管理系统概述

二、参数设置

(一) 建立固定资产账套

【案例 6-1】　请按以下资料启用固定资产子系统,并进行以下参数设置。

(1) 启用日期:2025 年 1 月 1 日。
(2) 折旧信息:本账套计提折旧;
　　　　　　　折旧方法:直线法(平均年限法一);
　　　　　　　其余按照默认设置。
(3) 编码方案:资产类别编码方式:1-2-2-2;
　　　　　　　固定资产编码方式:自动编码(类别+序号),序号长度为 4。
(4) 财务接口:固定资产对账科目:固定资产;累计折旧的对账科目:累计折旧;
　　　　　　　对账不平的情况下不允许固定资产系统结账。

【操作步骤】
(1) 以"KJ05"的身份登录用友通,在"畅捷通 T3——标准版"窗口中,单击[固定资产],系统提示"这是第一次打开此账套,还未进行过初始化,是否进行初始化?"如图 6-2 所示。

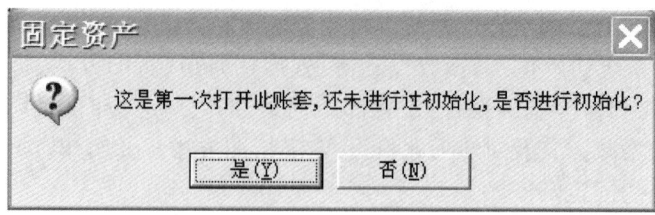

图 6-2 用友 T3"初始信息"提示界面

(2) 单击[是],进入"固定资产初始化向导——约定及说明"界面,选择"我同意"单选按钮,如图 6-3 所示。

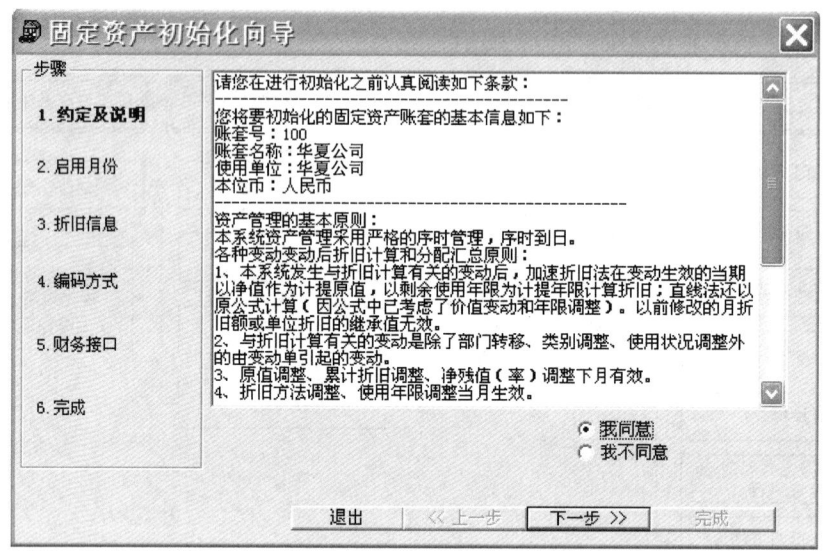

图 6-3 用友 T3 固定资产初始化"约定及说明"界面

(3) 单击[下一步],进入"固定资产初始化向导——启用月份"界面,启用月份与系统启用日期自动保持一致,如图 6-4 所示。

(4) 单击[下一步],进入"固定资产初始化向导——折旧信息"界面,在主要折旧方法中选择"平均年限法(一)",其余按照默认设置,如图 6-5 所示。

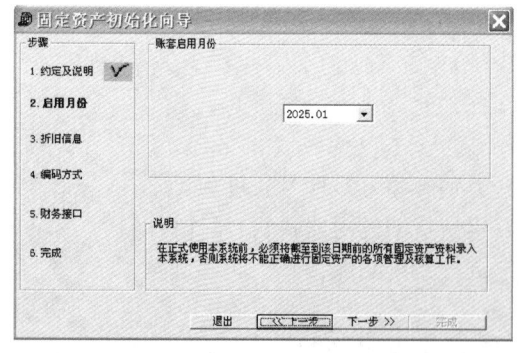

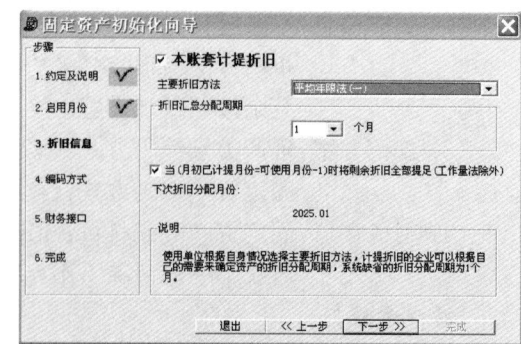

图 6-4 用友 T3 固定资产初始化"启用月份"界面　　图 6-5 用友 T3 固定资产初始化"折旧信息"界面

(5)单击[下一步],进入"固定资产初始化向导——编码方式"界面,修改编码长度为"1-2-2-2",选择"自动编码(类别编号+序号)",设置序号长度为4,其余按照默认设置,如图6-6所示。

(6)单击[下一步],进入"固定资产初始化向导——财务接口"界面,在"固定资产对账科目"处单击图标,打开"科目参照"界面,选择"1601,固定资产"科目;同样方法设置累计折旧对账科目为"1602,累计折旧",将"在对账不平情况下允许固定资产月末结账"前的"√"去掉,如图6-7所示。

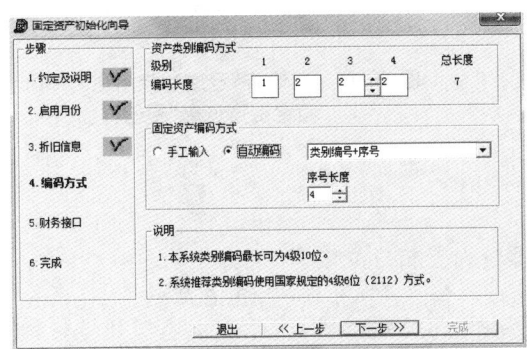

图6-6 用友T3固定资产初始化"编码方式"界面

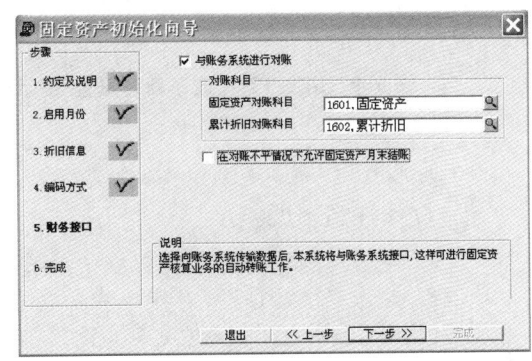

图6-7 用友T3固定资产初始化"财务接口"界面

(7)单击[下一步],打开"固定资产初始化向导——完成"界面,如图6-8所示。

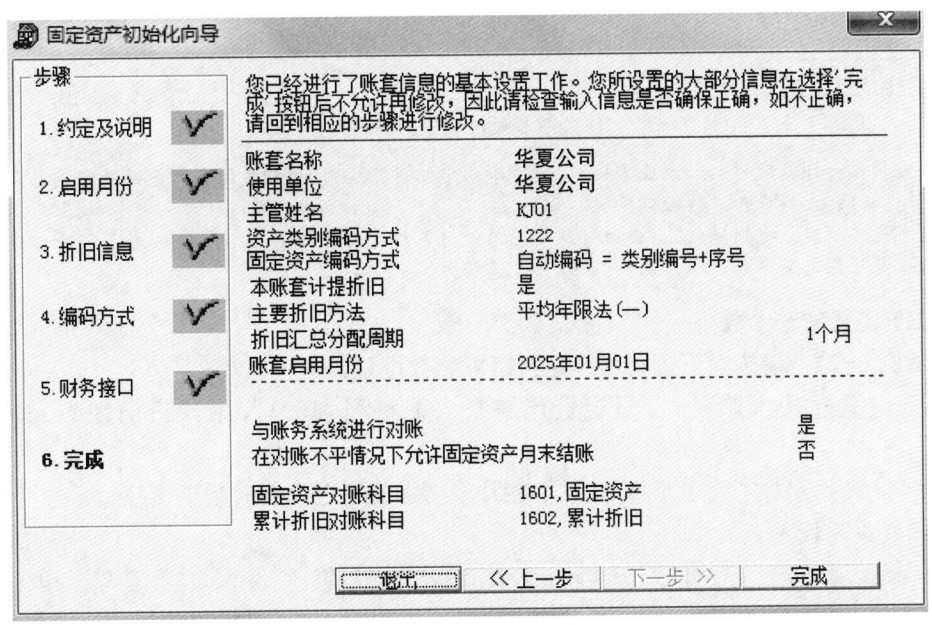

图6-8 用友T3固定资产初始化"完成"界面

6-4 固定资产管理系统初始化

(8)显示初始化的基本信息,检查确认无误后,单击[完成],系统提示"已经完成了新建账套的所有设置工作,是否确定所设置的信息完全正确并保存对新账套的所有设置?",如图6-9所示。

(9) 单击[是],系统提示"已成功初始化本固定资产账套!",如图 6-10 所示。
(10) 单击[确定],进入固定资产系统。

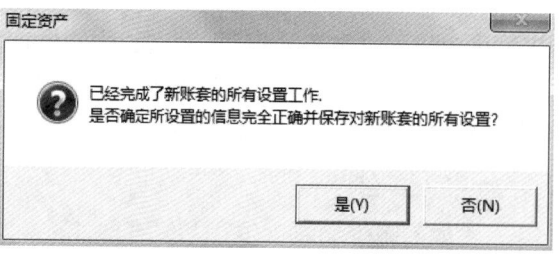
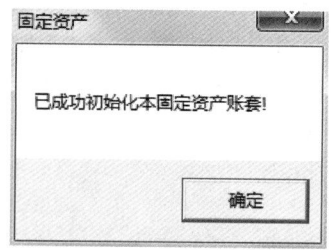

图 6-9　用友 T3"完成了新建账套"提示界面　　图 6-10　用友 T3"已成功初始化本固定资产账套"提示界面

> **操作注意事项**
>
> 1. 在启动固定资产系统前应先在系统管理中设置相应的账套。
> 2. 建账完成后,当需对账套中的某些参数进行修改时,可以通过[固定资产]/[设置]/[选项]重新设置;当发现某些设置错误而系统又不允许修改(如本账套是否计提折旧),但必须纠正时,则只能通过"重新初始化"功能来实现,但应注意重新初始化将清空对该子账套所做的一切工作。
> 3. 资产类别编码方式设定后,一旦使用则不能修改。
> 4. 资产编码方式设定后,一经使用则不能修改。

 延伸阅读 6-1

行政事业单位固定资产折旧

《事业单位会计制度》规定,事业单位应按照《事业单位财务规则》和相关财务制度的规定确定是否对固定资产计提折旧、无形资产进行摊销。

从《事业单位财务规则》和已出台的行政事业单位财务制度来看,只有医院、高校、科学事业单位财务制度,明确规定了固定资产要计提折旧、无形资产需进行摊销。

(二) 设置账套参数

【案例 6-2】　请按以下资料继续进行以下参数设置:

(1) 设置默认入账科目:固定资产缺省入账科目"1601";累计折旧缺省入账科目"1602"。

(2) 设置业务发生后立即制单;系统在月末结账前一定要完成制单、登账。

【操作步骤】

在"畅捷通 T3——标准版"窗口中,单击菜单栏[固定资产]/[设置]/[选项],单击[与账务系统接口]选择卡,打开设置界面,输入"固定资产缺省入账科目""1601",输入"累计折旧缺省入账科目""1602";在"业务发生后立即制单"和"月末结账前一定要完成制单登账业务"处打"√",如图 6-11 所示。单击[确定]。

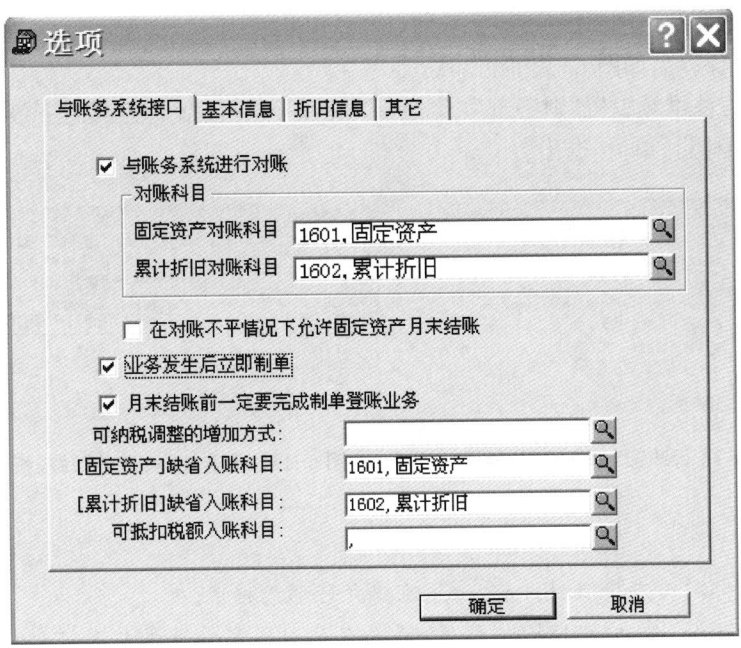

图 6-11 用友 T3 固定资产"选项"界面

三、基础设置

(一) 部门档案及部门对应折旧科目

资产计提折旧后必须把折旧归入成本或费用,根据具体情况,记入对应会计科目。例如,管理部门的折旧费记入"管理费用"科目、销售部门的折旧费记入"销售费用"科目等。

部门对应折旧科目设置就是给部门选择一个折旧入账科目,录入固定资产卡片时,该科目自动填入卡片中,不必在卡片中手工输入。设置成功后,系统在生成计提折旧的凭证时,自动按照此处设置的折旧科目生成凭证。

此处部门档案设置与前面章节"基础设置""机构设置""部门档案"介绍的内容相同,不再重复。此处只介绍部门对应折旧科目的设置。

【案例 6-3】 华夏公司部门对应折旧科目如表 6-1 所示。

表 6-1　　　　　　　　　　　　部门对应折旧科目

部门名称	部门对应折旧科目	部门名称	部门对应折旧科目
行政部	"管理费用——折旧费"(660204)	采购部	"管理费用——折旧费"(660204)
财务部	"管理费用——折旧费"(660204)	销售部	"销售费用——折旧费"(660102)
生产部	"制造费用——折旧费"(510102)	仓储部	"管理费用——折旧费"(660204)

【操作步骤】

(1) 在"畅捷通 T3——标准版"窗口中,单击菜单栏[固定资产]/[设置]/[部门对应折旧科目],打开部门编码表界面,在左侧"固定资产部门编码目录"界面单击[行政部]所在行/单击[操作],打开"行政部"单张视图对话框,单击"折旧科目"栏后的 🔍,选择"660204　管理费用——折旧费",如图 6-12 所示。

(2) 单击[保存],如图 6-13 所示。

(3) 依此方法继续设置"财务部""生产部""业务部"(包括业务部的下级部门)和"仓储部"的对应折旧科目,单击[退出]。

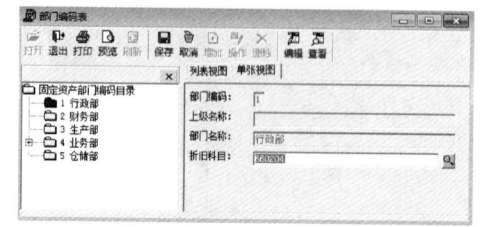

图 6-12 用友 T3 行政部"单张视图"界面

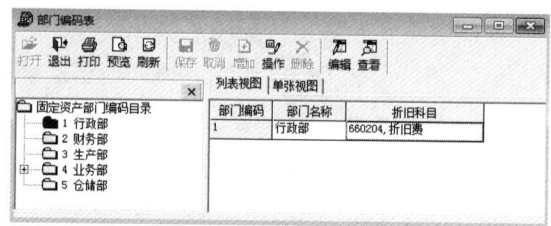

图 6-13 用友 T3 行政部"对应折旧科目"界面

提示

1. 在使用部门对应折旧科目前,必须已建立好部门档案。

2. 若此处不做"对应折旧科目"设置,将来在录入固定资产卡片时,"部门对应折旧"栏为空,系统不会自动带入会计科目。

3. 设置了上级部门的折旧科目,则下级部门可以自动继承,下级部门也可以选择与上级部门不同的折旧科目。

(二) 资产类别

固定资产的种类繁多,规格不一,要强化固定资产管理,及时、准确地做好固定资产核算,必须建立科学的固定资产分类体系,为核算和统计管理提供依据。企业可以根据自身的特点和管理要求,确定一个较为合理的资产分类方法。对固定资产类别进行增加、修改和删除。

【案例 6-4】 设置华夏公司固定资产类别如表 6-2 所示。

表 6-2   固定资产类别

类别编码	类别名称	使用年限(年)	净残值率
1	房屋及建筑物	30	2%
2	通用设备		
201	办公设备	5	3%
202	运输设备	8	5%

【操作步骤】

(1) 在"畅捷通 T3——标准版"窗口中,单击[固定资产]/[设置]/[资产类别],或直接单击固定资产界面上方的[资产类别],打开"类别编码表"界面,单击[增加],打开"单张视图",输入类别名称"房屋及建筑物"、使用年限"30"、净残值率"2",如图 6-14 所示。

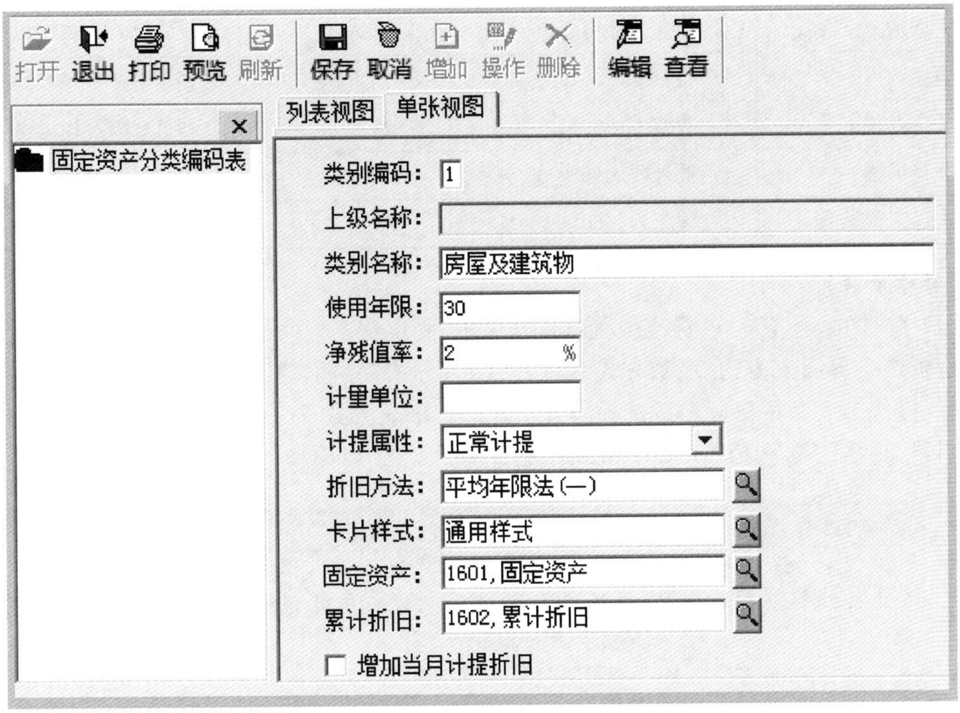

图 6-14　用友 T3 固定资产分类编码表"单张视图"界面

（2）单击［保存］，依此方法继续录入其他的资产类别，单击［退出］。

> **操作注意事项**
> 1. 只有在最新会计期间时可以增加资产类别，月末结账后则不能增加。
> 2. 资产类别编码不能重复，同级的类别名称不能相同。
> 3. 类别编码、名称、计提属性、卡片样式不能为空；其他各项内容的输入是为了输入卡片方便要缺省的内容，可以为空。
> 4. 非明细类别编码不能修改和删除，明细类别编码修改时只能修改本级的编码。
> 5. 使用过的类别计提属性不允许删除或增加下级类别。

（三）增减方式及其对应入账科目

增减方式包括增加方式和减少方式两类。增加方式主要有直接购买、投资者投入、捐赠、盘盈、在建工程转入、融资租入等。减少方式主要有出售、盘亏、投资转出、捐赠转出、报废、毁损、融资租出等。固定资产的增减方式可以设置两级，用户可以在系统缺省的基础上定义。

增减方式对应入账科目是为各增减方式设置默认的入账科目，当资产发生增加或减少时，系统生成凭证可以自动填入相应科目。

【案例 6-5】　为华夏公司设置资产增减方式对应入账科目，资料如表 6-3 所示。

表 6-3　　　　　　　　　　　增减方式对应入账科目

增加方式	对应入账科目	减少方式	对应入账科目
直接购入	中行存款(100202)	出售	固定资产清理(1606)
投资者投入	实收资本(4001)	盘亏	待处理财产损溢(1901)
接受捐赠	营业外收入(6301)	报废	固定资产清理(1606)
在建工程转入	在建工程(1604)	毁损	固定资产清理(1606)

【操作步骤】

（1）在"畅捷通 T3——标准版"窗口中，单击[固定资产]/[设置]/[增减方式]，或直接单击固定资产主界面上方的[增减方式]，打开"增减方式"界面，选择"直接购入"所在行，单击菜单栏[操作]，或者用鼠标右键选择[修改]，打开"增减方式——单张视图"界面，单击"对应入账科目"栏后的 🔍，选择"100202"，如图 6-15 所示。

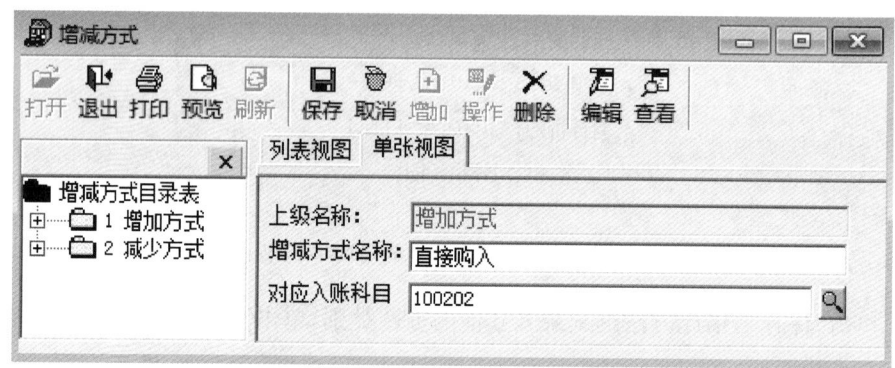

图 6-15　用友 T3 增减方式目录表"单张视图"界面

（2）单击[保存]，依此方法继续录入其他的固定资产增减方式所对应的会计科目。

💡 **提示**

1. 企业可以根据实际情况需要对固定资产的增加和减少方式进行设置。
2. 非明细级增减方式不能删除，已使用的增减方式不能删除。
3. 生成凭证时，如果入账科目发生了变化，可以进行修改。

（四）使用状况

从固定资产核算和管理的角度，需要明确资产的使用状况，一方面，可以正确地计算和计提折旧；另一方面，便于统计固定资产的使用情况，提高资产的利用效率。系统预置的使用状况有：使用中、在用、季节性停用、经营性出租、大修理停用、未使用及不需用。

（五）折旧方法

折旧方法设置是系统自动计算折旧的基础。系统给出了常用的 6 种方法：不提折旧、平均年限法（一）、平均年限法（二）、工作量法、年数总和法及双倍余额递减法。这些方法是系统设置的折旧方法，只能选用，不能删除和修改。另外，如果这几种方法不能满足企业的使用需要，则系统提供了折旧方法的自定义功能，可以定义适合的折旧方法名称和计算公式。

四、期初固定资产录入

(一) 录入原始卡片

期初固定资产是指固定资产系统启用月份前就存在于企业的固定资产,而不是本月新增的固定资产。为了保证会计资料的连续、完整,必须将此前的固定资产也录入系统中,才能保证系统在自动计提折旧等操作中金额的正确性。在用友 T3 系统中,通过固定资产原始卡片功能来实现。

【案例 6-6】 华夏公司期初固定资产情况如表 6-4 所示。

表 6-4　　　　　　　　　　　期初固定资产一览表

资产名称	资产编号	资产类别	使用部门	增加方式	使用年限(年)	开始使用日期	原值(元)	累计折旧(元)	使用状况
一车间	10001	1	生产部	在建工程转入	30	2020.01.01	160 000	25 328	在用
大众轿车	2020001	202	销售部	投资者投入	8	2021.02.01	80 000	36 800	在用
HP 计算机	2010001	201	行政部	捐赠	3	2022.01.01	5 500	5 280	在用
打印机	2010002	201	行政部	直接购入	5	2022.01.01	4 500	2 592	在用
合计							250 000	70 000	

【操作步骤】

(1) 在"畅捷通 T3——标准版"窗口中,单击[固定资产]/[卡片]/[录入原始卡片],或直接单击固定资产主界面的[原始卡片录入],打开"资产类别参照"界面,选择"房屋及建筑物",如图 6-16 所示。

(2) 单击[确认],或双击"房屋及建筑物",打开"录入原始卡片——00001 号卡片",录入固定资产名称"一车间",单击[部门名称],出现"部门名称"按钮,再单击[部门名称],显示"部门参照"界面,选择"3　生产部",如图 6-17 所示。

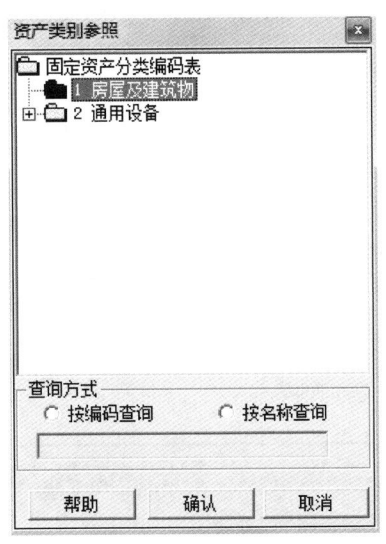
图 6-16　用友 T3"资产类别参照"界面

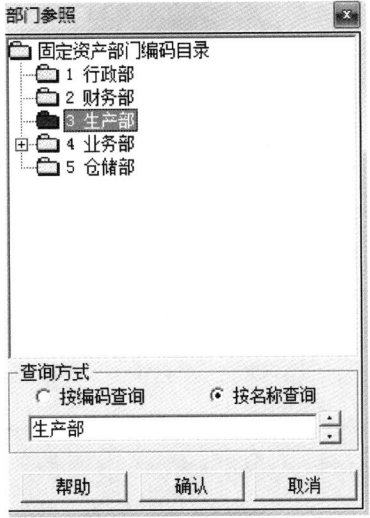
图 6-17　用友 T3"部门参照"界面

(3)单击[确认],单击[增加方式],出现"增加方式"按钮,再单击[增加方式],显示"增减方式参照"界面,选择"105　在建工程转入",如图6-18所示。

(4)单击[确认],单击[使用状况],出现"使用状况"按钮,再单击[使用状况],显示"使用状况参照"界面,选择"1001　在用",如图6-19所示。

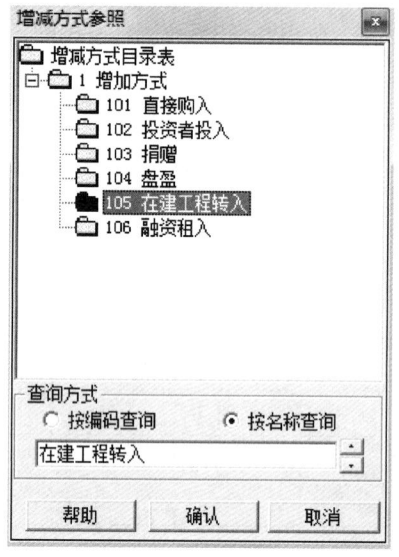

图6-18　用友T3"增减方式参照"界面

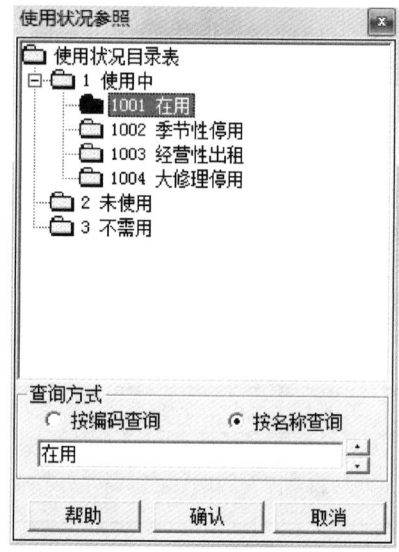

图6-19　用友T3"使用状况参照"界面

(5)单击[确认],输入开始使用日期"2020-01-01"、原值"160 000"、累计折旧"25 328",如图6-20所示。

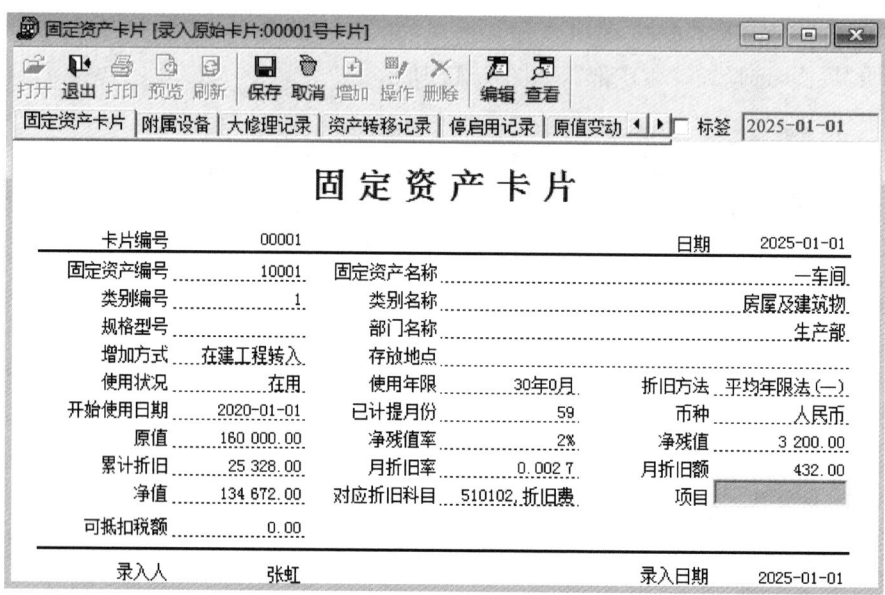

图6-20　用友T3"固定资产卡片"界面

(6) 单击[保存],系统提示"数据保存成功",单击[确定]。以此方法继续录入其他的原始卡片。

提示

1. 卡片中的固定资产编号根据初始化或选项设置中的编码方式,自动编码或需要用户手工录入。若删除卡片且不是最后一张时,系统会自动保留空号。

2. 录入人自动显示为当前操作员,录入日期为当前登录日期。

3. 系统会根据填写内容自动算出已计提月份、净残值、净值、月折旧率、月折旧额。如果使用期间有因停用等原因不计提折旧的月份,可按照实际情况修改已计提月份,将不计提折旧的月份扣除。

4. 其他页签录入的内容只是为管理卡片设置,不参与计算。并且除附属设备外,其他内容在录入月结账后除"备注"外不能修改和输入,由系统自动生成。

5. 原值、累计折旧、累计工作量的录入值一定要是卡片录入月月初的价值,否则将会出现计算错误。

6. 开始使用日期中的年和月对折旧计提有影响,日不会影响折旧的计提,但也必须录入。

7. 如果输入原值和净值,可自动计算累计折旧。

8. 对应折旧科目可根据所选择的使用部门自动带出。

(二) 查看卡片

【案例 6-7】 查看已录入的华夏公司的期初固定资产情况,并设计"卡片管理"的表格格式,让其显示"固定资产名称"和"累计折旧";并将"固定资产名称"排列在"卡片编号"后面;"累计折旧"排列在"原值"后面。

【操作步骤】

(1) 在"畅捷通 T3——标准版"窗口中,单击[固定资产]/[卡片]/[卡片管理],或直接单击固定资产主界面的[卡片管理],如图 6-21 所示。

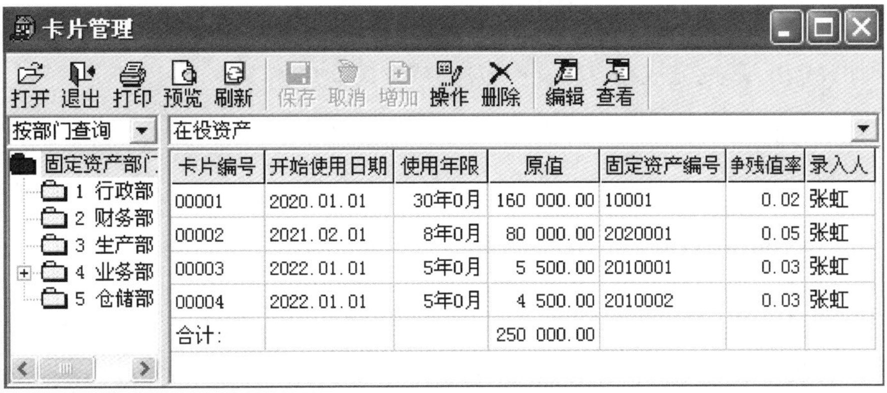
卡片管理
打开 退出 打印 预览 刷新 保存 取消 增加 操作 删除 编辑 查看
按部门查询
在役资产
固定资产部门
1 行政部
2 财务部
3 生产部
4 业务部
5 仓储部
卡片编号 开始使用日期 使用年限 原值 固定资产编号 净残值率 录入人
00001 2020.01.01 30年0月 160 000.00 10001 0.02 张虹
00002 2021.02.01 8年0月 80 000.00 2020001 0.05 张虹
00003 2022.01.01 5年0月 5 500.00 2010001 0.03 张虹
00004 2022.01.01 5年0月 4 500.00 2010002 0.03 张虹
合计: 250 000.00

图 6-21 用友 T3"卡片管理"界面

(2) 单击菜单栏的[编辑]/[列头编辑],打开"表头编辑"界面,选择"固定资产名称",单击∧,将其移到"卡片编号"的下面;选择"累计折旧",单击∧,将其移到"原值"的下面,如图 6-22 所示。

(3) 单击[确定]/[退出]。

（三）修改卡片

固定资产卡片录入后，可以通过卡片管理功能进行修改。

【案例6-8】 修改HP计算机的使用部门，将其改为财务部。

【操作步骤】

在"畅捷通T3——标准版"窗口中，单击[固定资产]/[卡片]/[卡片管理]，单击"HP计算机"所在行，单击[操作]，打开固定资产卡片，单击"部门名称"，出现"部门名称"按钮，再单击[部门名称]，显示"部门参照"界面，选择"2　财务部"，单击[保存]/[确定]/[退出]/[退出]。

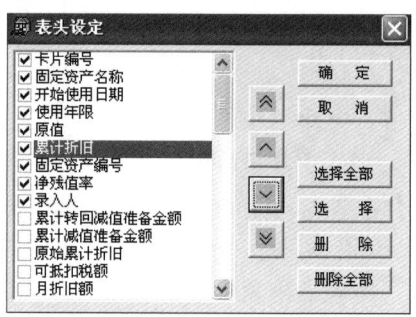

图6-22　用友T3"表头设定"界面

延伸阅读6-2

折旧汇总分配周期

企业在实际计提折旧时，不一定每个月计提一次。可能因行业和自身情况的不同，每季度计提一次或半年、一年计提一次，同时折旧费用的归集也按照这样的周期进行。例如，保险行业每3个月计提和汇总分配一次折旧。用友T3系统提供的"折旧汇总分配周期"设置功能，使企业可根据自身所处的行业和实际情况确定计提折旧和将折旧归集计入成本和费用的周期。在用友T3系统中具体的处理办法是，每个期间均计提折旧，但折旧的汇总分配按设定的周期进行，把该周期内各期间计提的折旧汇总分配。同时，该折旧汇总分配周期，也是系统自动生成折旧分配表制作记账凭证的期间。

第二节　固定资产系统日常业务处理

固定资产系统日常业务处理包括资产增加、资产减少、资产变动、计提折旧等，通过对卡片进行增加、减少、变动，完成相应的资产增加、减少、变动操作。

一、资产增加

【案例6-9】　1月25日，华夏公司新购入三星笔记本一台，供财务部使用，价格5 800元，用银行存款支付，预计使用期限4年。

【操作步骤】

(1) 在"畅捷通T3——标准版"窗口中，单击[固定资产]/[卡片]/[资产增加]，或单击固定资产主界面的[资产增加]，打开"资产类别参照"界面，双击"通用设备"，选择"办公设备"，单击[确认]，打开"新增资产：00005号卡片"界面，输入固定资产名称"三星笔记本"。

单击"部门名称"，出现"部门名称"按钮，再单击[部门名称]，显示"部门参照"界面，选择"2　财务部"，单击[确认]。

单击"增加方式"，出现"增加方式"按钮，再单击[增加方式]，显示"增减方式参照"界面，选择"101　直接购入"，单击[确认]。

单击"使用状况",出现"使用状况"按钮,再单击[使用状况],显示"使用状况参照"界面,选择"1001　在用",部门名称"财务部",单击[确认];输入开始使用日期"2025-01-25"、原值"5 800"、使用年限"4",如图6-23所示。

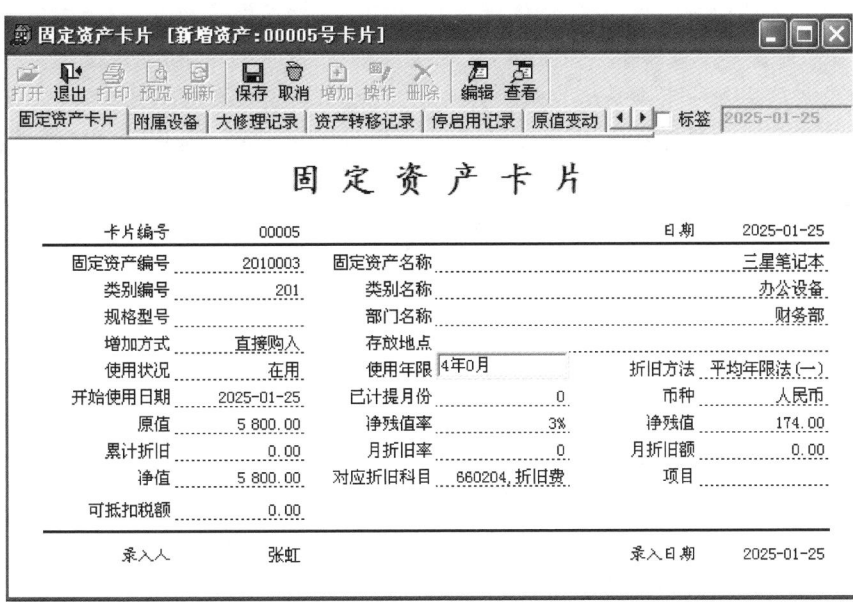

图6-23　用友T3"固定资产卡片"界面

(2)单击[保存],生成凭证,对"银行存款/中行存款"设置现金流量项目为"13　购建固定资产、无形资产和其他长期资产支付的现金",单击[保存]/[保存],如图6-24所示。

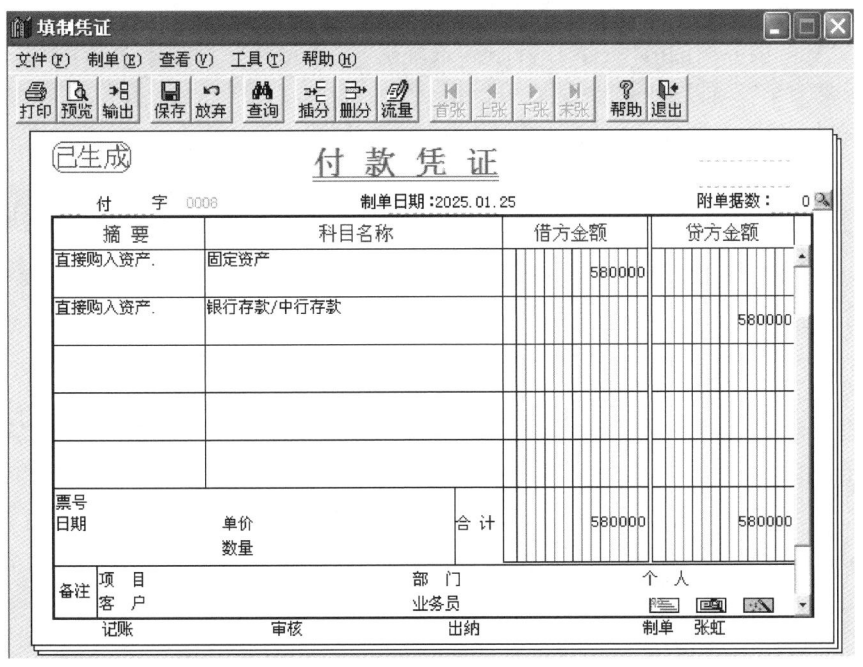

图6-24　用友T3"新增固定资产的凭证"界面

(3) 单击[退出]/[确定]/[取消]/[是]/[退出]。

> **操作注意事项**
>
> 1. 此处凭证的自动生成与否与[设置]/[选项]中的参数设置有关,如果未勾选"业务发生后立即制单",则不会生成凭证,凭证生成应在"批量制单"功能中操作。
> 2. 录入的原值一定要是卡片录入月月初的价值,否则将会出现计算错误。
> 3. 如果录入的累计折旧、累计工作量不是零,说明是旧资产,该累计折旧或累计工作量是该固定资产在进入本企业前的值。

💡 **提示**

需要给"KJ05 张虹"增加"GL0077 现金流量"权限,才可由"张虹"完成新增固定资产的制单操作。

二、计提折旧

自动计提折旧是固定资产系统的主要功能之一。根据已经录入系统的有关固定资产资料每期计提折旧一次,并自动生成折旧分配表,然后制作记账凭证,将本期的折旧费用自动结转,并将当期的折旧额自动累加到累计折旧项目中。

影响折旧的因素主要有原值、减值准备、累计折旧、净残值(率)、折旧方法、使用年限及使用状况。

【**案例6-10**】 1月31日,对企业固定资产计提折旧。

【**操作步骤**】

(1) 在"畅捷通T3——标准版"窗口中,单击[固定资产]/[处理]/[计提本月折旧],或直接单击固定资产主界面的[计提本月折旧],系统提示"本操作将计提本月折旧,并花费一定时间,是否要继续?",如图6-25所示。

(2) 单击[是],系统提示"是否查看折旧清单?",如图6-26所示。

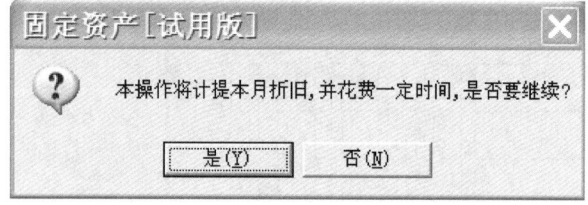
图6-25 用友T3"计提折旧"提示界面

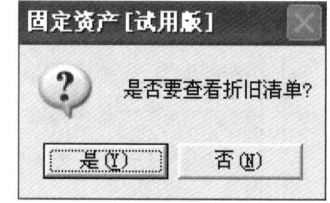
图6-26 用友T3"是否要查看折旧清单"提示界面

(3) 单击[是],打开"折旧清单"界面,如图6-27所示。

(4) 单击[退出],打开"折旧分配表",如图6-28所示。

(5) 单击[凭证],生成凭证,修改凭证类别字为"转",单击[保存],如图6-29所示。

(6) 单击[退出]/[退出]/[确定]。

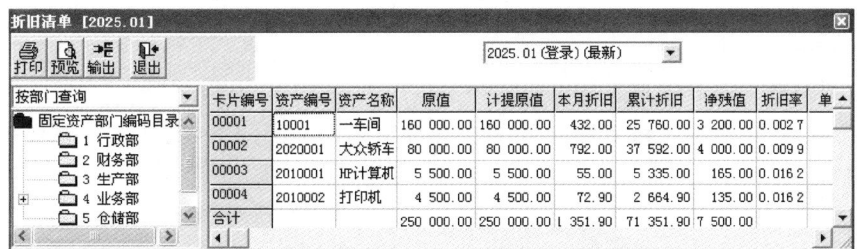

图 6-27 用友 T3"折旧清单"界面

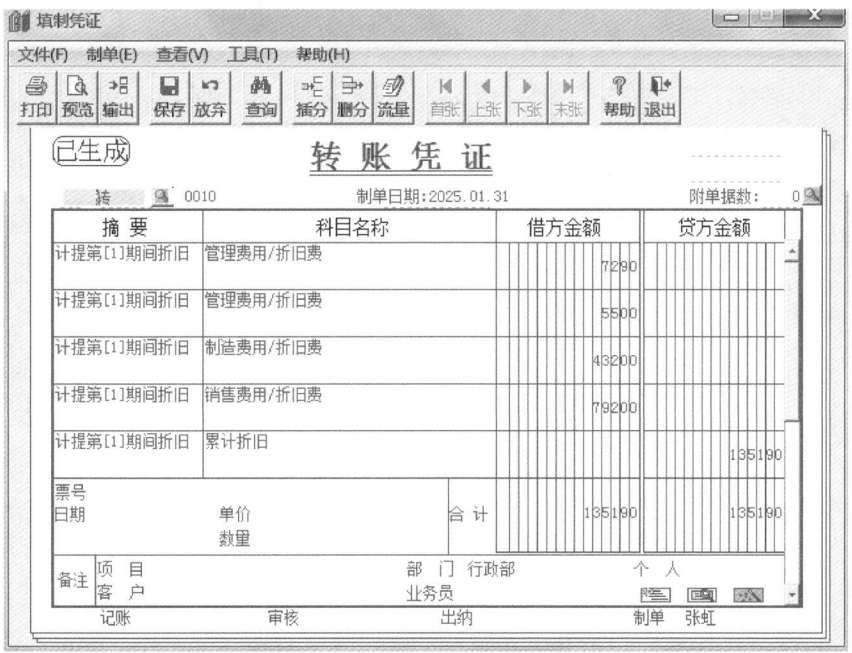

图 6-28 用友 T3"折旧分配表"界面

图 6-29 用友 T3"计提折旧的凭证"界面

> **操作注意事项**
> 1. 本月新增资产本月不提折旧。
> 2. 计提折旧后又对账套进行了影响折旧计算或分配的操作,必须重新计提折旧,否则系统不允许结账。
> 3. 如果自定义的折旧方法月折旧率或月折旧额出现负数,自动中止计提。
> 4. 计提折旧的凭证保存后,数据就传递到了总账系统中,如果想重新计提折旧必须先删除此凭证。凭证删除须在[固定资产]/[处理]/[凭证查询]中操作。

三、资产减少

固定资产减少是指固定资产在使用过程中,由于毁损、出售、盘亏等原因而退出企业经营活动。系统提供资产减少的批量操作,为同时清理一批资产提供方便。

(一) 资产减少的批量操作

【案例6-11】 1月31日,报废HP计算机,获得清理收入100元。

【操作步骤】

(1) 在"畅捷通T3——标准版"窗口中,单击[固定资产]/[卡片]/[资产减少],或直接单击固定资产主界面的[资产减少],打开"资产减少"界面,单击,选择"HP计算机",单击[确认]/[增加],双击"减少方式",单击,选择"205 报废",单击[确认],输入清理收入"100",如图6-30所示。

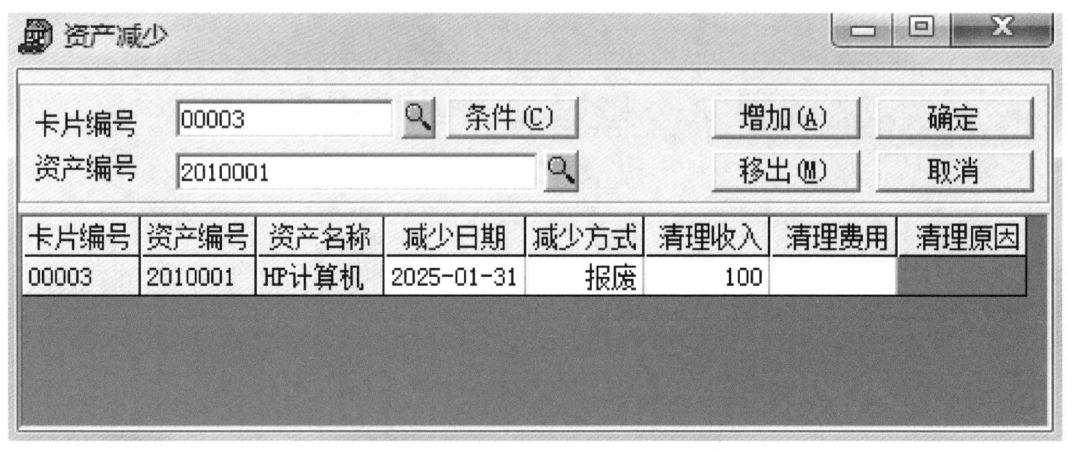

图6-30 用友T3"资产减少"界面

6-5 资产减少业务

(2) 单击[确定],生成资产减少的凭证,修改凭证类别字为"转",单击[保存]/[退出]/[确定]。

> **提示**
> 1. 资产减少操作需要在计提折旧后才能进行。

2. 此处只进行资产转入清理的操作,生成资产转入清理的凭证。结转清理收入或费用需要在总账系统中手工录入相关凭证。

(二) 撤销减少

【案例6-12】 1月31日,报废打印机(不保存凭证),并撤销减少。

【操作步骤】

(1) 在"畅捷通 T3——标准版"窗口中,单击[固定资产]/[卡片]/[资产减少],或直接单击固定资产主界面的[资产减少],打开"资产减少"界面,单击🔍,选择"打印机",单击[确认]/[增加],双击"减少方式",单击🔍,选择"205　报废",单击[确认]/[确定]/[退出]/[确定]/[是]/[确定]。

(2) 单击[固定资产]/[卡片]/[卡片管理],或直接单击固定资产主界面的[卡片管理],单击右上方下拉菜单,选择"已减少资产",单击"打印机"所在行,单击[固定资产]/[卡片]/[撤销减少],系统提示"确实要恢复[00004]号卡片的资产吗?",单击[是]。

💡 提示

1. 资产减少的撤销操作需要在删除资产减少的凭证后才能进行。
2. 凭证删除需在[固定资产]/[处理]/[凭证查询]中操作。参见本章第三节。

四、资产变动

资产在使用过程中,可能会调整卡片上的某些项目,这种变动要求留下原始凭证,制作的原始凭证称为"变动单"。资产的变动包括:原值变动、部门转移、使用状况变动、使用年限调整、折旧方法调整及净残值(率)调整等。

【案例6-13】 1月31日,修改打印机的原始入账价值,增加1 000元,变动原因为"修理改良",用中行存款支付。同时,使用年限也增加到6年。

【操作步骤】

(1) 在"畅捷通 T3——标准版"窗口中,单击[固定资产]/[卡片]/[变动单]/[原值增加],或直接单击固定资产主界面的[资产变动],单击[原值增加],打开"固定资产变动单——原值增加"界面,单击[卡片编号],选择"打印机",单击[确认],输入增加金额"1 000",变动原因"修理改良",如图6-31所示。

(2) 单击[保存],生成原值增加的凭证(暂不生成),单击[退出]/[确定],系统提示"还没有保存的凭证是否退出?",单击[是],系统提示"数据成功保存",单击[确定]。

(3) 在"固定资产变动单"界面单击[增加],在右上角选择"使用年限调整",打开"固定资产变动单——使用年限调整"界面,录入变动后使用年限"6",变动原因"修理改良",单击[保存],系统提示"数据成功保存",单击[确定],如图6-32所示。

(4) 单击[退出]。

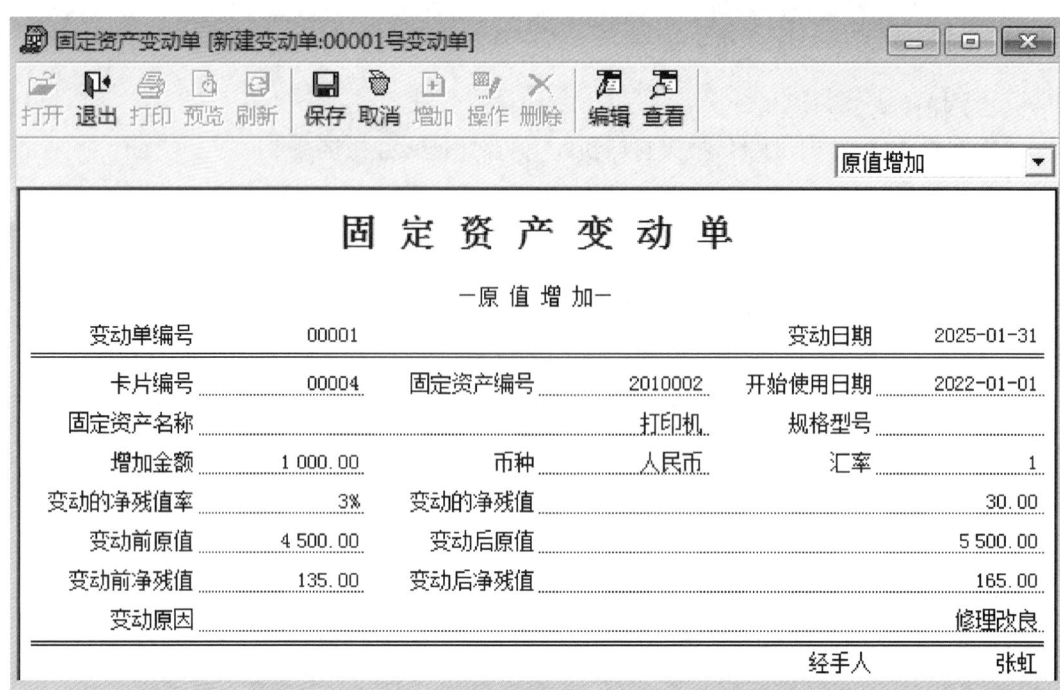

图 6-31 用友 T3"固定资产变动单——原值增加"界面

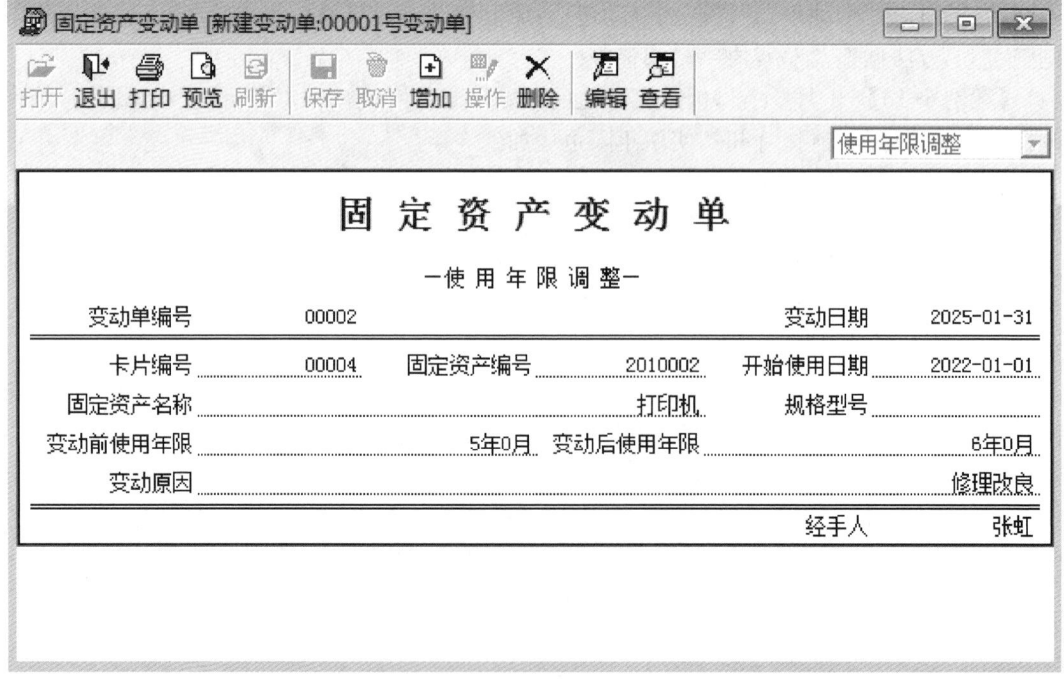

图 6-32 用友 T3"固定资产变动单——使用年限调整"界面

操作注意事项

1. 变动单保存后不能修改,只有在当月删除后重新填制。
2. 进行使用年限调整的资产在调整的当月就按调整后的使用年限计提折旧。
3. 进行折旧方法调整的资产在调整的当月就按调整后的折旧方法计提折旧。
4. 如果进行累计折旧调整则应保证调整后的累计折旧大于净残值。
5. 本月录入的卡片和本月增加的资产不能进行变动处理,因此,资产变动需在计提折旧后才能进行有关变动处理。

延伸阅读6-3

资 产 变 动

资产变动操作包括原值变动、部门转移、使用状况变动、使用年限调整、折旧方法调整、净残值(率)调整、工作总量调整、累计折旧调整、资产类别调整、计提固定资产减值准备、转回固定资产减值准备、变动单管理。其他项目的修改,如名称、编号、自定义项目等的变动等可直接在卡片上进行。

资产在使用过程中,除下列情况外,资产价值不得任意变动:

(1) 根据国家规定对固定资产重新估价。
(2) 增加补充设备或改良设备。
(3) 将固定资产的一部分拆除。
(4) 根据实际价值调整原来的暂估价值。
(5) 发现原记固定资产价值有误的。

第三节 固定资产系统凭证管理

固定资产系统生成的凭证在保存成功后会传递到总账系统,再由总账系统对凭证进行审核、出纳签字和记账。固定资产系统和总账系统通过凭证建立联系。

固定资产系统需要生成凭证的情况包括资产增加(录入新卡片)、资产减少、卡片修改(涉及原值或累计折旧时)、资产评估(涉及原值或累计折旧变化时)、原值变动、累计折旧调整及折旧分配。

一、固定资产系统凭证生成

固定资产的凭证生成可以采用以下两种方法:

(1) 立即制单。即在完成业务处理的同时立即生成凭证,需要在[设置]/[选项]中勾选"业务发生时立即制单"。则当需制单的业务发生时,系统自动调出不完整的凭证供修改后保存。

(2) 批量制单。即在业务发生的当时不制单,而在某一时间(如月末)同时将一批需要制单的业务连续制成凭证并传输到总账系统中。

【案例6-14】 在固定资产系统中使用"批量制单"功能编制华夏公司1月份固定资产的记账凭证。

【操作步骤】

（1）在"畅捷通T3——标准版"窗口中，单击[固定资产]/[处理]/[批量制单]，或直接单击固定资产主界面的[批量制单]，打开"批量制单"界面，在"制单"处对应位置双击，为需要制单的业务打上制单标记"Y"，或者单击[全选]，如图6-33所示。

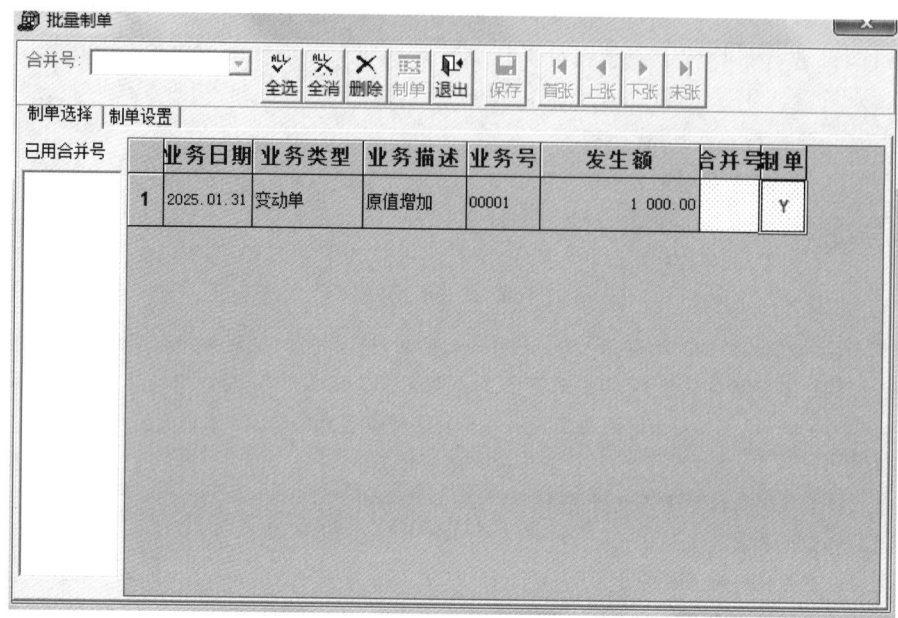

图6-33　用友T3"制单选择"界面

（2）单击"制单设置"选项卡，在第二行科目栏中选择原值增加的贷方科目"100202　中行存款"，如图6-34所示。

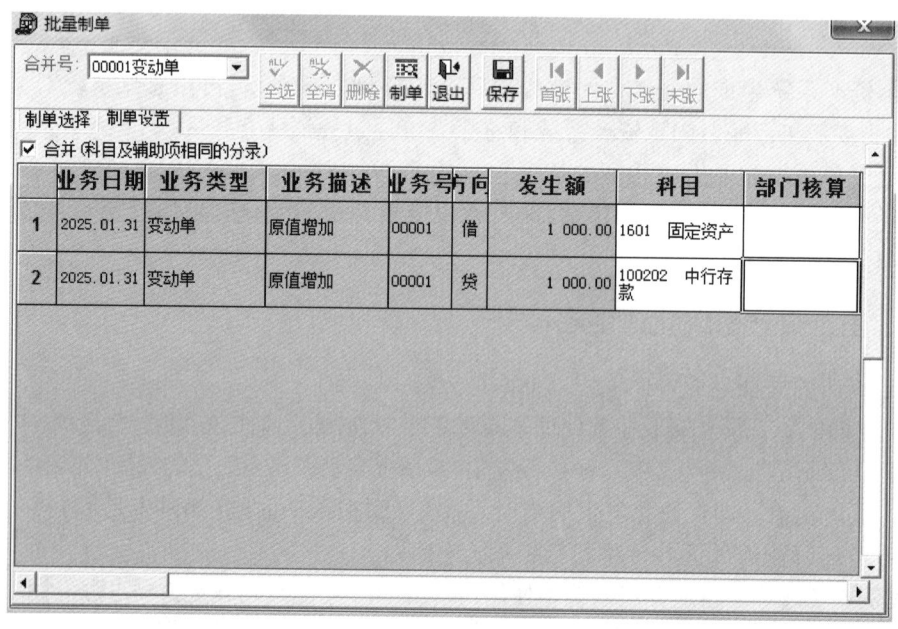

图6-34　用友T3"制单设置"界面

(3) 单击[制单]，录入摘要"原值增加"，选择凭证类别字"付"，设置现金流量项目"13 购建固定资产、无形资产和其他长期资产支付的现金"，单击[保存]，如图6-35所示。

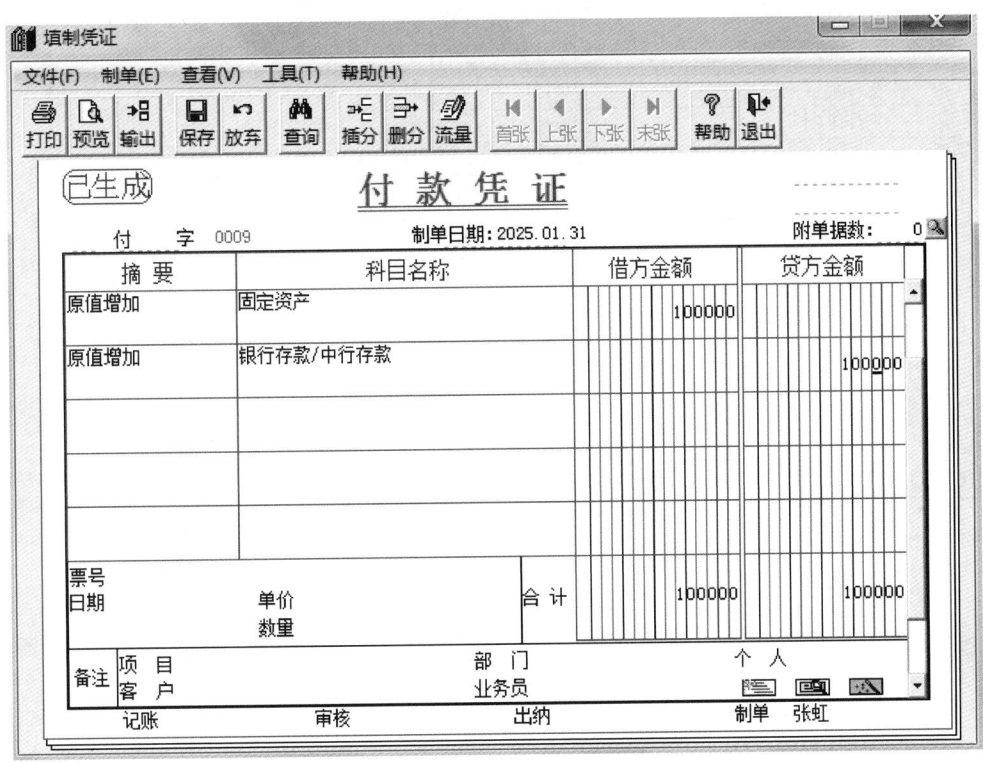

图 6-35 用友 T3"资产变动的凭证"界面

(4) 单击[退出]/[退出]。

二、凭证查询和修改

固定资产系统生成的记账凭证，可通过两种方法进行查看：一是在总账的凭证查询功能中查看；二是在固定资产系统的凭证查询功能中查看。

【案例6-15】 在固定资产系统中查询华夏公司1月份凭证，找到"付-9"凭证，修改会计科目"中行存款"为"库存现金"。

【操作步骤】

(1) 在"畅捷通T3——标准版"窗口中，单击[固定资产]/[处理]/[凭证查询]，打开凭证查询界面，设置期间"2025.01-2025.01"，如图6-36所示。

(2) 单击[查询]，选择凭证类别"付 付款凭证"，凭证号"9"，单击[确认]，打开"查询凭证"界面，单击[确定]，或直接单击[编辑]，打开"付-9凭证"，修改第二行会计科目"1001 库存现金"，设置现金流量项目"13 购建固定资产、无形资产和其他长期资产支付的现金"，单击[保存]，系统提示"凭证已成功保存"，单击[确定]，如图6-37所示。

(3) 单击[退出]/[退出]。

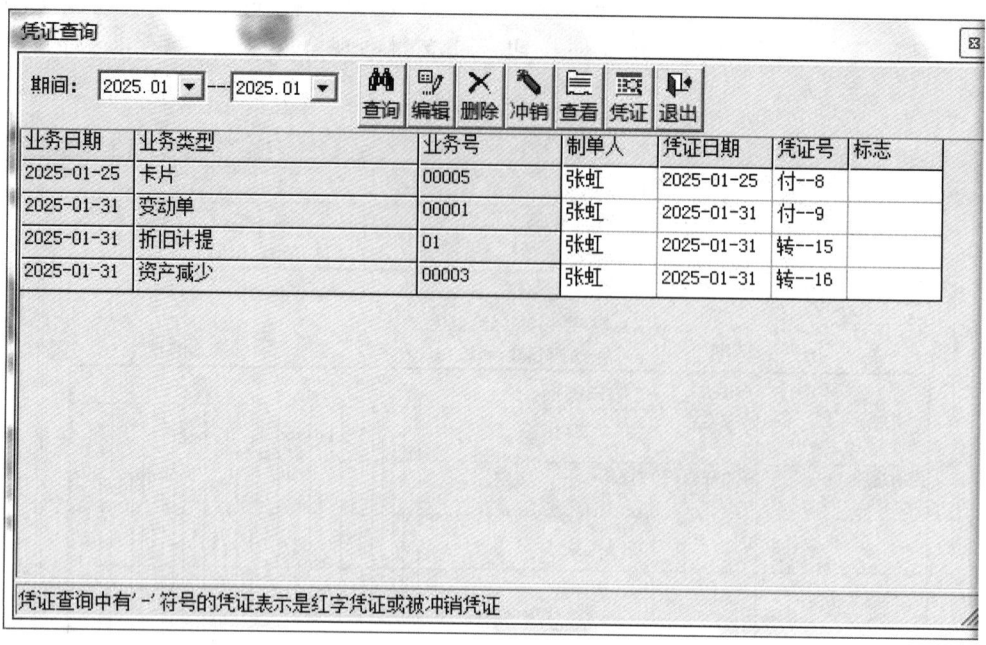

图 6-36 用友 T3"凭证查询"界面

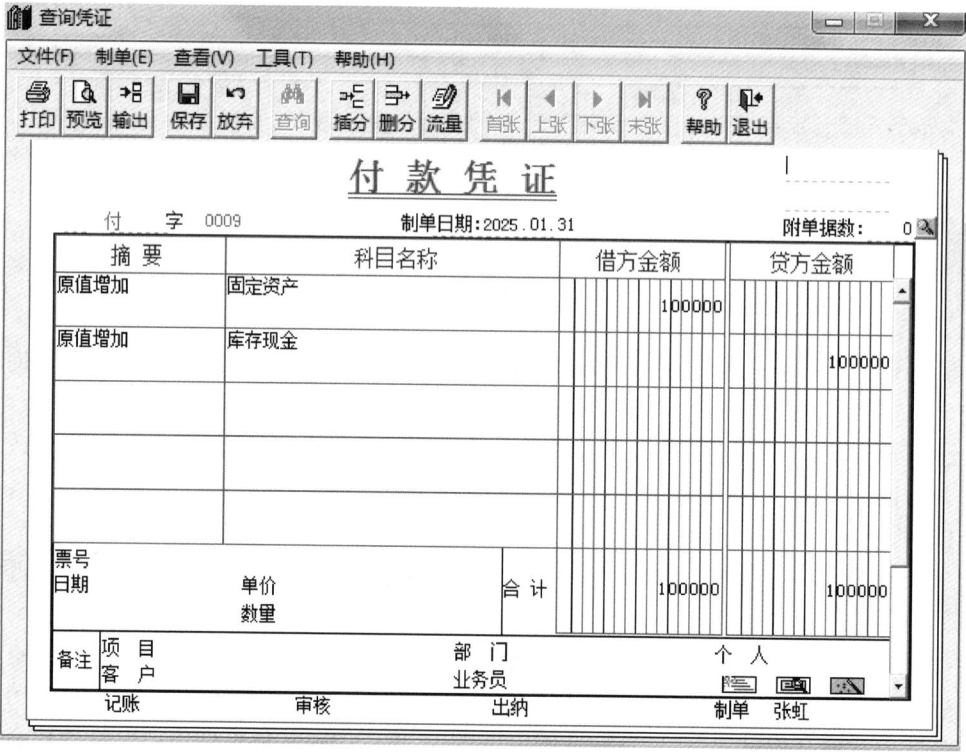

图 6-37 用友 T3"修改后的凭证"界面

> **提示**
>
> 1. 固定资产系统生成的凭证对于总账系统来说是外部凭证,不能在总账系统中进行凭证修改或删除,只能在固定资产系统中修改或删除。
> 2. 这里的凭证修改在凭证未做审核、未进行出纳签字时可实现无痕迹修改。但是,能修改的内容仅限于摘要、由用户增加的分录、系统缺省的分录的折旧科目。系统缺省的分录的金额是与原始单据相关的,因此不能修改。
> 3. 若凭证已经记账,则通过"冲销"功能制作红字冲销凭证,再编制正确凭证,实现有痕迹修改。

三、凭证删除

系统提供凭证删除功能,在凭证未进行出纳签字、未审核时,可以将凭证删除。

【案例6-16】 在固定资产系统中删除计提折旧的凭证,并重新计提折旧。

【操作步骤】

(1) 在"凭证查询"界面,如图6-36所示,选择所需要删除的凭证,单击[删除]按钮,可将凭证作废。

(2) 在总账系统中,执行"凭证整理"操作,可将凭证彻底删除。

本 章 小 结

本章主要学习了:固定资产系统初始化;固定资产系统日常业务处理;固定资产系统凭证管理。

本章重要概念

固定资产系统初始化　部门对应折旧科目　期初固定资产　增减方式对应入账科目　资产变动

本 章 练 习

1. 固定资产类别设置界面中,为何会自动带入固定资产、累计折旧科目?
2. 为何在初始化时要设置资产增减方式对应科目、部门对应折旧科目?
3. 资产原值增加应该使用哪个功能模块进行处理?新增资产呢?
4. 请简述固定资产系统生成的凭证如何删除。

第七章　期末处理与账表输出

> 内容简介
> 学习目的和要求
> 思政育人
> 第一节　期末处理概述
> 第二节　工资管理系统期末处理和账表管理
> 第三节　固定资产系统期末处理和账表管理
> 第四节　总账系统期末处理和账簿查询
> 本章小结
> 本章重要概念
> 本章练习

内容简介

本章主要讲解了期末各子系统的内容、操作方法、操作注意事项及操作技巧,包括各子系统月末结账流程;各子系统的账表管理。本章重点为各子系统的月末结账处理顺序,以及操作方法和注意事项,难点为总账系统的月末处理。

学习目的和要求

通过本章的学习,学生应理解各个子系统的期末处理原则和流程,理解总账系统期末自动转账凭证的原理;能够使用总账系统常用的账务处理函数生成自动转账凭证;应掌握各子系统期末处理的操作方法,掌握各子系统的结账顺序;熟悉各子系统的账表管理。

🎬 思政育人　　　坚守会计人员应具有的工匠精神

干一行、爱一行,专一行、精一行。在长期实践中,我们培育形成了执着专注、精益求精、一丝不苟、追求卓越的工匠精神。习近平总书记强调,各级党委和政府要高度重视技能人才工作,大力弘扬劳模精神、劳动精神、工匠精神,激励更多劳动者特别是青年一代走技能成才、技能报国之路,培养更多高技能人才和大国工匠,为全面建设社会主义现代化国家提供有力人才保障。

心心在一艺,其艺必工;心心在一职,其职必举。大力弘扬工匠精神,需要褒扬工匠情怀、厚植工匠文化,引领劳动者在本行业和本领域担大任、干大事、成大器、立大功。"择一事终一生"的执着专注,"干一行钻一行"的精益求精,"偏毫厘不敢安"的一丝不苟,"千万锤成一器"的卓越追求……无论从事什么劳动,都要以勤学长知识、以苦练精技术、以创新求突破,努力成为知识型、技能型、创新型劳动者。三百六十行,行行出状元。一切劳动者,只要肯学、肯干、肯钻研,练就一身真本领,掌握一手好技术,就能立足岗位成长成才,就能在劳动中发现广阔的天地,在劳动中体现价值、展现风采、感受快乐。立足岗位、奋发有为,把工匠精神倾注于一个个零件、一道道工序、一次次试验,必将推动工人阶级和广大劳动群众用实干成就梦想,在平凡中彰显不凡,汇聚砥砺奋进的强劲动能。

资料来源:白宇,全余莉.大力弘扬工匠精神,培养更多高技能人才和大国工匠——论中国共产党人的精神谱系之二十一[EB/OL].(2021-10-11)[2024-06-24].http://www.qstheory.cn/qshyjx/2021/10/11/c_1127945197.htm.有删节。

【思政寄语】会计人员应具备"干一行钻一行"的工匠精神,坚持专业知识的强化学习,不断完善自身的职业技能,紧跟时代步伐。

第一节 期末处理概述

7-1 引例:
期末处理

一、期末处理含义

每个会计周期结束后,需要对当期成本、费用等进行核算,并将当期的期末余额转入下期,作为下期的期初余额,这项工作称为期末处理。

用友 T3 中的期末处理分为月末处理和年末处理。

月末处理是在每个会计月度终了时,对本月的会计数据进行月末结算,并将月末余额结转到下月。

年末处理是在每个会计年度终了时,将本年的会计数据进行年度结算,并将年末余额结转到下年度。

二、期末各子系统操作流程

1. 采购管理和销售管理系统

采购管理系统要先于应付管理系统结账,采购管理系统没有结账,则应付管理系统不能结账。当月所有业务完成后,要检查所有的采购发票是否全部结算,这关系到暂估数据和应付款数据的准确性。销售管理系统要先于应收管理系统结账,销售管理系统没有结账则应收管理系统不能结账。当月所有业务完成后,要检查当月的所有发货单审核情况,销售发票

7-2 期末处理概述

7-3 期末处理概述PPT

是否都复核,这关系到当月成品库存及应收账款数据的准确性。

2. 库存管理系统

采购管理系统和销售管理系统结账后,库存管理系统才可以结账。完成了当月所有出入库单据的填制后,要检查是不是所有的出入库单都已审核。

3. 核算管理系统

核算管理系统结账应在采购管理系统和销售管理系统结账后,总账系统结账前。在结账时,系统会有一个报告表,提醒用户还有哪些工作没有完成,可根据提示完成结账。

4. 固定资产系统

固定资产系统结账前,总账系统不能结账。固定资产月末计提折旧,并生成凭证传递至总账;资产卡片如有变动,月末也须制单,并将凭证传递到总账。因此,固定资产系统结账应在总账系统前。结账时,如果选项中设置了"固定资产与总账对账不平的情况不允许固定资产结账",那么在总账凭证没有记账前,固定资产不能结账,会提示对账不平,可在总账凭证记账后再进行固定资产结账。

5. 工资管理系统

工资管理系统结账前,总账系统不能结账。月末进行工资分摊,并生成凭证传递至总账。因此,工资管理系统结账应在总账系统前,但与固定资产管理系统结账不分先后。

工资管理系统月结时间为1~11月,12月份为年结,需要先建立年度账套将数据结转至下年。

6. 总账系统

总账系统的结账最后进行。将当月所有的凭证进行审核、记账,打开UFO报表,追加表页进行关键字录入,查看数据,如没有错误,总账可以结账。

用友T3各子系统月末结账流程如图7-1所示。

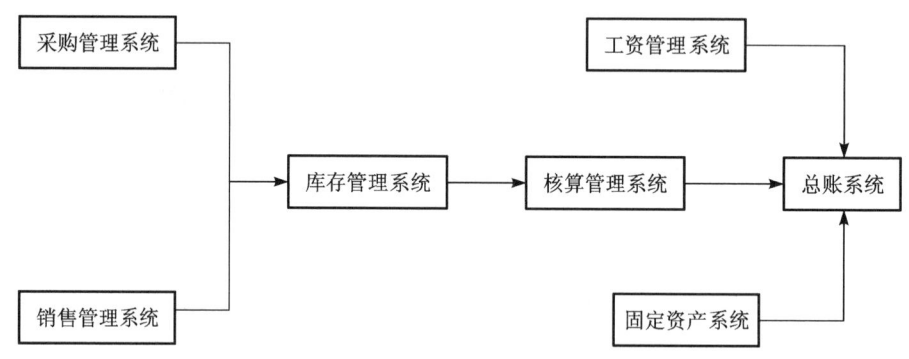

图7-1 用友T3各子系统月末结账流程

第二节 工资管理系统期末处理和账表管理

月末结转是将当月数据经过处理后结转至下月。每月工资数据处理完毕后均可进行月末结转。

在工资项目中,有的项目是变动的,如缺勤天数等。因此,在每月工资处理时,均需将其数据清为0,而后输入当月的数据。

一、月末处理

【案例7-1】 按照工资类别对工资系统进行月末处理。

【操作步骤】

(1) 登录总账系统,将工资系统生成的凭证进行审核、记账。

(2) 打开"临时人员"工资类别,单击[工资]/[业务处理]/[月末处理],打开界面,如图7-2所示。

(3) 单击[确认]/[是]/[是],打开"选择清零项目"界面,如图7-3所示。

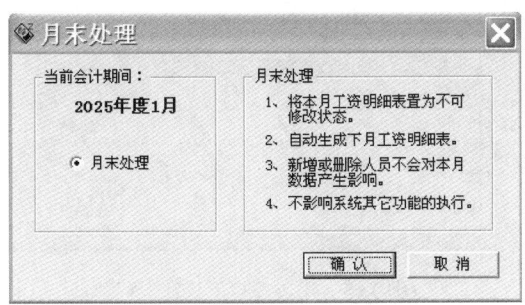

图7-2 用友T3工资系统"月末处理"界面

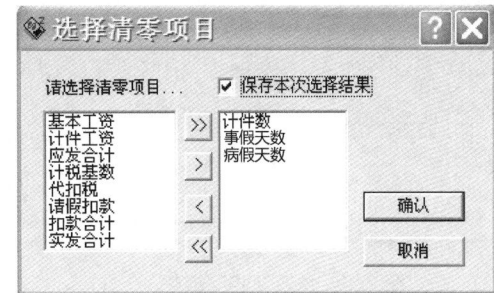

图7-3 用友T3"选择清零项目"界面

(4) 单击[确认],则系统提示月末处理完毕。

(5) 同理,对正式人员工资类别进行月末处理。

> **操作注意事项**
>
> 1. 工资凭证记账后,工资系统才可以进行月末处理。
> 2. 月末结转只有在会计年度的1~11月进行,12月进行年末结转。
> 3. 月末结转只有在当月工资数据处理完毕后才可进行。本月工资数据未汇总,系统将不允许进行月末结转,将给予警告提示。
> 4. 若需处理多个工资类别,则应打开各工资类别,分别进行月末结转。
> 5. 进行期末处理后,当月数据将不再允许变动。
> 6. 月末处理功能只有主管人员才能执行。

💡 **提示**

1. 工资系统生成的凭证应在总账系统进行出纳签字、审核、记账工作。

2. 若本月无工资数据,用户进行月末处理时,系统将提示"本月无工资数据,是否进行月末结转"。

3. 月末结账后,您选择的需清零的工资项目系统将予以保存,不用每月再重新选择。

二、反结账

【案例 7-2】 对工资系统进行反结账。

【操作步骤】

(1) 关闭所有工资类别。

(2) 删除 998 汇总工资类别。

(3) 将会计月份改为 2 月份,重新注册 T3 系统。单击[工资]/[业务处理]/[反结账],打开"反结账"界面,如图 7-4 所示。

(4) 选择需要反结账的工资类别,单击[确定],则系统弹出提示界面,如图 7-5 所示。单击[确定],系统提示反结账成功。

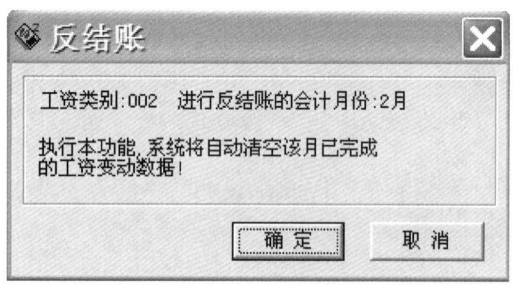

图 7-4 用友 T3"反结账"界面

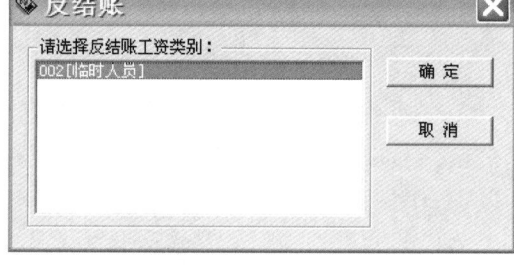

图 7-5 用友 T3"反结账"界面

操作注意事项

1. 反结账功能只能由账套(类别)主管执行。

2. 如果总账系统已结账或汇总工资类别的会计月份与反结账的会计月份相同,则不允许反结账。

3. 反结账需次月进行。

相关思考 7-1

为何要删除汇总工资类别 998?

汇总工资类别不能进行月末结转和年末结转,因此不能进行反结账操作。若反结账的工资类别已经汇总,则不能进行反结账。需取消汇总才能对该类别进行反结账。

三、账表管理

工资数据处理完成后,可通过账表功能查询相关数据。

【案例 7-3】 查询华夏公司临时人员工资发放签名表。

【操作步骤】

(1) 打开临时人员工资类别,单击[工资]/[统计分析]/[账表]/[工资表],如图 7-6 所示。

(2)选择"工资发放签名表",如图 7-7 所示。

(3)单击[查看],打开报表。

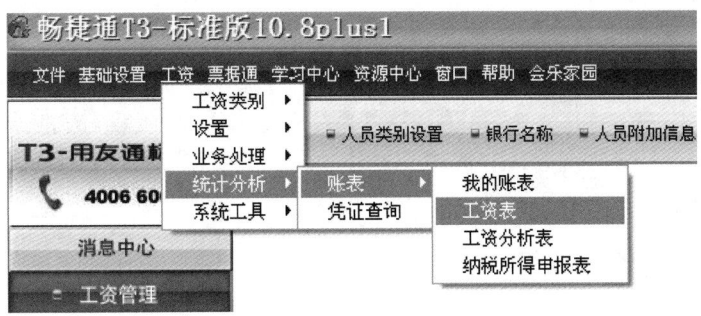

图 7-6 用友 T3"账表查询"界面

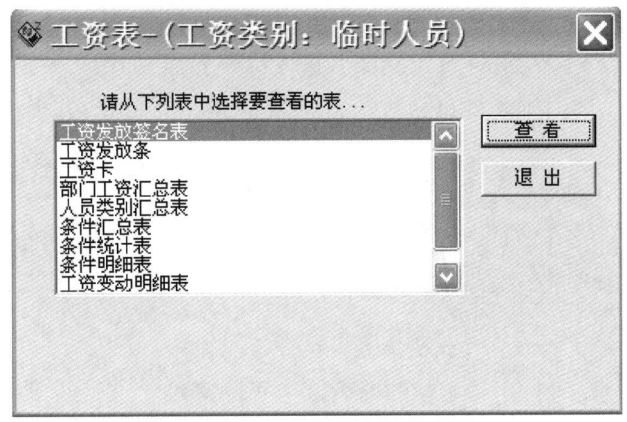

图 7-7 用友 T3"工资表"界面

 延伸阅读 7-1

年 末 处 理

年末处理是指将工资数据经过处理后结转至下年,即进行年末结转。年末结转后,新年度的账将自动建立。处理完所有工资类别的数据后,关闭所有的工资类别,在系统管理中,选择"年度账",进行上年数据结转。其他操作与月末处理类似。

第三节 固定资产系统期末处理和账表管理

一、月末对账

【案例 7-4】 将固定资产系统生成的凭证进行审核、记账,并与账务系统进行对账。

【操作步骤】

(1)将固定资产系统生成的凭证进行审核、记账。

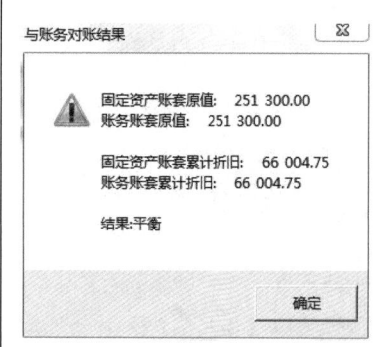

(2) 单击[固定资产]/[处理]/[对账]，则系统自动对账，并显示对账结果。如图 7-8 所示。

 提示

1. 在对账不平的情况下，系统将不允许结账。
2. 只有系统初始化或选项中选择了与账务对账，结账功能才可操作。

图 7-8 用友 T3"与账务对账结果"界面

二、月末结账

【**案例 7-5**】 本月业务全部完成后，将固定资产系统进行结账。

【**操作步骤**】

(1) 单击固定资产主界面的[月末结账]，进入结账界面，如图 7-9 所示。
(2) 单击[开始结账]，则系统自动对账，对账平衡后进行结账，并提示结账成功。

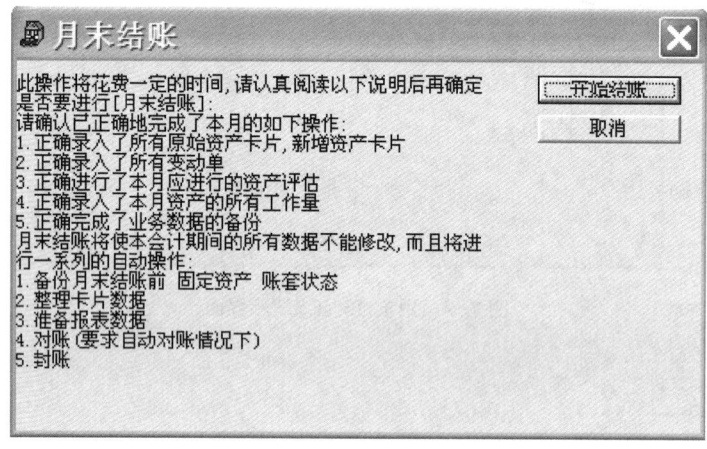

图 7-9 用友 T3 固定资产"月末结账"界面

 提示

1. 月末结账每月进行一次，结账后当期的数据不能修改。结账前要做好数据备份工作。
2. 月末结账后，发现已结账期间有数据错误必须修改，可通过"恢复结账前状态"功能返回修改。
3. 若不进行月末结账，系统不允许处理下一个会计期间的数据。

固定资产系统如何恢复结账前状态？

恢复月末结账前状态，又称反结账，是本系统提供的一个纠错功能。在结账后发现结账前的操作有误，可使用此功能恢复到结账前状态去修改错误。但是，不能跨年度恢复数据，即本系统年末结转后，不能利用

本功能恢复年末结转。

恢复到某个月月末结账前状态后,本账套内对结账做的所有工作都无痕迹删除。操作步骤:单击[固定资产]/[处理]/[恢复月末结账前状态],即可恢复。

三、账表管理

固定资产管理过程中,需要及时掌握资产的统计、汇总和其他各方面的信息。用友T3系统以账表的形式,自动汇总这些信息,提供给财务人员和资产管理人员。本系统提供的账表分为四类:账簿、折旧表、汇总表、分析表。另外,还可以根据需要自行定义账夹。

【案例 7-6】 查询华夏公司固定资产原值一览表。

【操作步骤】

(1) 单击[固定资产]/[账表]/[我的账表],打开报表界面,如图 7-10 所示。

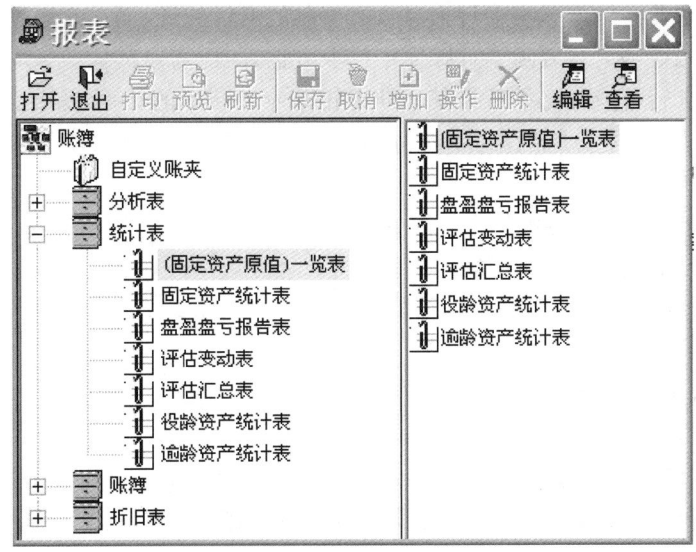

图 7-10 用友 T3 固定资产"报表"界面

(2) 双击"(固定资产原值)一览表",设置查询条件,打开报表,如图 7-11 所示。

部门名称	合计			房屋及建筑物			通用设备		
	原值	累计折旧	净值	原值	累计折旧	净值	原值	累计折旧	净值
行政部(1)	5 500.00	2 652.75	2 847.25				5 500.00	2 652.75	2 847.25
财务部(2)	5 800.00		5 800.00				5 800.00		5 800.00
生产部(3)	160 000.00	25 760.00	134 240.00	160 000.00	25 760.00	134 240.00			
业务部(4)	80 000.00	37 592.00	42 408.00				80 000.00	37 592.00	42 408.00
合计	251 300.00	66 004.75	185 295.25	160 000.00	25 760.00	134 240.00	91 300.00	40 244.75	51 055.25

图 7-11 用友 T3"(固定资产原值)一览表"界面

第四节 总账系统期末处理和账簿查询

一、月末结转

7-4 月末结转

每个月的月末,都需要把成本费用、汇兑损益和期间损益等数据进行结转。这些业务的摘要、科目相同,金额的来源或计算方法也相同,因此可以先通过"转账定义"功能设置模板,以后各月再通过"转账生成"功能,让系统自动结转并生成记账凭证,称为自动转账。

期末转账业务通常具有以下的特点:

(1) 转账业务大多发生在各会计期的期末。

(2) 期末转账业务大多只有会计人员自己编制的会计凭证,而没有原始凭证。

(3) 期末转账业务大多要从会计账簿中提取数据,因此需要其他业务均已入账。

(4) 有些期末转账业务必须依据其他期末转账业务产生的数据,需要分批结转。例如,计提结转所得税费用,需要用到本年利润的数据,因此要先将收入、费用类结转到"本年利润"并入账。

一般来讲,企业的期末转账业务种类主要包括:

(1) "费用分配"的结转,如工资分配等。

(2) "费用分摊"的结转,如制造费用等。

(3) "税金计算"的结转,如所得税等。

(4) "提取各项费用"的结转,如提取福利费等。

(5) 期末收入类、费用类科目结转,如本年利润等。

用友 T3 系统提供 6 种自动结转功能,分别是自定义转账、对应结转、销售成本结转、汇兑损益结转和期间损益结转,用户可以根据需要进行转账定义和转账生成。

(一) 转账定义

1. 自定义转账

1) 适用范围

"费用分配"的结转,如工资费用的分配等。

"费用分摊"的结转,如制造费用的分摊等。

"税金计算"的结转,如:本月应交增值税的计算等。

"提取各项费用"的结转,如:应付福利费的计提等。

2) 常用取数函数公式

(1) 账务取数函数:

QM( )函数表示取某科目的期末余额。

QC( )函数表示取某科目的期初本币余额。

JE( )函数表示取某科目的净发生额,指借贷相抵后的差额。

FS( )函数表示取某科目结转月份的发生额。

LFS( )函数表示取某科目截止到结转月份的本年累计本币发生额。

上述函数在前面加 W 表示取外币金额,加 S 表示取数量。例如,WQM 表示取某科目的外币期末余额；SQM 表示取某科目的数量期末余额。

（2）结果函数公式：

如果输入 JG（科目）函数，则表示取对方科目发生数的合计。

如果输入 JG（zzz）函数、JG（ZZZ）函数或 JG（ ）函数，则表示取对方所有科目发生数合计。

【案例 7-7】 定义计提短期借款利息的结转，年利率为 6.5%。

【操作步骤】

（1）进入总账系统，单击[期末]/[转账定义]/[自定义转账]，打开设置界面。

（2）输入转账序号"1"，转账说明"计提短期借款利息"，凭证类别为"转"，如图 7-12 所示，单击[确定]。

（3）定义结转分录，第一行科目编码录入"660301"，也可以使用参照输入，方向为"借"，如图 7-13 所示。

图 7-12　用友 T3"转账目录"界面

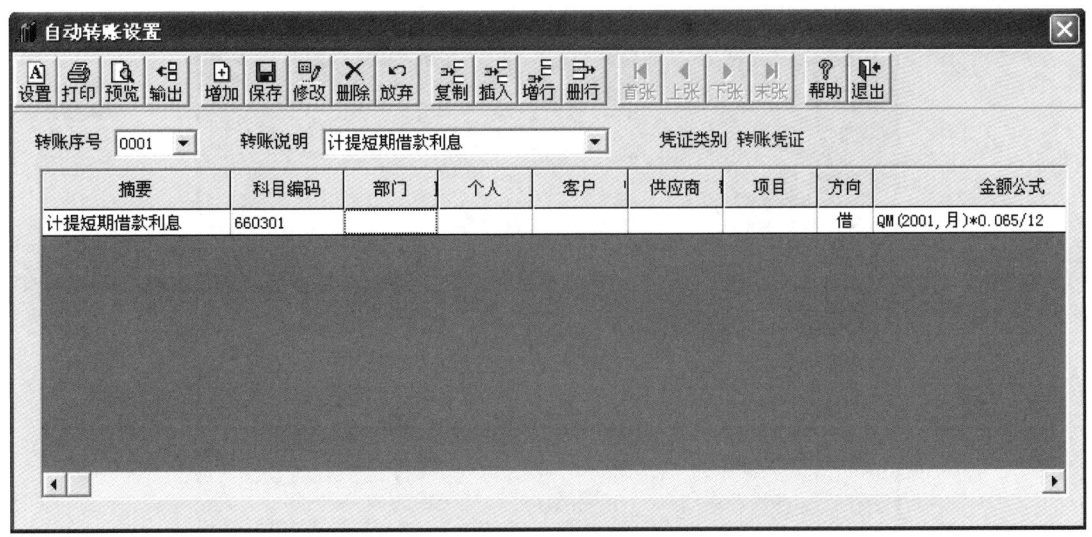

图 7-13　用友 T3"自定义转账设置"界面

（4）设置如图 7-13 所示的金额公式，初学时可以使用"公式向导"参照录入。双击"金额公式"栏，单击放大镜图标，打开公式向导界面，如图 7-14 所示，选择 QM（ ）函数，单击[下一步]。

（5）设置科目编码为"2001"，单击"继续输入公式"，选择运算符"＊"，如图 7-15 所示。

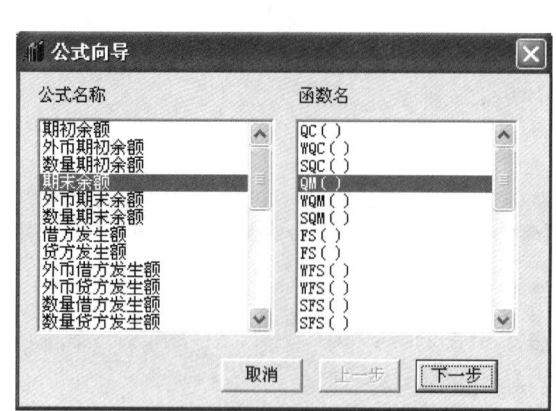
图7-14 用友T3"公式向导"界面

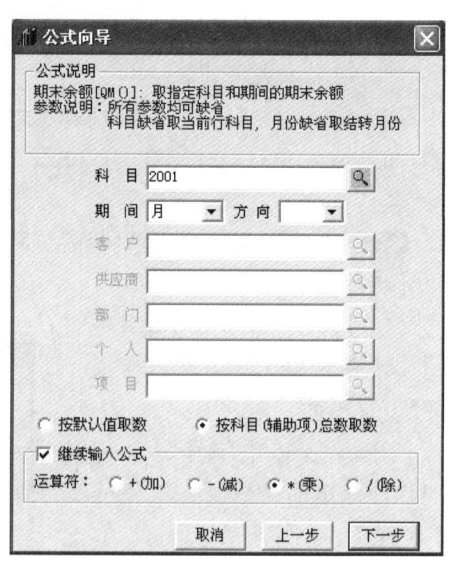
图7-15 用友T3"公式向导"界面

（6）单击[下一步]，选择"常数"，如图7-16所示。

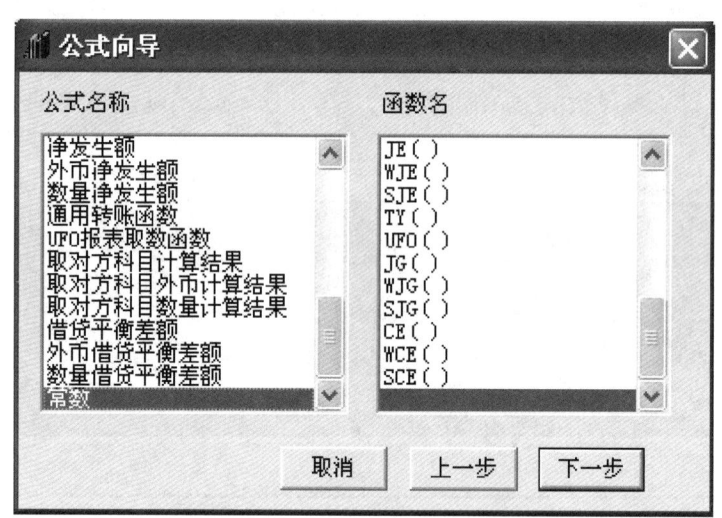
图7-16 用友T3"公式向导"界面

（7）再单击[下一步]，输入"0.065"，单击"继续输入公式"，选择运算符"/"，单击[下一步]，选择"常数"，单击[下一步]，输入"12"，单击[完成]。

（8）单击[增行]，在第二行输入科目编码"2231"，方向"贷"，使用"公式向导"设置金额公式为"JG( )"，如图7-17所示。

 提示

1. 自定义转账中的定义即定义凭证内容，如摘要、科目等，有辅助核算的还需定义辅助核算。

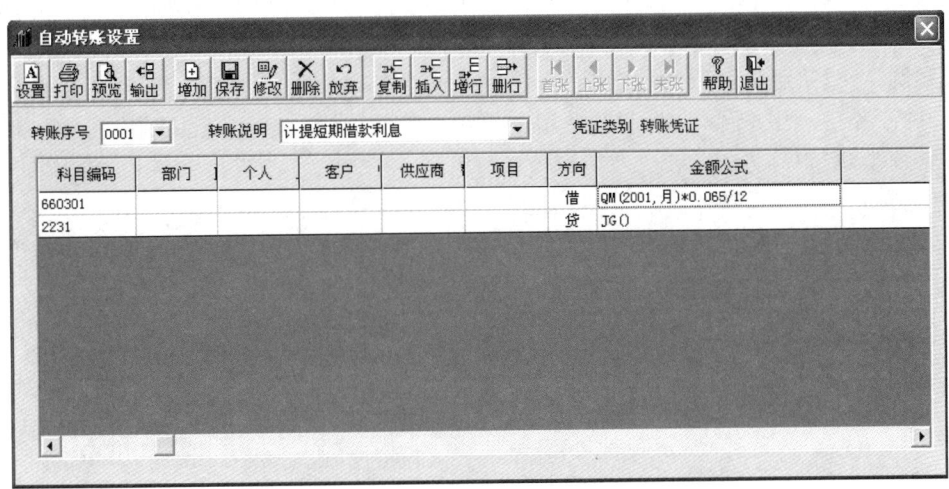

图 7-17 用友 T3"自动转账设置"界面

2. 金额公式也可以双击直接录入，直接录入时，标点及运算符应在英文半角状态。
3. 最后一条分录的金额可根据"有借必有贷，借贷必相等"原则，使用函数 JG( ) 录入。

 延伸阅读 7-2

用友 T3 自定义转账的常用函数如表 7-1 所示。

表 7-1　　　　　　　　　用友 T3 自定义转账的常用函数

函数名	公式名称	说明
QM( )/WQM( )/SQM( )	期末余额/外币期末余额/数量期末余额	取某科目的期末余额/外币期末余额/数量期末余额
QC( )/WQC( )/SQC( )	期初余额/外币期初余额/数量期初余额	取某科目的期初余额/外币期初余额/数量期初余额
JE( )/WJE( )/SJE( )	净发生额/外币净发生额/数量净发生额	取某科目的净发生额/外币净发生额/数量净发生额
FS( )/WFS( )/SFS( )	发生额/外币发生额/数量发生额	取某科目的发生额/外币发生额/数量发生额
LFS( )/WLFS( )/SLFS( )	累计发生额/外币累计发生额/数量累计发生额	取某科目截止到结转月份的累计发生额/外币累计发生额/数量累计发生额
JG( )	取对方科目计算结果	取对方某科目或所有对方科目的数据之和
CE( )	借贷平衡差额	取凭证的借贷方金额之差
TY( )	通用转账函数	取 SQL 数据库中的数据
常数		取某个常量或表达式

2. 对应结转

对应结转适用于两个科目一对一结转或一对多结转。对应结转的科目可以是上级科目,但其下级科目的科目结构必须一致(相同明细科目),如有辅助账,则两个科目的辅助账也必须一一对应。

【案例7-8】 定义制造费用的结转,将制造费用结转到生产成本。本案例华夏公司只生产一种产品——甲产品,故将制造费用全额转入"生产成本——甲产品"科目。

【操作步骤】

(1) 单击[期末]/[转账定义]/[对应结转],打开设置界面。

(2) 输入编号"0001",设置凭证类别为"转 转账凭证",摘要为"结转制造费用",转出科目编码录入"510101",如图7-18所示。

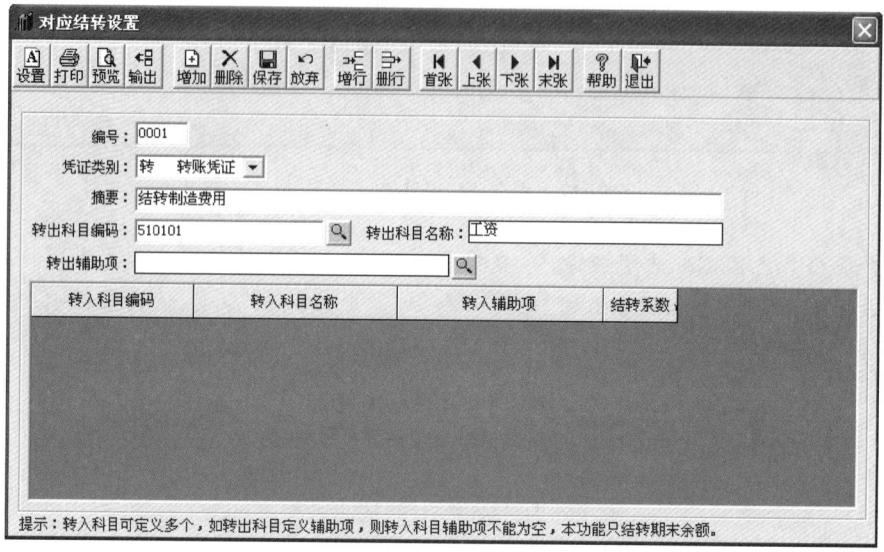

图7-18 用友T3"对应结转设置"界面

(3) 单击[增行],录入转出科目编码"500101",结转系数"1.00",单击[保存],如图7-19所示。

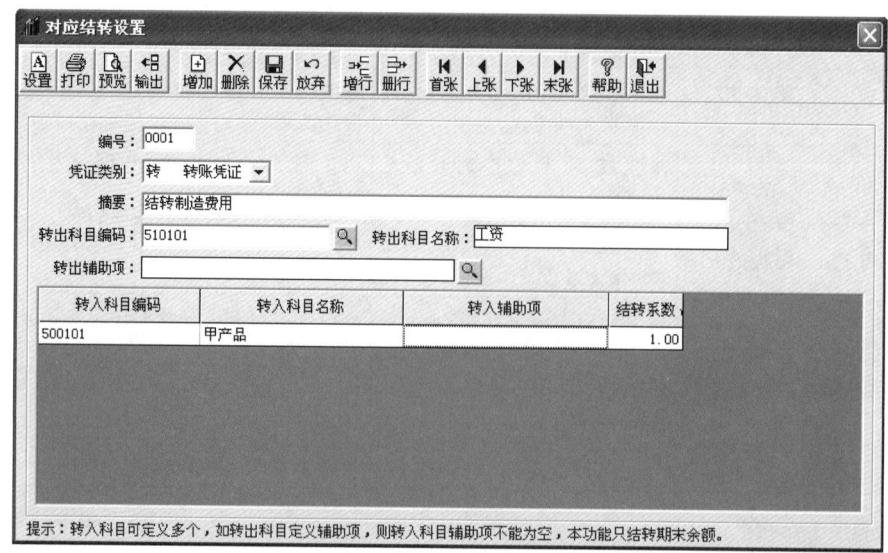

图7-19 用友T3"对应结转设置"界面

(4) 单击[增加],输入编号"0002",定义第二项对应结转,将"制造费用——折旧费"科目结转至"生产成本——甲产品"科目,方法同上。

> **操作注意事项**
> 1. 对应结转功能只结转期末余额,如果需要结转发生额应使用自定义转账设置。
> 2. 转入科目可以定义多个。
> 3. 如果转入科目为多个,则结转系数的和应为"1"。

3. 销售成本结转

销售成本结转是按全月平均法进行成本结转,是将月末商品(或产成品)销售数量乘以库存商品(或产成品)的平均单价计算各类商品销售成本并进行结转。结转原理为:

销售数量="主营业务收入"科目下某商品的贷方数量
平均单价="库存商品"科目下某商品的月末金额÷月末数量
结转金额=销售数量×平均单价

【案例 7-9】 定义销售成本的结转。

【操作步骤】

(1) 单击[期末]/[转账定义]/[销售成本结转],打开设置界面。

(2) 设置凭证类别为"转 转账凭证",在对应位置分别设置"库存商品""主营业务收入""主营业务成本"三个科目,如图 7-20 所示。单击[确定]。

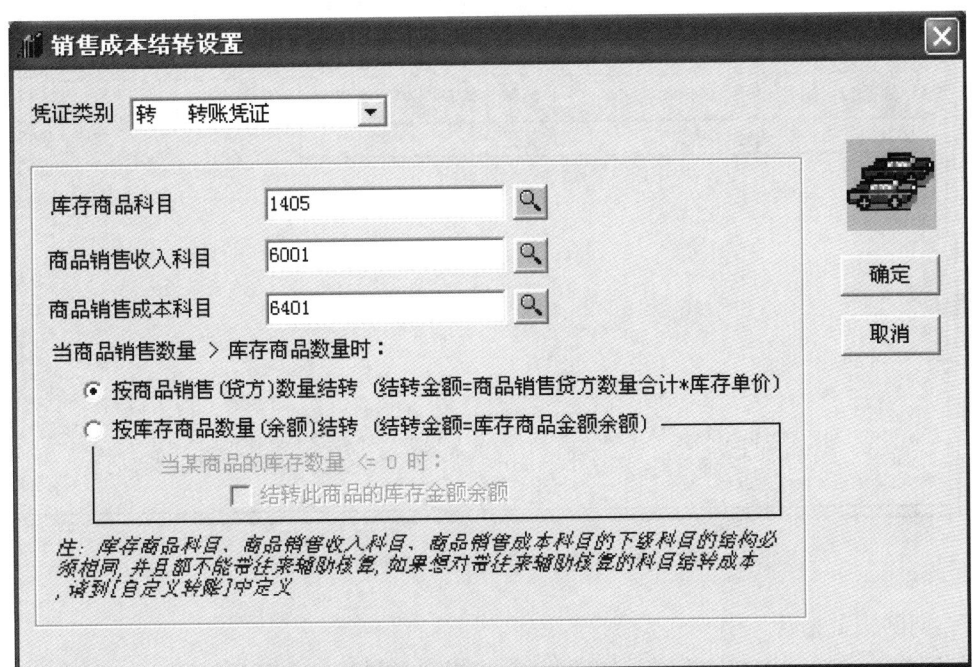

图 7-20 用友 T3"销售成本结转设置"界面

> **操作注意事项**
>
> 销售成本的结转涉及库存商品、主营业务收入、主营业务成本三个科目。此功能要求这三个科目的下级必须一一对应,要具有相同结构的明细科目;且要求科目下的所有明细科目必须都有数量核算;且有辅助核算的辅助项设置也必须一一对应。

4. 汇兑损益结转

汇兑损益结转用于期末自动计算外币账户的汇兑损益。

汇兑损益功能只处理以下外币账户:外汇存款;外币现金;外币结算的各项债权、债务,不包括所有者权益类账户、成本类账户和损益类账户。

【案例7-10】 定义汇兑损益的结转。

【操作步骤】

(1) 单击[期末]/[转账定义]/[汇兑损益结转],打开设置界面;

(2) 设置汇兑损益入账科目为"660303";在"建行存款"的"是否计算汇兑损益"处双击,打上"Y"标记,如图7-21所示,单击[确定]。

7-5 月末汇兑损益结转

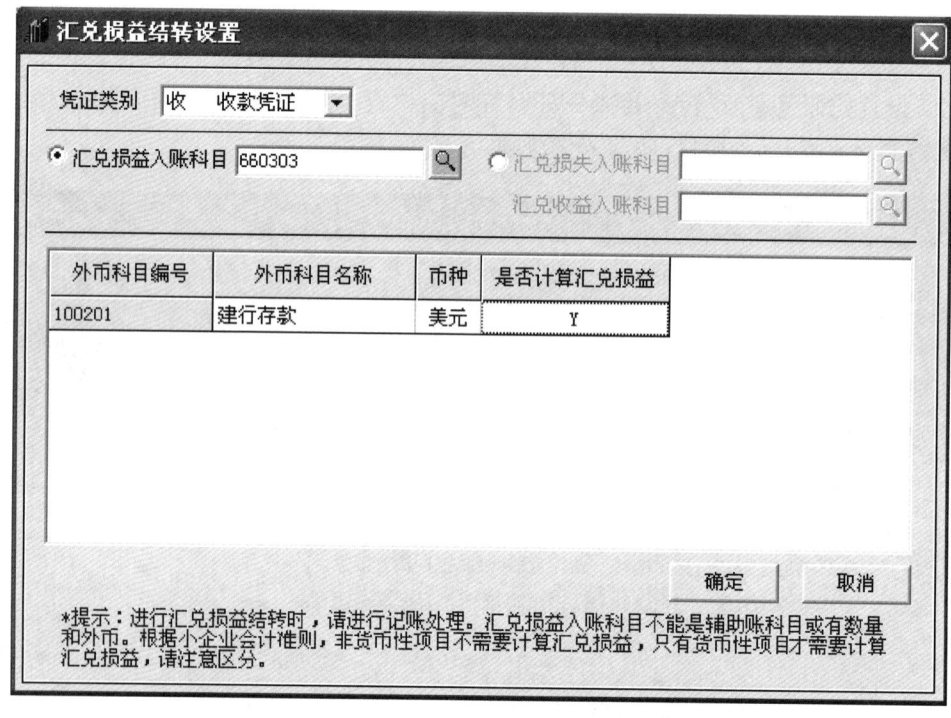

图 7-21 用友 T3"汇兑损益结转设置"界面

5. 期间损益结转

期间损益结转用于在一个会计期间终了,将损益类科目的余额结转到本年利润科目中,从而及时反映企业利润的盈亏情况。它主要是对管理费用、销售费用、财务费用、营业收入、营业成本、营业外收入和营业外支出等科目的结转。

7-6 期间损益结转

【案例 7-11】 定义期间损益结转。

【操作步骤】

(1) 单击[期末]/[转账定义]/[期间损益],打开设置界面。

(2) 设置凭证类别为"转　转账凭证",在"本年利润科目"处录入科目编码"4103",单击[确定],如图 7-22 所示。

(3) 单击[确定]。

图 7-22　用友 T3"期间损益结转设置"界面

操作注意事项

1. 损益类科目结转表的每一行中的损益类科目的期末余额将转到该行的"本年利润"科目中去。

2. 若损益类科目结转表的每一行中的损益类科目与本年利润科目都有辅助核算,则辅助账类必须相同。

3. 损益类科目结转表中的"本年利润"科目必须为末级科目。

(二) 转账生成

在完成转账规则定义后,每月月末只需要执行"转账生成"功能,则可自动生成期末结转的凭证。

【案例 7-12】 生成计提 1 月份短期借款利息的凭证。

【操作步骤】

(1) 单击[期末]/[转账生成]/[自定义转账],打开转账生成界面,在"是否结转"处双击,打上结转标记"Y",如图 7-23 所示。

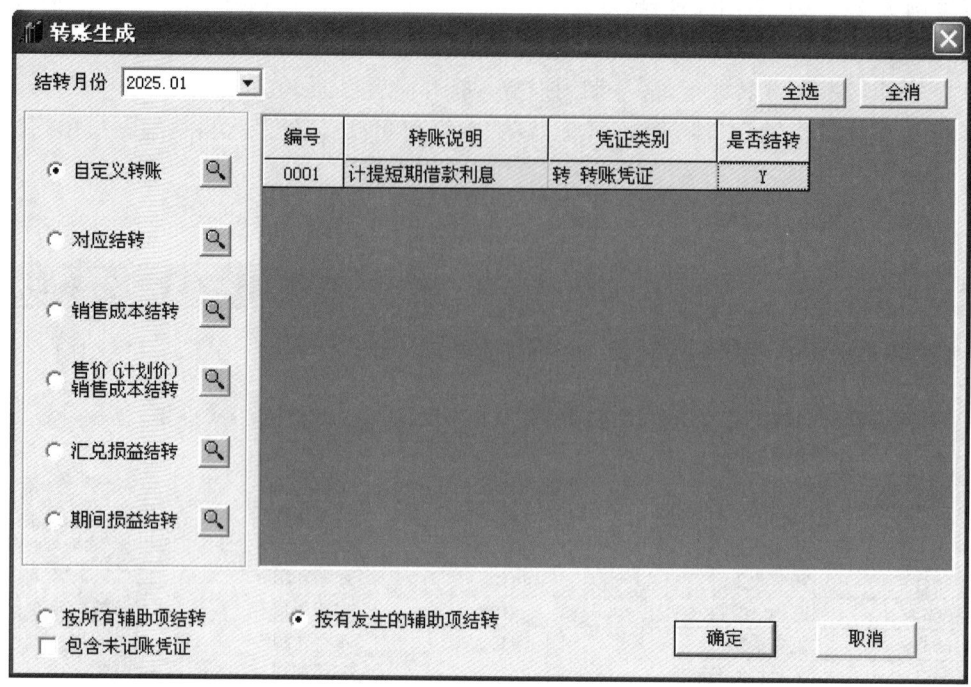

图 7-23 用友 T3 自定义"转账生成"界面

(2) 单击[确定],即生成凭证。单击[保存],则凭证被打上"已生成"标记,如图 7-24 所示。

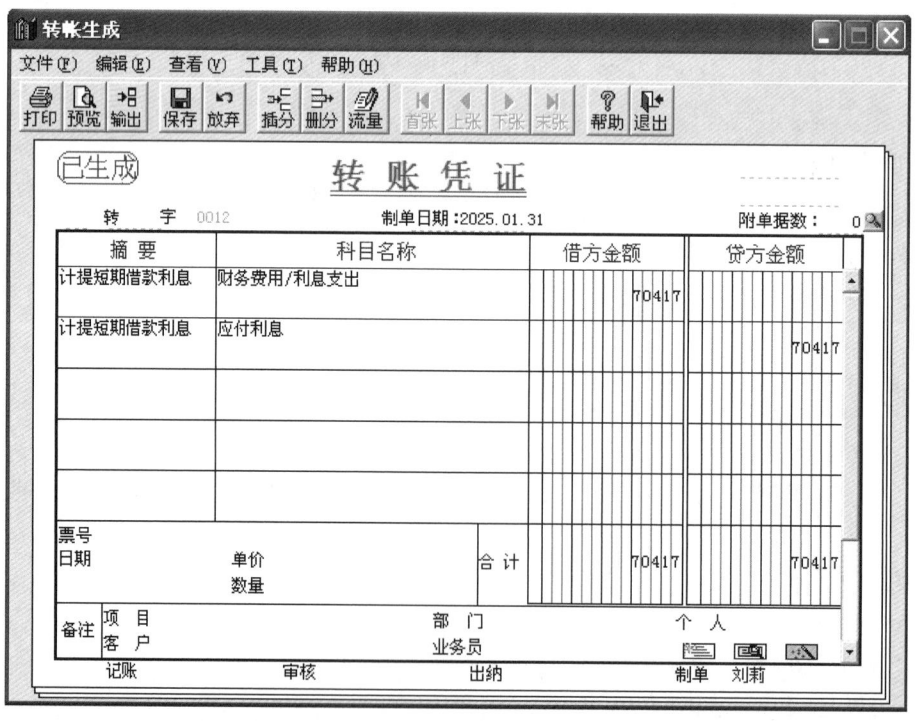

图 7-24 用友 T3"转账生成的凭证"界面

提示

1. 单击[全选],可选中全部设定好的自定义转账。
2. 如需结转辅助项,可根据需要选中对应的功能。
3. 结转时应确认相关业务均已入账,否则转账结果不正确。如果结转未记账凭证,则在"包含未记账凭证"处打勾。

【**案例 7-13**】 生成制造费用转入生产成本的凭证。

【*操作步骤*】

选中"对应结转",单击[全选],单击[确定],如图 7-25 所示,生成凭证并保存。

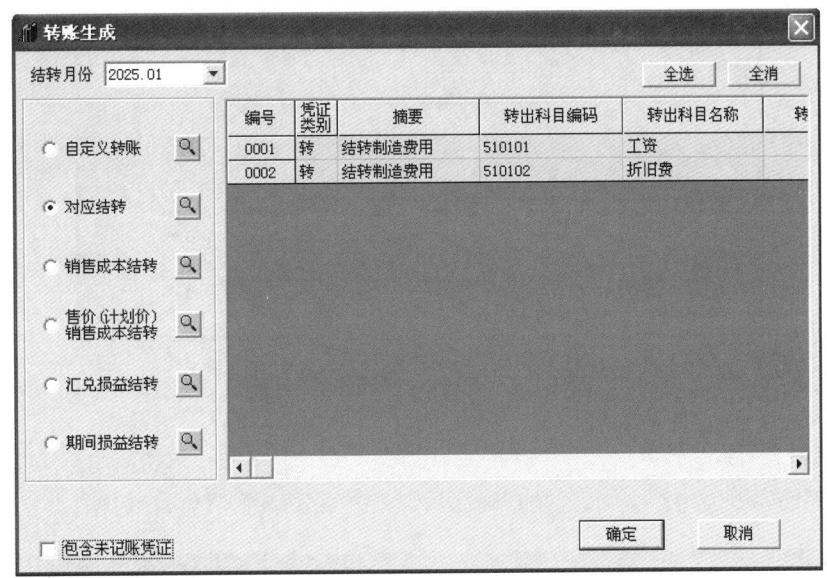

图 7-25 用友 T3 对应结转"转账生成"界面

【**案例 7-14**】 生成结转 1 月已销商品成本的凭证。

【*操作步骤*】 方法同上。

操作注意事项

1. 销售成本的结转额来源于记账凭证,因此要求在编制记账凭证时,将相关业务的数量信息、单价信息正确、完整地录入,否则结转额不正确。
2. 平均单价的计算来源于库存商品的月末余额和月末数量,因此要保证期初进行初始化设置时,正确录入了库存商品的相关数据,否则平均单价的计算结果不正确,进而影响结转额。

【**案例 7-15**】 生成结转 1 月汇兑损益的凭证。1 月月末的汇率为 5.9。

【*操作步骤*】

(1) 单击[基础设置]/[财务]/[外币种类],打开"外币设置"界面,在"2025.01"月份的

调整汇率处录入"5.9",单击[确认],如图7-26所示。

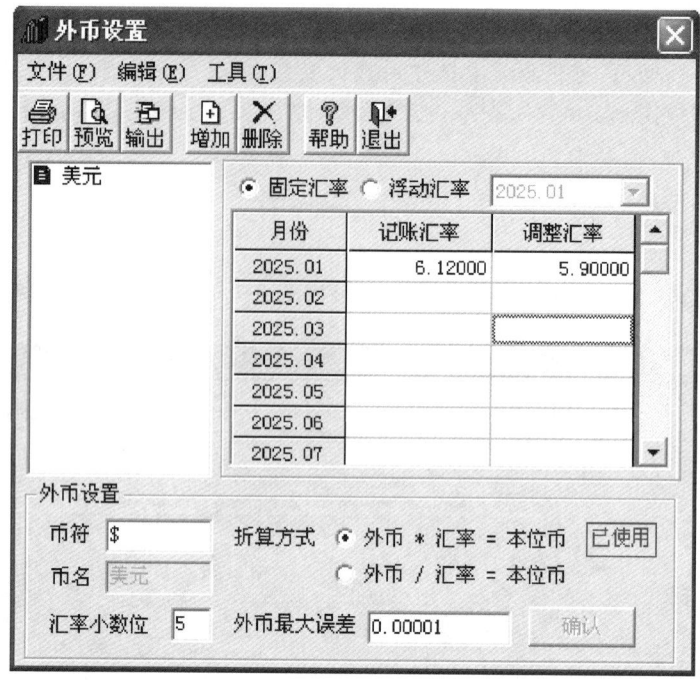

图7-26 用友T3"外币设置"界面

(2)单击[期末]/[转账生成],选择"汇兑损益",单击[全选],单击[确定],打开"汇兑损益试算表"界面,如图7-27所示。检查确认后,单击[确定],生成凭证并保存。

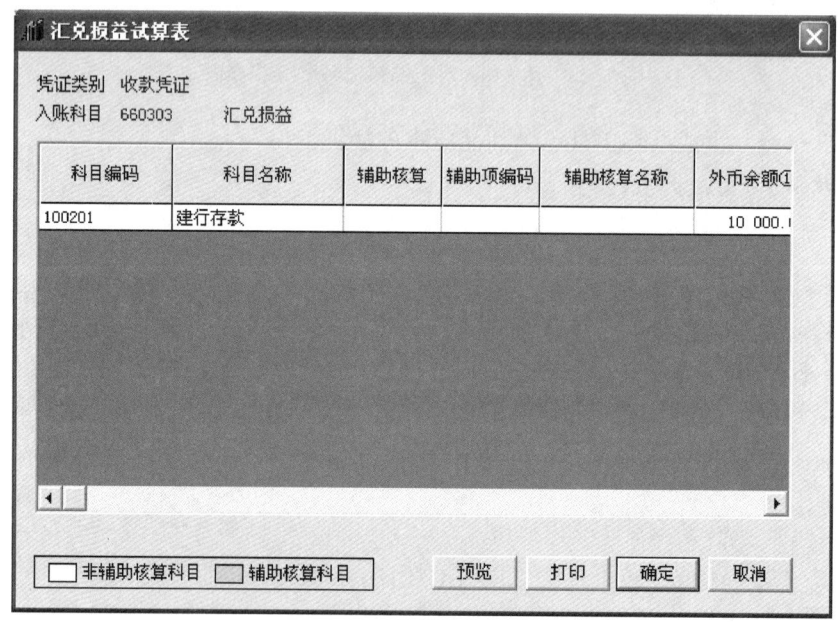

图7-27 用友T3"汇兑损益试算表"界面

【案例 7-16】 生成结转期间损益的凭证。
【操作步骤】 方法同上。
【案例 7-17】 定义并生成计提并结转所得税的凭证。
【操作步骤】

（1）单击［期末］/［转账定义］/［自定义转账］，使用自定义转账功能，根据图 7-28 进行计提所得税的设置。

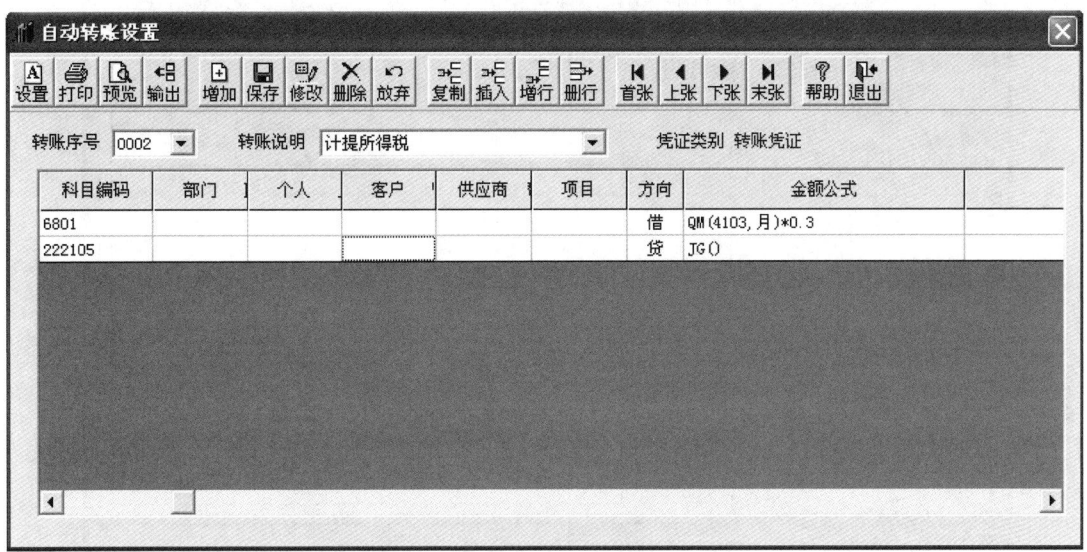

图 7-28 用友 T3"自动转账设置"界面

（2）使用"转账生成"功能，生成计提所得税的凭证并保存。
（3）使用"期间损益"功能，生成结转所得税费用的凭证，并保存。

> 操作注意事项
>
> 1. 计提所得税的凭证生成后，需审核、记账后，才能结转所得税费用。如果未记账，则在生成凭证时需要将"包含未记账凭证"项目打勾。
> 2. 在"转账生成"界面，单击各自动转账右侧的放大镜图标，可以直接打开对应的"转账定义"界面，对相应自动转账进行设置。
> 3. 单击总账系统主界面的"自动转账"图标，可以直接打开"转账生成"界面。

二、对账和结账

对账是对账簿数据进行核对，以检查记账是否正确，账簿是否平衡。它主要是通过核对总账与明细账、总账与辅助账数据来完成账账核对。一般说来，实行计算机记账后，只要记账凭证录入正确，计算机自动记账后各种账簿都应是正确、平衡的，但由于非法操作或计算机病毒等其他原因，有时可能会导致某些数据被破坏，导致账账不符。为了保证账证相符、账账相符，用户应经常使用本功能进行对账，至少一个月一次，一般在月末结账前进行。

【案例7-18】 将2025年1月份的业务进行对账。

【操作步骤】

(1) 单击[总账]/[期末]/[对账]，打开对账界面。

(2) 在"是否对账"处双击，打上对账标记"Y"，如图7-29所示。

(3) 单击[对账]，则系统自动进行对账，对账完成后显示"对账日期"和"对账结果"。

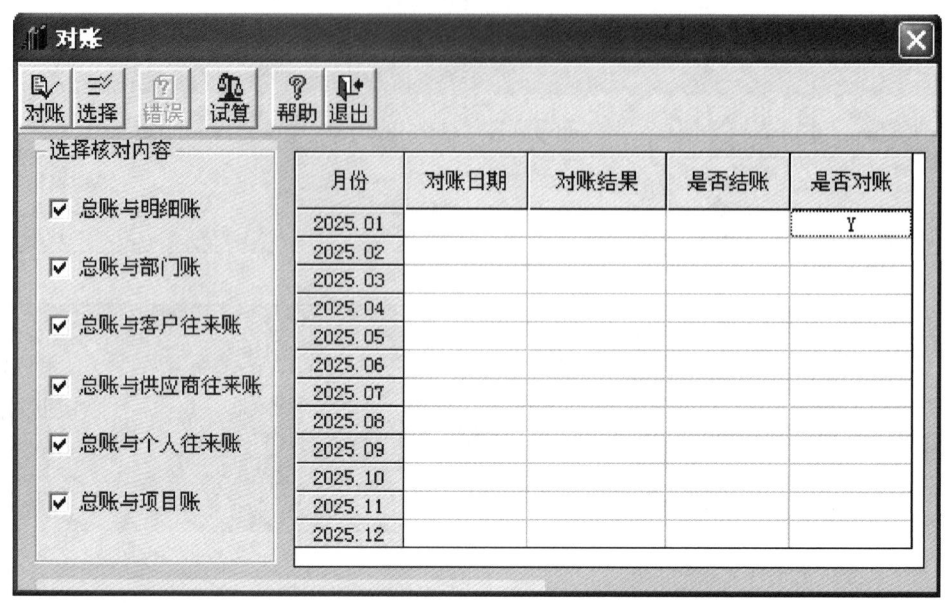

图7-29 用友T3"对账"界面

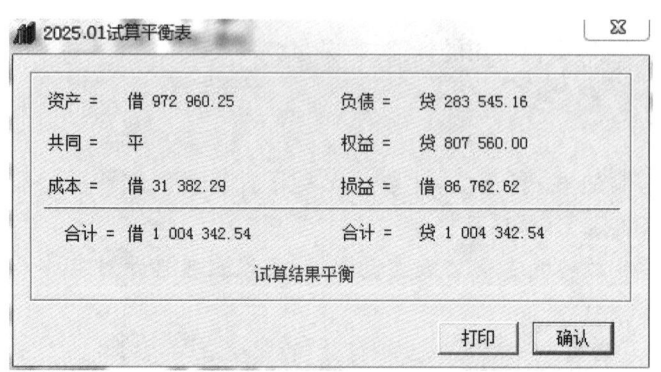

图7-30 用友T3"2025.01试算平衡表"界面

【案例7-19】 试算平衡。

【操作步骤】 在对账界面，单击[试算]，则系统自动进行试算平衡，并给出结果，如图7-30所示。

（二）结账

在手工会计处理中，每月月末要进行结账，在计算机会计处理中也应有这一过程，以符合会计制度的要求，结账只能每月进行一次。

【案例7-20】 将1月份总账系统进行结账处理。

【操作步骤】

(1) 单击[总账]/[期末]/[结账]，或直接在主界面单击[月末结账]，打开"结账"界面，如图7-31所示。

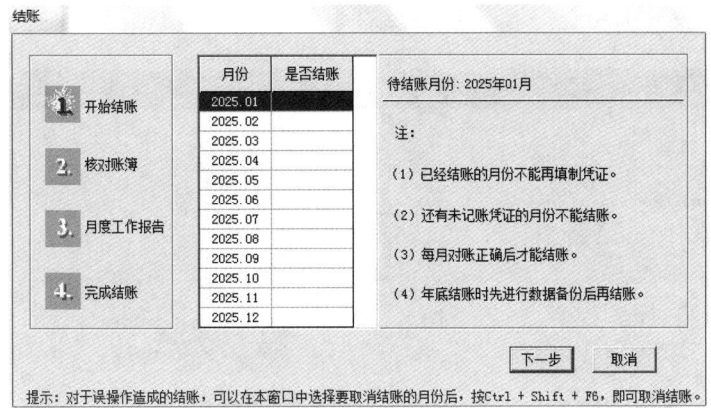

图 7-31　用友 T3"结账"界面 1

(2) 单击[下一步],如图 7-32 所示。

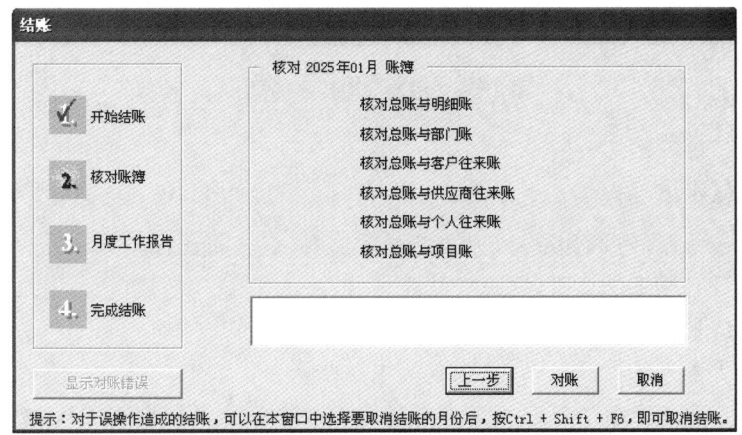

图 7-32　用友 T3"结账"界面 2

(3) 单击[对账],则系统自动进行对账,对账完毕后单击[下一步],查看月度工作报告,如图 7-33 所示。

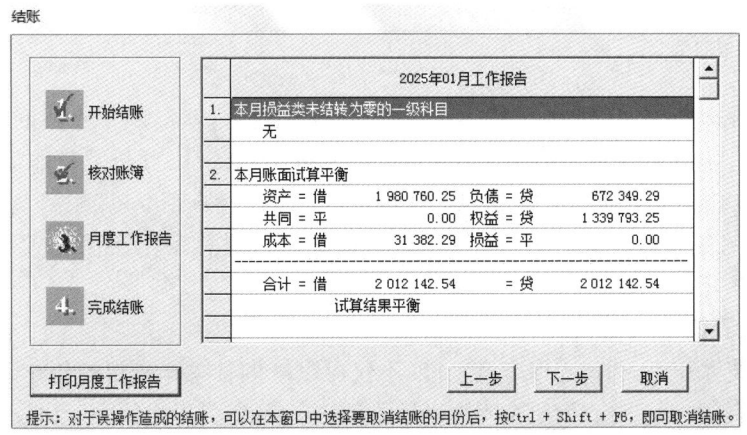

图 7-33　用友 T3"结账"界面 3

(4) 单击[下一步]，系统提示工作检查结果，单击[结账]，如图7-34所示，完成结账。

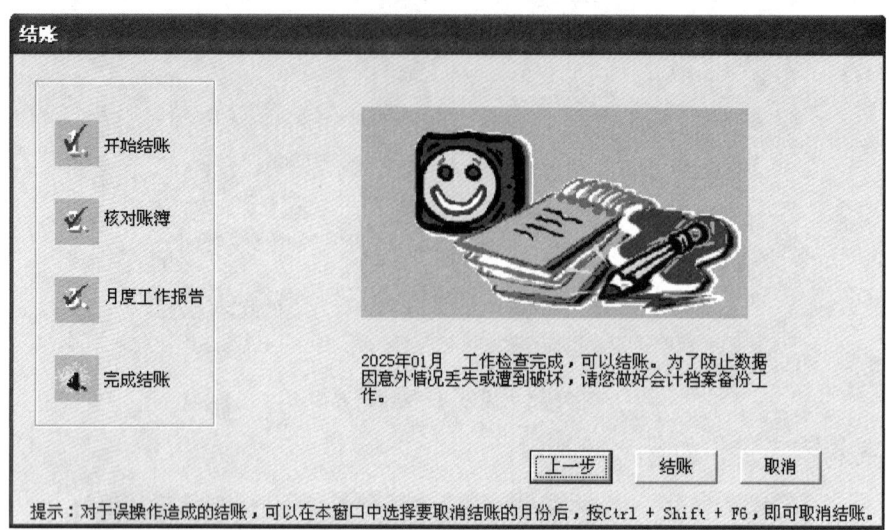

图7-34　用友T3"结账"界面4

> **操作注意事项**
>
> 1. 上月未结账，则本月不能记账，但可以填制、审核凭证。
> 2. 本月还有凭证未记账时，不能结账。
> 3. 对账结果不平衡，不能结账。
> 4. 其他子系统均已经结账，总账系统才能结账。
> 5. 结账只能由有结账权的人进行。在结账时系统会自动进行对账，检查记账的正确性。
> 6. 已结账月份不能再填制凭证。
> 7. 为避免错误结账，系统还提供反结账功能，即取消结账。在结账向导中，用鼠标选择要取消结账的月份，按"Ctrl"+"Shift"+"F6"键即可进行反结账。

三、账簿查询

企业发生的经济业务，经过制单、审核和记账操作之后，就形成了正式的会计账簿。为了能够及时地了解账簿中的数据资料，并满足账簿数据的统计、分析及打印需要，系统提供了强大的查询功能，包括基本会计核算账簿的查询输出、各种辅助核算账簿及库存现金和银行存款日记账的查询和输出。整个系统可以方便地实现对总账、明细账及凭证等账、证、表资料的联查。

（一）总账查询

在会计信息系统下，通过总账查询功能，不仅可以查询各总账科目的年初余额、各月发生额合计和月末余额，而且可查询所有明细科目的年初余额、各月发生额合计和月末余额等。

【案例7-21】　由"KJ01"查询2025年1月"1701　无形资产"的总账余额。

【操作步骤】

(1) 以"KJ01"的身份登录用友通,在"畅捷通T3——标准版"窗口中,单击[总账]/[账簿查询]/[总账],打开"总账查询条件",在"科目"栏中,直接输入"无形资产"或单击 选择"1701",默认"级次"框中的级次范围,如图7-35所示。

(2) 单击[确认],如图7-36所示。

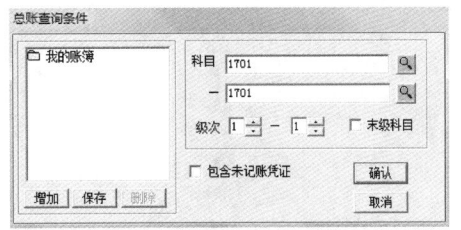

图7-35 用友T3"总账查询条件"界面

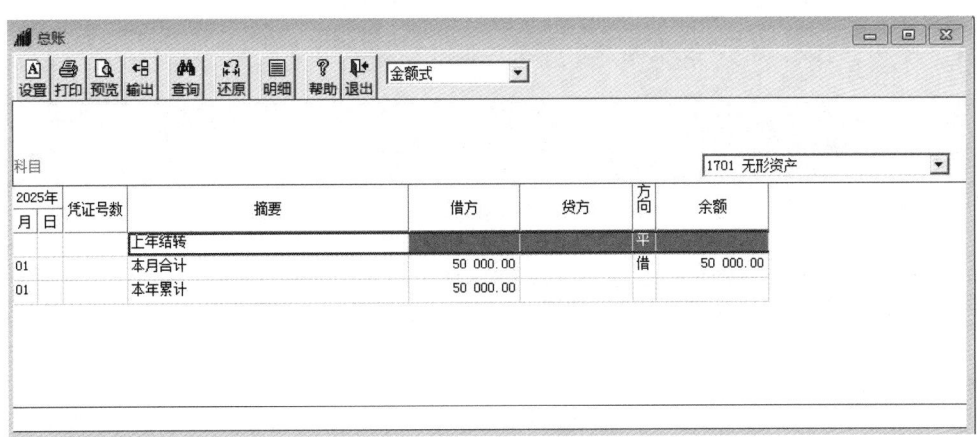

图7-36 用友T3"总账"界面

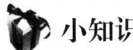 提示

1. 科目范围为空时,系统认为查询所有科目。

2. 如果需查询一级至三级科目,可选择级次范围"1~3";如果需查询所有末级科目,则应选中"末级科目"复选框。

3. 如果需查看明细账还可在"总账查询"窗口中单击"明细"按钮。

4. 如果需查询包含未记账凭证的总账,则应选中"包含未记账凭证"复选框。

5. 单击"凭证"按钮可以查询多栏账中相应的凭证。

6. 可将查询条件保存到"我的账簿"中。

7. 在总账查询中,如果本月尚未结账,倒数第二行的摘要将显示"当前合计",倒数第一行的摘要将显示"当前累计";如果本月已经结账,则摘要将分别显示"本月合计""本年累计"。

小知识

在实务中,实行会计电算化的企业可以用查询余额表来代替查询总账。

(二) 余额表查询

余额表查询主要用于查询和统计各级科目的本月发生额、累计发生额和余额等,可输出某月或某几个月的所有总账科目或明细科目的期初余额、本期发生额、累计发生额以及期末余额等。

可以分别按会计科目的类型和金额区间等方式进行查询。

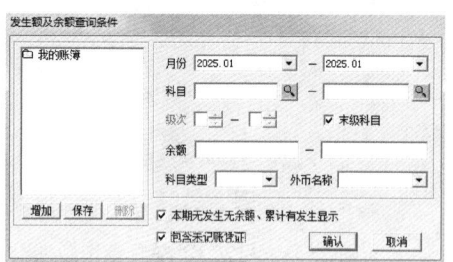

图 7-37　用友 T3"发生额及余额查询条件"界面

【案例 7-22】　查询 2025 年 1 月包含未记账凭证的科目余额表。

【操作步骤】

（1）在"畅捷通 T3——标准版"窗口中，单击［总账］/［账簿查询］/［余额表］，打开"发生额及余额查询条件"界面。

（2）选择月份范围"2025.01—2025.01"，选择"末级科目"及"包含未记账凭证"复选框，如图 7-37 所示。

（3）单击［确认］，显示"发生额及余额表"，如图 7-38 所示。

图 7-38　用友 T3"发生额及余额表"界面

提示

1. 在"发生额及余额查询条件"界面，"科目"项供用户输入要查询的起止科目范围。如果没有输入任何科目，系统会认为要查询所有科目的余额。

2. 用户可以在"发生额及余额表"界面右上角打开账页格式下拉框，在"金额式""数量金额式""外币金额式""数量金额式"四种格式中选择余额表显示的格式。

3. 用户在"发生额及余额表"界面单击工具栏上的［累计］，可以显示所选科目的累计发生额;再次单击[累计],可以取消累计。

4. 把鼠标指针移到带辅助核算科目所在行的时候,会出现黄色背景的辅助核算类型提示。这时单击此行,再单击工具栏上的[专项],就能联查到相应科目的辅助总账或余额表。

5. 用户在"发生额及余额表"界面单击工具栏上的[转换],可以使科目名称在中文名称和英文名称之间进行转换。

(三) 明细账查询

明细账查询主要用于查询明细科目的期初余额、各月发生额合计和月末余额等。明细账的查询格式主要有普通明细账、按科目排序明细账及月份综合明细账。普通明细账是按科目查询,按发生日期排序的明细账;按科目排序明细账是指如果查询非末级科目时,按其有发生额的末级科目排序的明细账;月份综合明细账是按非末级科目查询,包含非末级科目总账数据及末级科目明细数据的综合明细账,它可以使各级科目的数据关系一目了然。

【**案例 7-23**】 查询"6602 管理费用"明细账,包含未记账凭证,并按科目进行排序。

【**操作步骤**】

(1) 在"畅捷通 T3——标准版"窗口中,单击[总账]/[账簿查询]/[明细账],打开"明细账查询条件"界面,选择"按科目范围查询",在"科目"栏中,直接输入"管理费用"或单击选择"6602",选择月份范围"2025.01—2025.01",选中"包含未记账凭证"和"按科目排序",如图 7-39 所示。

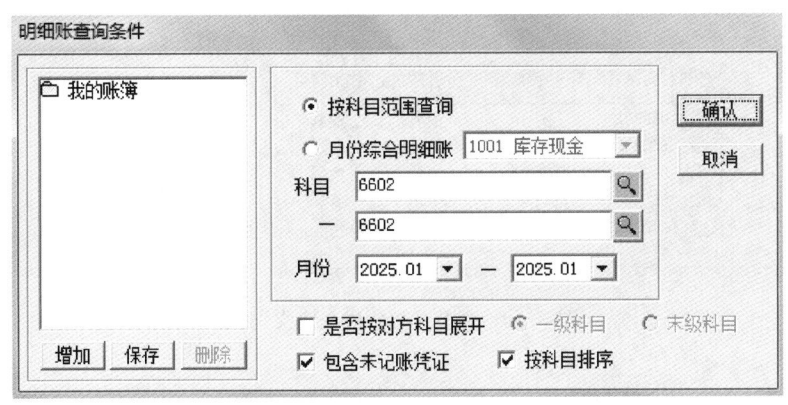

图 7-39　用友 T3"明细账查询条件"界面

(2) 单击[确认],系统显示查询结果。

提示

1. 在明细账查询窗口中可以联查到相应科目的总账及记账凭证等信息。

2. 如果在[总账]/[设置]/[选项]中选择了"明细账查询权限控制到科目",则应该通过设置"明细权限"功能设置相应的明细账查询权限。这样设置后,如果操作员不具备查询某个科目明细账的权限,在进入"明细账查询"功能以后,则无法看到这个科目的明细账。

3. 查询明细账时,不能查询在科目设置中被指定为现金总账科目和银行总账科目的明细账,此类明细账可以通过"现金管理"中现金日记账和银行存款日记账来进行查询。

(四) 多栏账查询

多栏账查询用于查询多栏式明细账。多栏式明细账是根据管理需要，在一张账页内不仅按借、贷、余三部分设立金额栏，而且按明细科目在借方或贷方设立多个金额栏，以集中反映有关明细科目的核算金额。系统采用自定义多栏账查询方式，即在查询某个多栏账之前，必须先定义查询格式，然后才能进行查询。

【**案例 7-24**】 查询"6602 管理费用"多栏式明细账。

【**操作步骤**】

(1) 在"畅捷通 T3——标准版"窗口中，单击[总账]/[账簿查询]/[多栏账]，打开"多栏账"界面。

(2) 在"多栏账"界面，单击[增加]，打开"多栏账定义"对话框，单击"核算科目"栏后下三角按钮，选择"6602 管理费用"选项，单击[自动编制]，如图 7-40 所示。

(3) 单击[确定]，返回"多栏账"界面。单击[查询]，打开"多栏账查询"对话框，如图 7-41 所示。

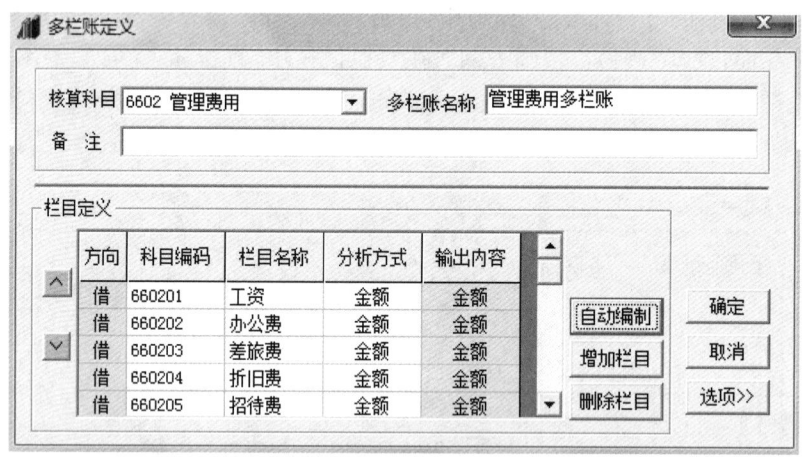

图 7-40 用友 T3"多栏账定义"界面

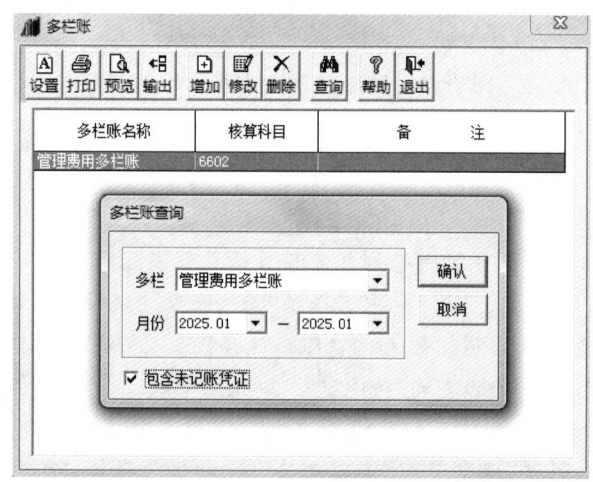

图 7-41 用友 T3"多栏账"界面

(4) 单击[确认],系统显示查询结果,如图 7-42 所示。

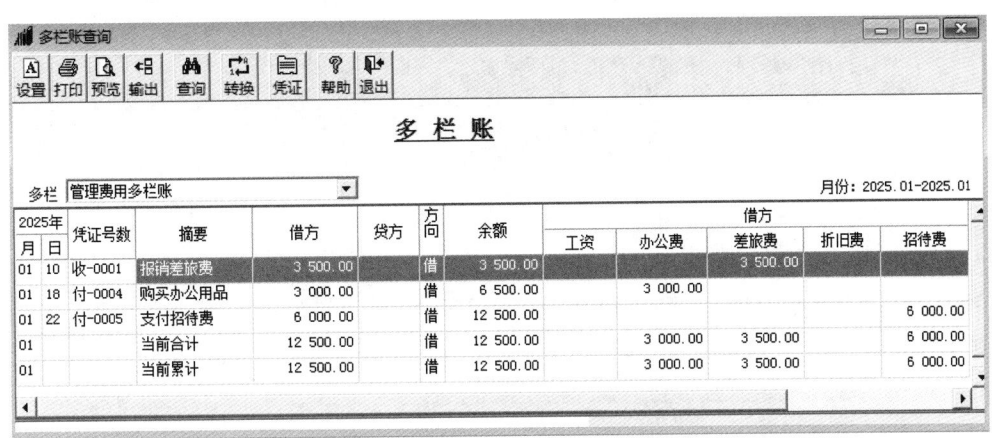

图 7-42 用友 T3"多栏账查询"界面

> 操作注意事项
>
> 1. 多栏账查询只适用于有下级科目的会计科目。没有下级科目的会计科目不能使用这个功能。
> 2. 多栏账名称不能重复定义。名称可在"多栏账"窗口的"多栏账名称"栏中直接修改。
> 3. 栏目中的科目不能重复定义。

(五) 个人往来辅助账查询

个人往来辅助账主要涉及个人往来辅助账余额表及明细账。个人往来账的清理主要是对个人往来账户的勾对,并提供账龄分析及催款单。个人往来的勾对功能主要用于对个人的借款、还款情况进行清理,能够及时地了解个人借款、还款情况,清理个人借款。勾对是将已达账项打上已结清的标记。

【案例 7-25】 查询采购部孙亮的个人借款。

【操作步骤】

(1) 在"畅捷通 T3——标准版"窗口中,单击[总账]/[辅助查询]/[个人往来明细账]/[个人明细账查询],打开"个人往来_个人明细账"界面,在"部门"栏中,直接输入或单击选择"采购部",在"个人"栏中,直接输入或单击选择"孙亮",如图 7-43 所示。

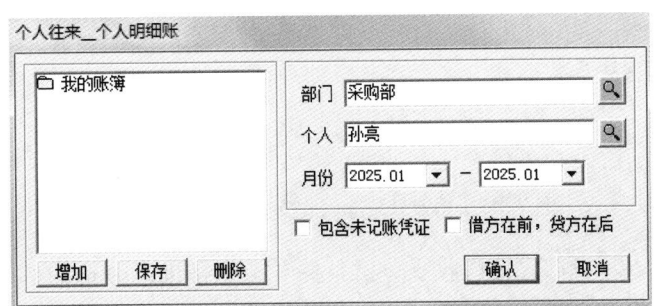

图 7-43 用友 T3"个人往来_个人明细账"界面

(2)单击[确认],显示"个人往来明细账"界面,如图7-44所示。

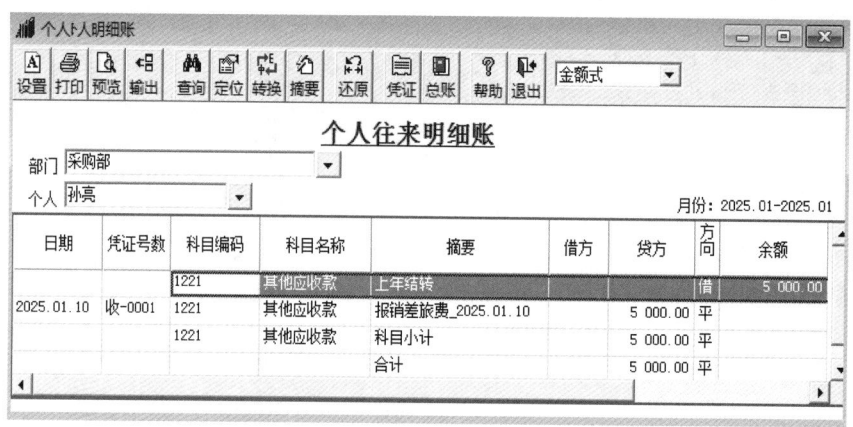

图 7-44 用友 T3"个人往来明细账"界面

(六)部门账表查询

在总账系统中,如果在定义会计科目时,把某科目设置为部门辅助核算,系统则对这些科目除了进行部门核算,还提供横向和纵向的查询统计功能,为企业管理者输出各种会计信息,真正体现了"管理"的功能。

【案例 7-26】 对所有部门进行部门收支分析。

【操作步骤】

(1)在"畅捷通 T3——标准版"窗口中,单击[总账]/[辅助查询]/[部门收支分析],打开"部门收支分析条件""请选择进行分析的科目"界面,选择进行分析的科目"差旅费",单击 ⊻,如图7-45 所示。

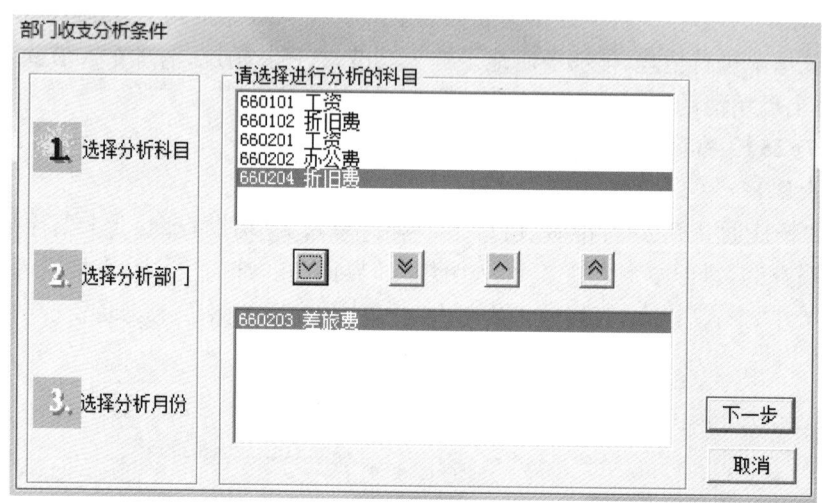

图 7-45 用友 T3"部门收支分析条件"界面 1

(2)单击[下一步],打开"部门收支分析条件""请选择进行分析的部门"界面,选择进行分析的部门,单击 ⊻,如图7-46 所示。

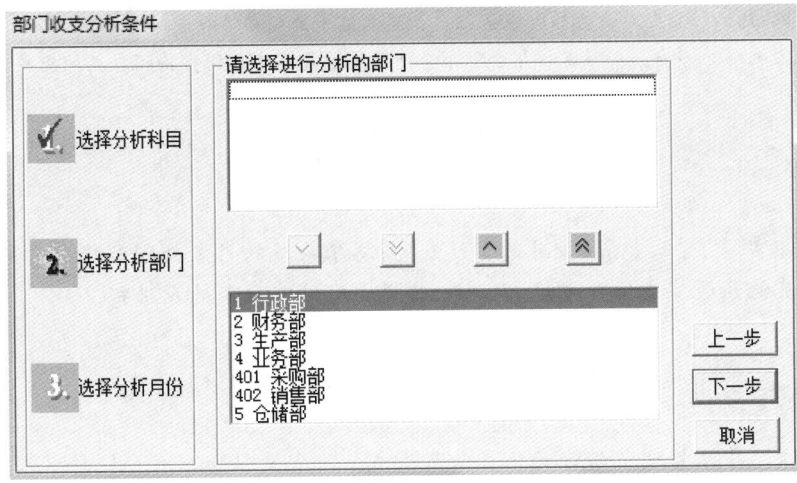

图 7-46　用友 T3"部门收支分析条件"界面 2

（3）单击[下一步]，打开"部门收支分析条件""请选择进行分析的月份"界面，选择进行分析的月份"2025.01"，如图 7-47 所示。

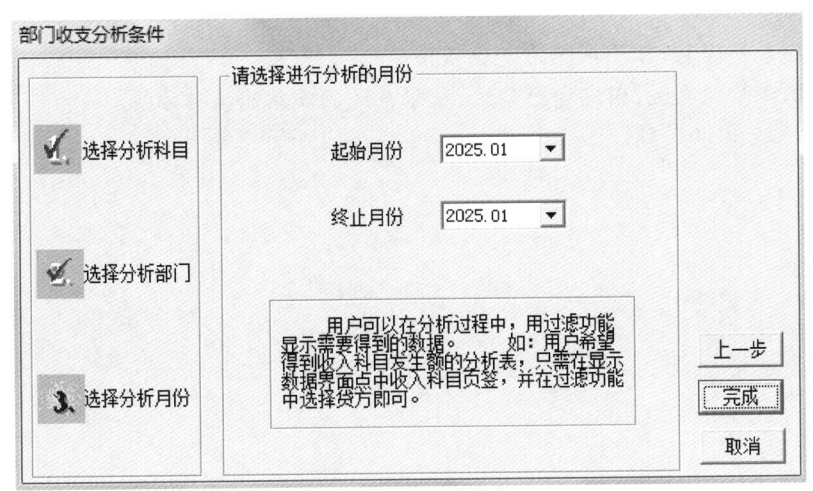

图 7-47　用友 T3"部门收支分析条件"界面 3

（4）单击[完成]，显示"部门收支分析表"。

 延伸阅读7-3

电子会计档案及其保管

2015年12月11日颁布，2016年1月1日起施行的《会计档案管理办法》第八条规定，同时满足下列条件的，单位内部形成的属于归档范围的电子会计资料可仅以电子形式保存，形成电子会计档案：①形成的电子会计资料来源真实有效，由计算机等电子设备形成和传输。②使用的会计核算系统能够准确、完整、有效接收和读取电子会计资料，能够输出符合国家标准归档格式的会计凭证、会计账簿、财务会计报表等会计资料，设定了经办、审核、审批等必要的审签程序。③使用的电子档案管理系统能够有效接收、管理、利用电子会计档案，符合电子档案的长期保管要求，并建立了电子会计档案与相关联的其他纸质会计档案的检索关系。④采取有效措施,防止电子会计档案被篡改。⑤建立电子会计档案备份制度,能够有效防范自然灾害、意外事故和人为破坏的影响。⑥形成的电子会计资料不属于具有永久保存价值或其他重要保存价值的会计档案。

本章小结

本章主要学习了:工资系统、固定资产系统、总账系统的月末处理及账表管理;总账系统结账必须在其他系统完成结账之后,且结账必须由有结账权限的人进行。

本章重要概念

月末处理　年末处理　转账定义　转账生成　自定义转账　对应结转　销售成本结转　汇兑损益结转　期间损益结转　对账　结账

本章练习

1. 请简述期末处理时,各子系统的先后顺序。
2. 请简述工资管理系统、固定资产系统、总账系统的反结账操作方法。

第八章 报 表 系 统

> 内容简介
> 学习目的和要求
> 思政育人
> 第一节 UFO 报表系统概述
> 第二节 报表系统初始化
> 第三节 报表系统日常操作
> 本章小结
> 本章重要概念
> 本章练习

内容简介

本章主要讲解了用友 T3 系统中 UFO 报表系统的功能、操作方法、操作注意事项以及操作技巧,包括报表系统初始化、报表系统日常处理、报表维护和查询等。本章重点为报表设计和报表生成;难点为自定义报表的公式设置。

学习目的和要求

通过本章的学习,学生应了解 UFO 报表系统的功能,理解报表系统的基本概念;熟悉编制报表的基本流程和常用的报表模板;掌握报表模板的设置和调用;掌握自定义报表的格式设置方法和技巧;能够使用 UFO 报表模板生成常用报表;会使用自定义报表功能。

思政育人   坚持反腐倡廉，抵御不良作风

党的二十大报告中指出，我们党作为世界上最大的马克思主义执政党，要始终赢得人民拥护、巩固长期执政地位，必须时刻保持解决大党独有难题的清醒和坚定。先进性和纯洁性是马克思主义政党的本质属性。中国共产党是以马克思主义科学理论武装起来的、以全心全意为人民服务为根本宗旨的先进政党，与腐败水火不相容，决不允许党内有腐败分子藏身之地。勇于自我革命是党百年奋斗培育的鲜明品格，是中国共产党区别于其他政党的显著标志。中国共产党自成立之日起就将纯洁性镌刻在自己的旗帜上，始终将清正廉洁作为党的政治本色，坚持反对腐败、建设廉洁政治的鲜明立场，同一切损害党的先进性和纯洁性的因素作斗争，坚决祛除危害党的肌体健康的"毒瘤"。在百年艰苦奋斗历程中，我们党深深懂得反腐败斗争关系党和国家生死存亡，深刻认识到党面临的"四大考验"的长期性和复杂性，面临的"四大危险"的尖锐性和严峻性，深刻认识到增强自我净化、自我完善、自我革新、自我提高能力的重要性和紧迫性，时刻保持冷静清醒的头脑，鲜明提出反腐败永远在路上，坚持严的主基调，为建设廉洁政治而不懈努力，为做到干部清正、政府清廉、政治清明而不懈斗争。

在党的自我革命中彰显审计担当作为，弘扬伟大建党精神，敢于斗争、善于斗争，坚持以促进反腐倡廉为己任，聚焦权力运行和责任落实，充分发挥会计专业优势，不断增强会计监督的权威性和震慑力，加大对违反中央八项规定精神等问题的反映力度，深入揭示贪污侵占国有资金资产、严重损失浪费、严重失职渎职、侵害人民群众利益等重大违纪违法和经济腐败问题，持续推进党风廉政建设和反腐败斗争。

资料来源：蒋来用. 坚持不敢腐、不能腐、不想腐一体推进［EB/OL］.（2023-03-13）［2024-06-24］. http://www.qstheory.cn/dukan/hqwg/2023-03/13/c_1129429349.htm.

【思政寄语】 会计人员应坚持反对腐败、建设廉洁政治的鲜明立场，更严格地要求自己，同一切损害党的先进性和纯洁性的因素作斗争，坚决祛除危害党的肌体健康的"毒瘤"。

8-1 引例：财务报表

8-2 UFO 报表系统概述 PPT

第一节　UFO 报表系统概述

一、UFO 报表系统主要功能

（一）UFO 报表概念

UFO 系统是用友开发的通用电子表格软件，既可以独立使用，又可以和"用友 T3"其他模块结合使用。

UFO 独立运行时，用于处理日常办公事务，可以完成表格制作、数据运算、图形分析等电子表的所有功能。UFO 与用友总账系统等模块同时运行时，可作为通用财务报表系统使用，用于各行各业的财务、会计、人事、计划、统计、税务、物资等部门。

（二）UFO 报表系统主要功能

UFO 电子表可以按照用户需要定义任何报表。该模块的主要功能如下：

（1）提供各行业报表模板。

（2）文件管理功能：对报表文件的创建、读取、保存和备份进行管理；能够进行不同文件格式的转换；支持多个窗口同时显示和处理，可同时打开的文件和图形窗口多达 40 个；提供了标准财务数据的"导入"和"导出"功能，可以和其他流行财务软件交换数据。

（3）格式管理功能：提供了丰富的格式设计功能，如定义组合单元、画表格线（包括斜线）、调整行高列宽、设置字体和颜色、设置显示比例等，可以制作各种要求的报表。

（4）数据处理功能：UFO以固定的格式管理大量不同的表页，能将多达99 999张相同格式的报表资料放在一个报表文件中管理，并且在每张表页之间建立有机的联系。提供了排序、审核、舍位平衡、汇总功能；提供了绝对单元公式和相对单元公式，可以方便、迅速地定义计算公式；提供了种类丰富的函数，可以从账务等用友产品中提取数据，生成财务报表。

（5）图表功能：将数据表以图形的形式进行表示。采用"图文混排"，可以很方便地进行图形数据组织，制作直方图、立体图、圆饼图、折线圈等10种图式的分析图表；可以编辑图表的位置、大小、标题、字体、颜色等，并打印输出图表。

（6）二次开发：强大的二次开发功能使其成为一个精练的MIS开发应用平台。提供批命令和自定义菜单，自动记录命令窗中输入的多个命令，可将有规律的操作过程编制成批命令文件，在短时间内开发出本企业的专用系统。

（7）打印功能：可以在0.3倍到3倍之间缩放打印，提供打印预览，报表和图形都可以打印输出；可以打印格式，也可以打印数据。

二、UFO系统操作流程

UFO系统报表操作流程包括两部分：系统初始化和系统日常处理。

（1）报表系统初始化：包括新建报表、格式设置、关键字设置、公式设置等。

（2）报表系统日常处理：包括报表生成、报表查询等。

报表操作流程随着新建报表的方式不同而不同。如果新建的是模板报表，则通过选择行业模板建立新报表，修改格式后直接生成即可；如果新建的是自定义报表，则需要建立空白报表，自行设置格式和公式等内容，保存后再生成报表。UFO报表系统操作流程如图8-1所示。

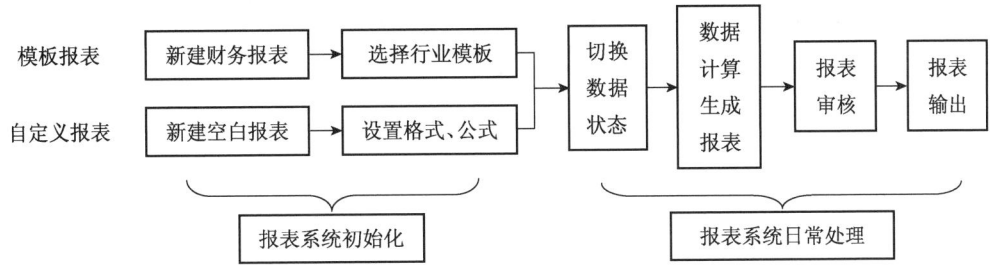

图8-1　UFO报表系统操作流程

三、UFO报表系统相关概念

（一）报表结构

报表通常由4个要素组成：标题、表头、表体、表尾，如图8-2所示。

（1）标题：即报表名称，可能不止一行，可以有副标题。

（2）表头：主要包括编制单位、编制时间、报表编号、金额单位等信息。

（3）表体：报表数据是报表的主要内容。

（4）表尾：主要说明制表人、审核人等。

8-3 报表系统概述

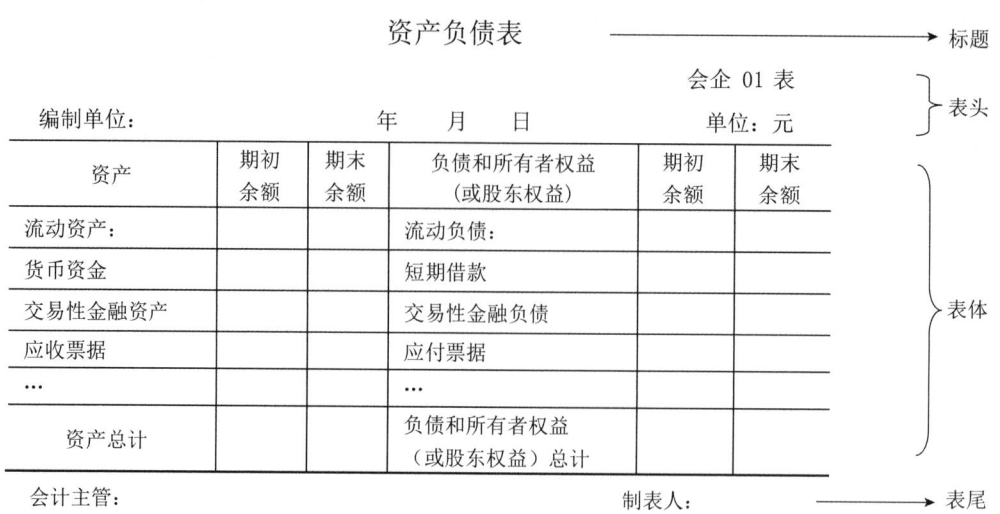

图 8-2 报表结构

(二) 相关概念

1. 格式状态和数据状态

UFO 报表系统将含有数据的报表分为两大部分来处理,即报表格式设计工作与报表数据处理工作。报表格式设计工作和报表数据处理工作是在不同的状态下进行的。"格式/数据"按钮是一个特别重要的按钮,点击这个按钮可以在格式状态和数据状态之间切换。

1) 格式状态

在格式状态下设计报表的公式和格式。在格式状态下所做的操作对本报表所有的表页都发生作用。在格式状态下不能进行数据的录入、计算等操作。

例如,表尺寸、行高列宽、单元属性、单元风格、组合单元、关键字、可变区等都属于格式设置。报表公式设置包括有三类公式:单元公式(计算公式)、审核公式、舍位平衡公式,也都在格式状态下定义。

在格式状态下时,用户看到的是报表的格式,报表的数据全部都隐藏了。

2) 数据状态

在数据状态下管理报表的数据,如输入数据、增加或删除表页、审核、舍位平衡、做图形、汇总、合并报表等。

在数据状态下不能修改报表的格式。

在数据状态下时,用户看到的是报表的全部内容,包括格式和数据。

2. 单元

单元是组成报表的最小单位,单元名称由所在行、列标识。行号用数字 1～9 999 表示,列标用字母 A～IU 表示。例如,D22 表示第 4 列第 22 行的单元。

单元有以下三种类型:

(1) 数值单元:是报表的数据,在数据状态下输入。数值单元的内容是数字,可以直接输入或由单元中存放的单元公式运算生成。建立一个新表时,所有单元的类型缺省为数值。

(2) 字符单元：是报表的数据，在数据状态下输入。字符单元的内容可以是汉字、字母、数字及各种键盘可输入的符号组成的一串字符，字符单元的内容也可以由单元公式生成。

(3) 表样单元：是报表的格式，是定义一个没有数据的空表所需的所有文字、符号或数字。一旦单元被定义为表样，那么在其中输入的内容对所有表页都有效。表样在格式状态下输入和修改，在数据状态下不允许修改。

3. 组合单元

组合单元由相邻的两个或更多的单元组成，这些单元必须是同一种单元类型（表样、数值、字符），UFO 报表系统在处理报表时将组合单元视为一个单元。

组合单元的名称可以用区域的名称或区域中的单元的名称来表示。

例如，把 B2 到 B3 定义为一个组合单元，这个组合单元可以用"B2""B3"，或"B2：B3"表示。

4. 区域

区域由一张表页上的一组单元组成，自起点单元至终点单元是一个完整的长方形矩阵。

在 UFO 报表中，区域是二维的，最大的区域是一个二维表的所有单元（整个表页），最小的区域是一个单元。

5. 二维表和三维表

1) 二维表

确定某一数据位置的要素称为"维"。在一张有方格的纸上填写一个数，这个数的位置可通过行和列（二维）来描述。如果将一张有方格的纸称为表，那么这个表就是二维表，通过行（横轴）和列（纵轴）可以找到这个二维表中的任何位置的数据。

2) 三维表

如果将多个相同的二维表叠在一起，找到某一个数据的要素需增加一个，即表页号（Z 轴）。这一叠表称为一个三维表。

如果将多个不同的三维表放在一起，要从这多个三维表中找到一个数据，又需增加一个要素，即表名。三维表中的表间操作即称为"四维运算"。

6. 表页

表页是由若干行和列组成的二维表，一张财务报表最多可容纳 99 999 张表页，每一张表页是由许多单元组成的。一张报表中的所有表页具有相同的格式，但其中的数据不同。

表页在报表中的序号在表页的下方以标签的形式出现，称为"页标"。页标用"第 1 页"～"第 99 999 页"表示。

7. 关键字

关键字是游离于单元之外的特殊数据单元，可以唯一标识一个表页，用于在大量表页中快速选择表页。

关键字的显示位置在格式状态下设置，关键字的值则在数据状态下录入，每张报表可以定义多个关键字。

UFO 报表系统提供了以下 6 种关键字：

(1) 单位名称：字符（最大 30 个字符），为该报表表页编制单位的名称。

(2) 单位编号：字符型（最大 10 个字符），为该报表表页编制单位的编号。

(3) 年:数字型(1904~2100),该报表表页反映的年度。

(4) 季:数字型(1~4),该报表表页反映的季度。

(5) 月:数字型(1~12),该报表表页反映的月份。

(6) 日:数字型(1~31),该报表表页反映的日期。

除此之外,财务报表有自定义关键字功能,可以用于业务函数中。

第二节 报表系统初始化

UFO报表系统的初始化内容主要包括以下几项:选择模板新建报表或直接新建空白报表、设置报表格式、设置报表关键字、设置报表公式等。本节将对自定义报表和模板报表的初始化过程进行分别介绍。

一、自定义报表的初始化

(一) 格式设置

【案例8-1】 编制华夏公司1月费用表,格式如表8-1所示。

表8-1 费用表

编制单位: 　　年　月　日　　　　　　　　　　　　　单位:元

费用项目	行次	本期金额	本年累计金额
办公费	1		
差旅费	2		
招待费	3		
折旧费	4		
工资	5		
福利费	6		
教育经费	7		
工会经费	8		
合计	9		

会计主管: 　　　　　　　　　　　　　　　　　　制表人:

【操作步骤】

(1) 新建空白报表。使用账套主管注册用友T3系统,单击[财务报表]模块,打开财务报表子系统。系统自动弹出"日积月累"小知识界面。单击[关闭]。在"新建"对话框单击[文件]/[新建],选择"空报表",新建一个空白报表,如图8-3所示。

(2) 设计表尺寸。单击[格式]/[标尺寸],根据案例资料表8-1,设计表尺寸为13行4列,单击[确认],如图8-4所示。

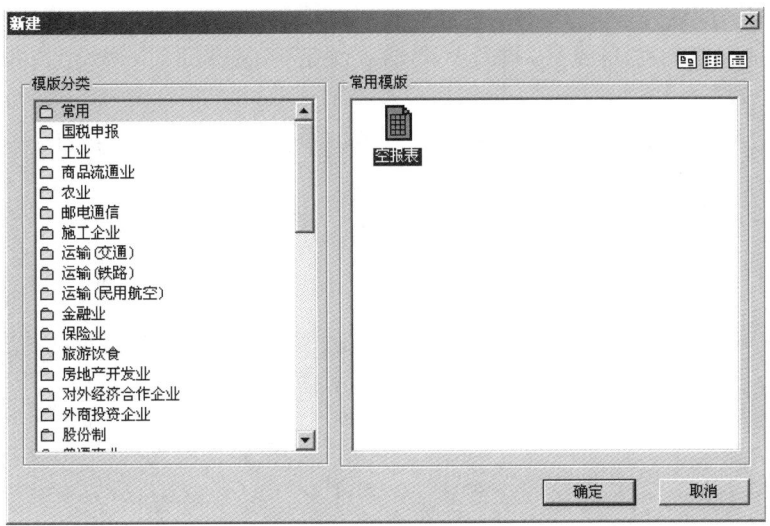

图 8-3　用友 T3"新建"界面

图 8-4　用友 T3"表尺寸"界面　　　　图 8-5　用友 T3"费用表"界面

（3）设计表格项目和名称。选择第一行单击右键"组合单元"，将其单元格组合并输入表名称"费用表"并加粗，并根据案例输入其他表格项目，如图 8-5 所示。

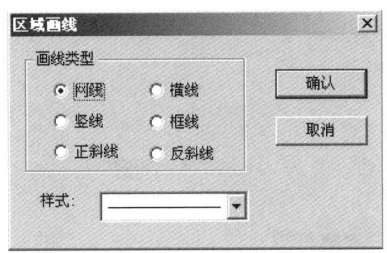

图 8-6　用友 T3"区域画线"界面

8-4 自定义报表

（4）区域画线。选择单元格 A3:D12，单击［格式］/［区域画线］，选择"网线"，单击［确认］。为表格画线，如图 8-6 所示。

（5）设置 D2 单元格内容"单位：元"；A13 内容"会计主管："；C13 内容"制表人："。

(二)关键字设置

实务中,报表初始化完成后,每月只要输入关键字内容即可自动生成报表、格式、公式等。

【案例 8-2】 为〖案例 8-1〗的费用表设置关键字:单位名称、年、月、日。

【操作步骤】

(1) 设置"单位名称"关键字。选择 A2 单元格,单击[数据]/[关键字]/[设置],选择"单位名称",如图 8-7 所示,单击[确定]。

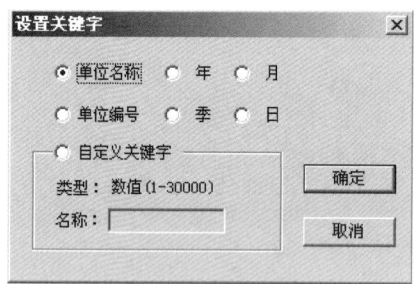

图 8-7 用友 T3"设置关键字"界面　　图 8-8 用友 T3"定义关键字偏移"界面

(2) 设置"年""月""日"关键字。选择 C2 单元格,单击[数据]/[关键字]/[设置],逐次选择"年""月""日",单击[确定]。

(3) 设置关键字位置。选择 C2 单元格,单击[数据]/[关键字]/[偏移],设置年偏移量为"-60"、月偏移量为"-30",如图 8-8 所示,单击[确定]。

(三)公式设置

【案例 8-3】 请为〖案例 8-1〗费用表设置报表的单元公式。

【操作步骤】

(1) 单击[数据],切换到格式状态。

(2) 在 C4 单元格单击 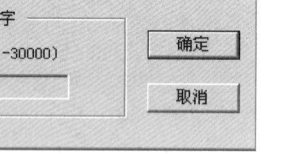 图标(或按=),打开公式的设置界面。单击[函数向导],根据向导进行公式设置,选择"用友账务函数",函数名选择"发生(FS)",如图 8-9 所示,单击[下一步]。

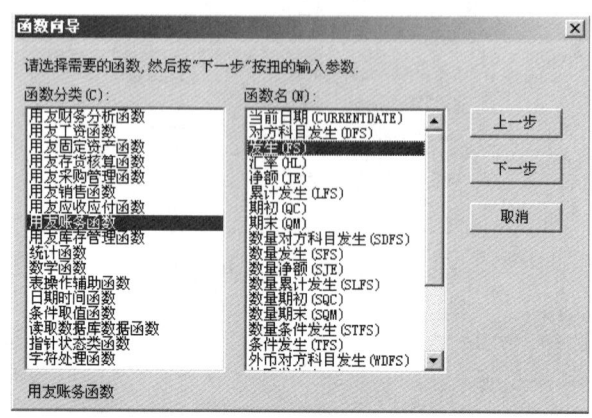

图 8-9 用友 T3"函数向导"界面

（3）单击[参照]，打开界面，设置账套号为100，科目为"660202"，设置好方向和期间，如图8-10所示，单击[确定]。

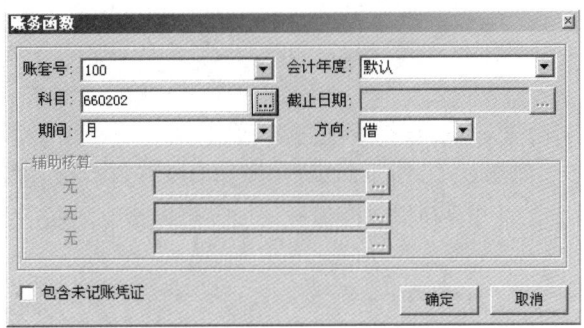

图8-10　用友T3"账务函数"界面

（4）设置完成的公式如图8-11所示。单击[确认]，此时C4单元格将显示"公式单元"。

图8-11　用友T3"定义公式"界面

（5）同理，设置其他单元公式。

> **操作注意事项**
>
> 1. 设置报表格式、关键字、公式等所有初始化设置需要在"格式"状态进行，"数据"状态只能查看数据，不能进行报表设置。
> 2. 单元公式中涉及的标点符号均为英文半角字符。
> 3. 关键字在一张报表中只能定义一次，即同一张报表中不能有重复的关键字。
> 4. 格式状态录入内容的单元默认为表样单元，没有录入内容的默认为数值单元。数值单元和字符单元输入内容只对本表页有效，表样单元输入内容后对所有表页都有效。

二、报表模板的设置

定义好的报表可作为报表模板，保存到系统的模板库里，以后新建报表时可以直接调用模板，不需要再进行格式、公式等的设置。用友T3系统内置了各行业的常用报表模板，企业可根据需要进行调用和修改，设计适合自身情况的模板。

> **小知识**
>
> 实务中，设置好报表模板后，每次编制报表时可直接调用报表模板，大大减轻了财会人员的工作量。

【案例8-4】　将〖案例8-3〗设置完公式的"费用表"保存为报表模板，供日后调用。

小知识

报表文件还可以保存为 Excel 文件(.xls)、文本文件(.txt)、Acess 文件(.mdb)等格式。

【操作步骤】

(1) 保存报表。单击[文件]/[另存为]或 图标,将设置好的费用表另存到"D:\\报表"文件夹(需新建文件夹"报表"),文件名为"自定义费用表模板"。

(2) 添加为模板。单击[格式]/[自定义模板],打开"自定义模板"界面,选择行业,也可根据企业情况新建行业。本例中选择一般企业(2007年会计准则)。单击[下一步],如图8-12所示。单击[增加],选择好存放在"D:\\报表"的"自定义费用表模板",单击[添加],即可看到报表模板被添加到模板库中,单击[完成],结束操作。

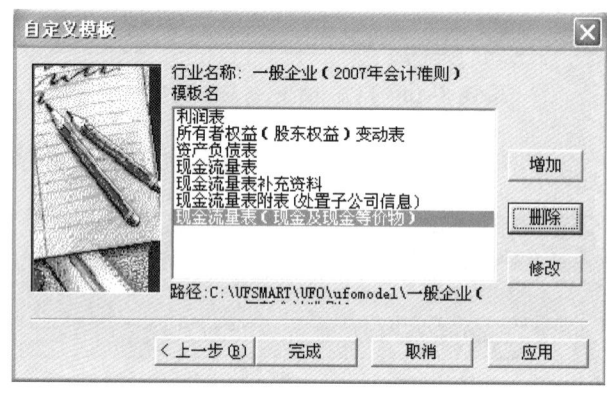

图 8-12　用友 T3"自定义模板"界面

延伸阅读 8-1

用友 T3 财务报表公式

财务报表的公式有三种:计算公式、审核公式、舍位平衡公式。

1. 计算公式

财务报表的计算公式有三种方式:

(1) 存储在报表单元中的公式,即"单元公式",按"="即可定义。

(2) 命令窗中的计算公式,在命令窗中一条一条书写,按回车计算。

(3) 批命令中的计算公式,在批命令(SHL 文件)中一次性书写,执行批命令时批量计算。

在计算公式中,可以取本表页的数据,可以取其他表页中的数据,也可以取其他报表的数据,如从几张基础数据表中提取数据,计算后形成分析表。此外,在财务报表中,除了可以从总账系统中提取数据,还可以从其他系统中提取数据,如工资系统、采购系统等。

2. 审核公式

在报表中各个数据之间一般都有一定的勾稽关系。例如,资产负债表中,资产总计=流动资产合计+非流动资产合计;流动资产合计=货币资金+交易性金融资产+应收票据+应收账款+预付款项+应收利息+其他应收款+存货+一年内到期的非流动资产+其他流动资产等。在实际工作中,通过审核表间或表内的勾稽关系来确保报表数据的准确性。报表数据之间的勾稽关系表示出来的公式称为审核公式。

3. 舍位平衡公式

实务中,以"元"为单位的报表在上报时可能会转换为以"千元"或"万元"为单位,这种小数点的进位称之为"舍位"。舍位后，数据原来的平衡关系可能被破坏，需要进行调整，使之平衡。例如，原始报表数据平衡关系为：50.23+5.24=55.47，若舍掉一位数（即小数点向前进一位），数据平衡关系为：5.02+0.52=5.55，显然"="的左右两边不平，原来的平衡关系被破坏，应调整为：5.02+0.53=5.55。

报表经舍位之后，重新调整平衡关系的公式称为舍位平衡公式。其中，进行进位的操作叫做舍位，舍位后调整平衡关系的操作叫做平衡调整公式。

第三节 报表系统日常操作

一、报表编制与保存

（一）报表编制

企业通常在月末或日常需要时进行财务报表的编制，每月编制的财务报表格式相对固定，所以可以直接使用系统内预置的报表模板或报表初始化时自定义的模板进行报表编制，用友T3会根据编制好的模板直接到系统中提取数据，生成报表。

【**案例 8-5**】 编制1月份资产负债表。

【**操作步骤**】

（1）调用报表模板，有两种方法。

方法一：单击［文件］/［新建］，选择行业为"一般企业（2007年会计准则）"，选择"资产负债表"模板，如图8-13所示，单击［确定］。

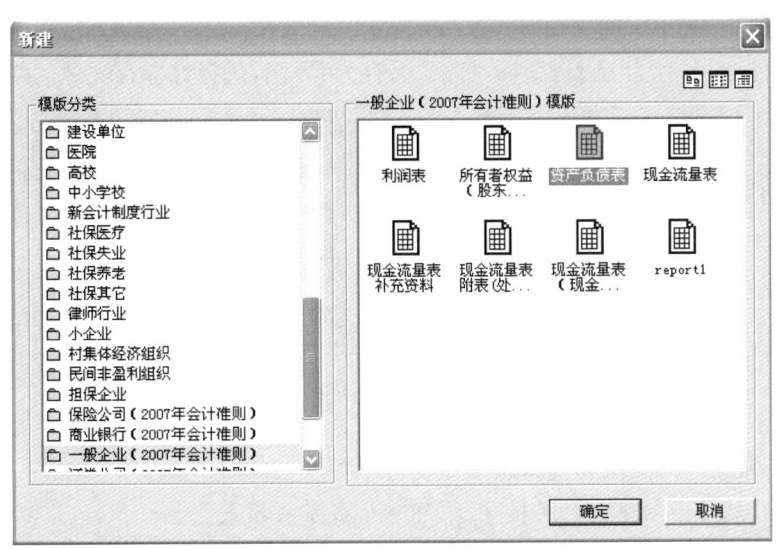

图 8-13　用友T3"新建"界面

方法二：单击 图标，新建一张空白表，单击［格式］/［报表模板］，选择行业为"一般企业（2007年会计准则）"，选择"资产负债表"模板，如图8-14所示。单击［确认］，弹出提示界面，单击［确认］，将空白报表覆盖为模板。

（2）修改报表格式。根据需要将报表相关设置进行修改。

8-5 模板报表

图 8-14 用友 T3"报表模板"界面

(3) 生成数据。单击[格式],将报表切换到数据状态,单击[数据]/[关键字]/[录入],打开"录入关键字"界面,如图 8-15 所示。录入单位名称、年、月、日,单击[确认]。系统提示"是否重算第一页?",单击[是],则系统自动生成资产负债表。

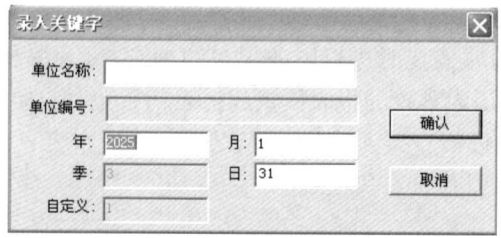

图 8-15 用友 T3"录入关键字"界面

(二) 报表保存

【案例 8-6】 保存〖案例 8-5〗编制好的 1 月资产负债表。

【操作步骤】

单击[文件]/[另存为]或 💾 图标,打开"另存为"界面,选择好保存文件的路径和文件名,单击[保存]。

> 操作注意事项
> 1. 关键字在格式状态设置,数据状态录入。
> 2. 每张表页对应不同的关键字值。
> 3. 保存报表时,不能改扩展名。用友报表文件的扩展名为".rep"。

💡 提示

编制下月报表时可以采用追加表页的方法,单击[编辑]/[追加]/[表页],打开界面,输入追加的页数,然后录入下月的关键字值,即可生成下月报表。

二、报表查询

(一) 报表查询

报表查询是指在编制的众多报表中找到并且打开所需要查看的报表文件,将其显示在屏幕上。例如,查询资产负债表、利润表、费用表等。

【案例 8-7】 查询〖案例 8-6〗保存好的 1 月资产负债表。

【操作步骤】

（1）单击[文件]/[打开]或 图标，如图8-16所示。

（2）在"查找范围"处设置存放报表的路径，双击需要打开的报表或单击报表文件，单击[打开]，则所查报表的内容显示在屏幕上。

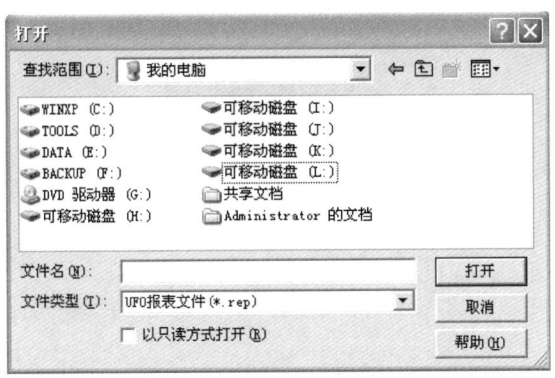

图8-16　用友T3"打开"界面

（二）表页查询

表页查询是指在打开的报表中找到并且打开所需要查看的表页，将其显示在屏幕上，一般在表页繁多时使用。例如，查询1月份资产负债表、1月份利润表、1月份现金流量表等。

【案例8-8】　查询〖案例8-7〗保存的1月资产负债表。

【操作步骤】

单击[编辑]/[查找]，在"查找内容"处默认为表页，在"查找条件"处设置年份为"2025"，并且月份为"1"，单击[查找]，即显示1月份资产负债表。

 延伸阅读8-2

常 用 快 捷 键

在熟练使用财务报表之后，不用打开菜单，直接在键盘上按下列命令快捷键就可完成相应的操作。常用快捷键如表8-2所示。

表8-2　　　　　　　　　　　　　　常用快捷键

作用	快捷键	作用	快捷键
新建报表	Ctrl+N	复制	Ctrl+C
打开报表	Ctrl+O	粘贴	Ctrl+V
关闭报表或图表	Ctrl+F4	编辑单元公式	=
保存报表或图表	Ctrl+S	显示风格	F5
打印	Ctrl+P	插入图表对象	Ctrl+F2
退出	Alt+F4	向前翻页	Ctrl+PageUp
剪切	Ctrl+X	向后翻页	Ctrl+PageDown

本章小结

本章主要学习了:财务报表自定义报表的设置;财务报表模板设置和调用;财务报表的编制查询与保存。

本章重要概念

UFO 数据状态 格式状态 表页 关键字 二维表 单元 组合单元 区域 单元公式

本章练习

1. 请简述模板报表的编制步骤。
2. 如何将自定义报表保存到系统的模板库中?

第九章　数据库系统及会计数据库查询

- 内容简介
- 学习目的和要求
- 思政育人
- 第一节　会计信息系统的技术架构
- 第二节　数据库系统及应用
- 第三节　会计数据库查询
- 本章小结
- 本章重要概念
- 本章练习

内容简介

本章主要讲解了数据库及 SQL 语言等相关基础知识。本章重点为 SQL 语句及相关子句和函数的使用用法,并在此基础上学习会计数据的查询方法,为今后进一步学习数据分析打下基础。

学习目的和要求

通过本章的学习,学生应理解数据库在会计信息系统中的重要地位,能够了解数据库的基础知识;并掌握使用 SQL 语句、where 子句、group 子句、order by 子句,以及相关函数的具体用法;掌握单表查询、多表查询及其他相关数据的查询方法。

思政育人　　加强会计人员的爱国主义教育

爱国主义是中华民族精神的核心,是中华民族团结奋斗、自强不息的精神纽带。习近平总书记强调,要在厚植爱国主义情怀上下功夫,让爱国主义精神在学生心中牢牢扎根,教育引导学生热爱和拥护中国共产党,立志听党话、跟党走,立志扎根人民、奉献国家。要坚持用习近平新时代中国特色社会主义思想铸魂育人,统筹推进大中小学思政课一体化建设,从中华优秀传统文化中寻找爱国主义教育的源头活水,引导学生树立和坚持正确的历史观、民族观、国家观、文化观,自觉坚定爱国之心,砥砺报国之志,听党话、跟党走,自觉把个人成长与党和国家事业发展统一起来。要遵循青少年成长规律,紧密结合时代特征丰富教育内容、拓展教育途径,让学生在丰富多彩的校园活动中接受爱国主义教育。

"先天下之忧而忧,后天下之乐而乐""天下兴亡,匹夫有责",中华优秀传统文化素来强调勇于担当、敢于担责。党的十八大以来,习近平总书记多次寄语广大青少年,勉励他们担当社会责任、担负时代使命,要求他们怀着一颗感恩的心,珍惜时光,努力学习,将来做对国家、对人民、对社会有用的人。广大教育工作者要着力培养学生社会责任感,鼓励并支持学生更加自信、更加主动地适应社会、融入社会,参与社会发展进程。要用社会主义核心价值观引导学生勇担责任,鼓励学生做有理想、敢担当、能吃苦、肯奋斗的时代新人。

资料来源:田海林.培养担当民族复兴大任的时代新人[EB/OL].(2022-10-28)[2024-06-24]. http://www.qstheory.cn/qshyjx/2022/10/28/c_1129085092.htm.(有删节)

【思政寄语】会计人员应加强爱国主义教育,应怀着一颗感恩的心,珍惜时光,努力学习,做对国家、对人民、对社会有用的人。

第一节　会计信息系统的技术架构

一、C/S 结构

早期的会计软件采用的是二层架构,即客户机服务器(C/S;client-server)架构。二层架构将应用系统分成客户端(client tier)和服务端(server tier)两个部分,如图9-1所示。随着系统规模的日益扩大,操作用户数的增加和业务量的增多,早期会计软件系统逐渐暴露出了一些问题,如系统不稳定、响应时间长、软件维护、升级困难等一系列问题。随着ERP系统的应用,会计软件成为ERP的一个子系统,二层架构的会计软件已退出历史舞台。

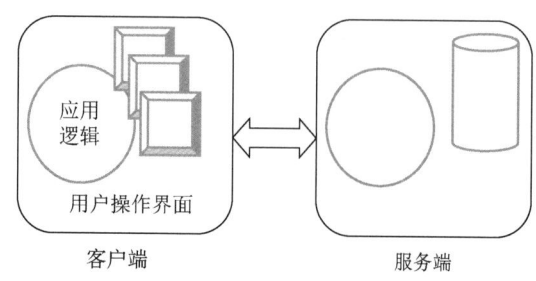

图 9-1　二层计算模型

9-1 引例:用友T3系统数据库后台是怎样的

二、B/S 结构

目前被 ERP 系统采用的是三层架构体系,即逻辑上分为数据服务器、应用服务器和客户端(B/S:browser－web server－data server)。采用三层架构设计,可以提高系统效率与安全性,降低硬件投资成本。

与传统二层 C/S 架构相比,三层 B/S 架构中增加了一个中间与实践层应用服务器。可以将整个应用逻辑驻留在应用服务器上,而只有表示层存在于客户机上。三层 B/S 架构将应用系统分成客户端(client tier)、应用服务器(web tier)和服务端(server tier)三个部分,如图 9-2 所示。

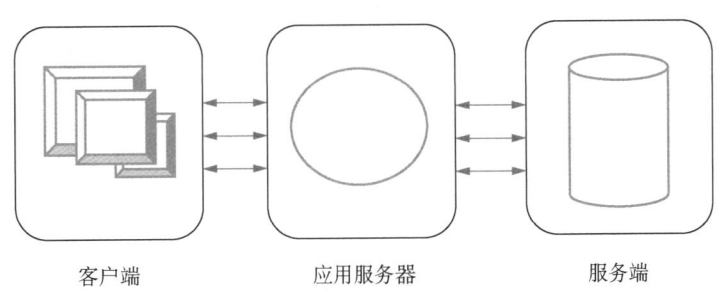

客户端　　　　　应用服务器　　　　　服务端

图 9-2　三层 B/S 架构

1. 客户端

客户端(表示层)为系统的用户接口部分,担负着用户与系统之间的对话功能。它用于检查用户从键盘等输入的数据,显示输出的数据。为使用户能直观地进行操作,一般要使用图形用户界面。在变更用户界面时,只需改写显示控制和数据检查程序,而不影响其他两层。检查的内容也只限于数据的形式和取值的范围,不包括业务的处理逻辑。

2. 应用服务器

应用服务器(功能层)又称业务逻辑层,该层将具体的业务处理逻辑编入程序中。例如,在制作订购合同时要计算合同金额,按照预定的格式配置数据、打印订购合同,而处理所需的数据则要从表示层或数据层取得。

3. 服务端

服务端(数据层)相当于二层 C/S 架构中的数据库服务器,负责从中间层接收 SQL 语句,并完成对数据库的管理和控制,并将处理结果反馈给中间层的应用服务器。物理上,既可以将数据服务器、应用服务器和客户端安装在同一台计算机上(单机应用模式);又可以将数据服务器和应用服务器安装在一台计算机上,而将客户端安装在另一台计算机上(即网络应用模式,有一台服务器);还可以将数据服务器、应用服务器和客户端分别安装在不同的三台计算机上(也是网络应用模式,但有两台服务器)。

如果是 B/S 网络应用模式,在服务端和客户端分别安装了不同的内容,需要进行三层结构的互联。在系统运行过程中,可根据实际需要随意切换远程服务器,即通过在登录时改变服务器名称来访问不同服务器上的业务数据。

第二节 数据库系统及应用

一、数据库及其管理系统

(一) 数据库

数据库(database)是按照数据结构来组织、存储和管理数据的仓库,它产生于20世纪60年代末70年代初。随着信息技术和市场的发展,特别是90年代以后,数据管理不再仅限于存储和管理数据,转变成用户需要的各种数据管理方式。数据库有很多种类型,从最简单的存储各种数据的表格(如Microsoft Excel)到能够进行海量数据存储的大型数据库系统(如Microsoft SQL Server、Oracle),都在各方面得到了广泛的应用。

简单来说,数据库就是电子文件柜——存储电子文件的处所,用户可以对文件中的数据进行新增、截取、更新、删除等操作。使用计算机后,随着数据处理量的增长,产生了数据8FDB管理技术。数据管理技术的发展与计算机硬件(主要是外部存储器)系统软件及计算机应用的范围有着密切的联系。

(二) 数据库管理系统

数据库管理系统(database management system,DBMS)是一种操纵和管理数据库的大型软件,用于建立、使用和维护数据库,它对数据库进行统一的管理和控制,以保证数据库的安全性和完整性。用户通过DBMS访问数据库中的数据,数据库管理员也通过DBMS进行数据库的维护。它可使多个应用程序和用户用不同的方法在同时或不同时刻去建立、修改和查询数据库。DBMS提供数据定义语(data definition language,DDL)与数据操作语言(data manipulation language,DML),供用户定义数据库的模式结构与权限约束,从而实现用户对数据的追加、删除等操作。

二、数据库管理系统的主要功能

1. 数据定义

DBMS提供数据定义语言DDL,供用户定义数据库的三级模式结构、两级映像及完整性约束和保密限制等约束。DDL主要用于建立、修改数据库的库结构。DDL所描述的库结构仅仅给出了数据库的框架,数据库的框架信息被存放在数据字典(data dictionary)中。

2. 数据操作

DBMS提供数据操作语言DML,供用户实现对数据的追加、删除、更新、查询等操作。

3. 数据库的运行管理

数据库的运行管理功能是DBMS的运行控制、管理功能,包括多用户环境下的并发控制、安全性检查和存取限制控制、完整性检查和执行、运行日志的组织管理、事务的管理和自动恢复。这些功能保证了数据库系统的正常运行。

4. 数据组织、存储与管理

DBMS要分类组织、存储和管理各种数据,包括数据字典、用户数据、存取路径等,需确定以何种文件结构和存取方式在存储级上组织这些数据,如何实现数据之间的联系。数据组织和存储的基本目标是提高存储空间利用率,选择合适的存取方法提高存取效率。

5. 数据库的保护

数据库中的数据是信息社会的战略资源,所以数据的保护至关重要。DBMS 对数据库的保护通过 4 个方面来实现:数据库的恢复、数据库的并发控制、数据库的完整性控制、数据库安全性控制。DBMS 的其他保护功能还有系统缓冲区的管理以及数据存储的某些自适应调节机制等。

6. 数据库的维护

数据库的维护包括数据库的数据载入、转换、转储、数据库的重组合、重构及性能监控等功能,这些功能分别由各个使用程序来完成。

7. 通信

DBMS 具有与操作系统的联机处理、分时系统及远程作业输入的相关接口,负责处理数据的传送。网络环境下的数据库系统,还应该包括 DBMS 与网络中其他软件系统的通信功能及数据库之间的交互操作功能。

三、数据库应用系统

(一) DB2

2006 年,IBM 全球同步发布了一款具有划时代意义的数据库产品——DB2。而这款新品最大特点是率先实现了可扩展标记语言(XML)和关系数据间的无缝交互,而无须考虑数据的格式、平台或位置。

DB2 主要应用于大型应用系统,具有较好的可伸缩性,可支持从大型机到单用户环境,应用于 OS/2、Windows 等平台。DB2 提供了高层次的数据利用性、完整性、安全性、可恢复性,以及小规模到大规模应用程序的执行能力,具有与平台无关的基本功能和 SQL 命令。DB2 采用了数据分级技术,能够将大型机的数据很方便地下载到 LAN 数据库服务器,使客户机服务器用户和基于 LAN 的应用程序可以访问大型机的数据,并使数据库本地化及远程连接透明化。它以拥有一个非常完备的查询优化器而著称,其外部连接改善了查询性能,并支持多任务并行查询。DB2 具有很好的网络支持能力,每个子系统可以连接十几万个分布式用户,可以通过使用微软的开放数据库连接(ODBC)接口,Java 数据库连接(JDBC)接口,或者 CORBA 接口代理被任何的应用程序访问。

(二) Oracle

Oracle Database 又称 Oracle RDBMS,或简称 Oracle,是一款关系数据库管理系统,目前仍在数据库市场上占有主要份额。Oracle 数据库积聚了众多领先性的数据库系统,在集群技术、高可用性、商业智能、安全性、系统管理等方面都领跑业界。Oracle 作为一个通用的数据库系统,它具有完整的数据管理功能;作为关系数据库,它是一个完备关系的产品;作为分布式数据库,它实现了分布式处理功能。Oracle 具有强大的跨平台性,只要在一种机型上学习了 Oracle 知识,便能在其他类型的机器上使用。

(三) SQL Server

SQL Server 是一个关系数据库管理系统。它最初是由 Microsoft、Sybase 和 Ashton－Tate 三家公司共同开发的,于 1988 年推出了第一个 OS/2 版本。在 Windows NT 推出后,Microsoft 与 Sybase 在 SQL Server 的开发上就分道扬镳了。Microsoft 将 SQL Server 移植

到 Windows NT 系统上,专注于开发推广 SQL Serve 的 Windows NT 版本。Sybase 则较专注于 SQL Serve 在 UNIX 操作系统上的应用。

1996 年,Microsoft 推出了 SQL Server 6.5 版本;1998 年,SQL Server 7.0 版本和用户见面;SQL Server 2000 是 Microsoft 公司于 2000 年推出的,目前最新版本是 2022 年推出的 SQL Server 2022。

第三节 会计数据库查询

一、SQL Server 概述

(一) 数据库组成结构

SQL Server 的数据存储在数据库中,这些数据在数据库中被组织成逻辑与物理两个部分。逻辑上的表示是为了给用户提供视觉效果,而物理数据文件是数据在数据库中的实际存放位置和数据文件。例如,用户在数据库中存放的一个表格,在存储时可能分成了两个或几个文件。

SQL Server2000/2005 安装后,系统会自动创建 4 个数据库(master、model、msdb、tempdb),如图 9-3 所示。

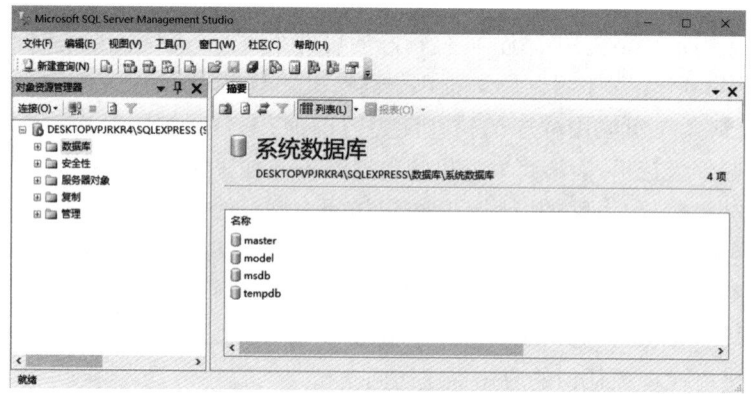

图 9-3　SQL Server 2005 数据库

SQL Server 中的数据库可以区分为系统数据库与用户数据库。系统数据库用来记录系统信息;用户数据库用来存放用户的数据。用友在处理会计信息的业务数据时,会创建用户数据库,以 UF 开头。例如,"UFDATA_100_2025"数据库就是本书案例账套号为 100 的华夏公司的数据库。

本章主要介绍如何使用 SQL 查询语句来查询 SQL Server 的数据。

(二) SQL 语言

SQL 语言是结构化查询语言(structured query language)的简称。SQL 语言是一种数据库查询和程序设计语言,用于存取数据以及查询、更新和管理关系数据库系统;同时也是数据库脚本文件的扩展名。

SQL语言是高级的非过程化编程语言,允许用户在高层数据结构上工作。它不要求用户指定对数据的存放方法,也不需要用户了解具体的数据存放方式。所以,它具有完全不同底层结构的不同数据库系统,可以使用相同的结构化查询语言,作为数据输入与管理的接口。SQL语言语句可以嵌套,这使他具有极大的灵活性和强大的功能,并且它的影响已经超出数据库领域,得到其他领域的重视和采用,如人工智能领域的数据检索,第四代软件开发工具中嵌入SQL的语言等。SQL语言具有以下特点:

(1) 一体化。SQL集数据定义DDL、数据操纵DML和数据控制DCL于一体,可以完成数据库中的全部工作。

(2) 使用方式灵活。它具有两种使用方式,既可以直接以命令方式交互使用;又可以嵌入使用,嵌入C,C++,FORTRAN,COBOL,JAVA等主语言中使用。

(3) 非过程化。只提操作要求,不必描述操作步骤,也不需要导航。使用时只需要告诉计算机"做什么",而不需要告诉它"怎么做"。

(4) 语言简洁,语法简单,好学好用。SQL是1986年10月由美国国家标准局(ANSI)通过的数据库语言美国标准,接着,国际标准化组织(ISO)颁布了SQL正式国际标准。1989年4月,ISO提出了具有完整性特征的SQL89标准,1992年11月又公布了SQL92标准,在此标准中,把数据库分为三个级别:基本集、标准集和完全集。在ANSI标准中,只包含了94个英文单词,核心功能只用6个动词,语法接近英语。

二、表

(一) 表的基本特点

数据表是SQL Server的基本数据库对象,它存储着数据库的所有数据。在数据表中,数据以行和列的形式存储在规范化的二维表格中。

列:用来保存对象的某一类属性。每列称为一个字段,每列的标题称为字段名。

行:用来保存一条记录,是数据对象的一个实例包含若干字段的具体数值。

主键:可以唯一确定每条记录,即可以用来区分每条记录。表中某个字段或某几个字段能够被设置为主键。主键字段值不能为空(NULL),而且必须是唯一的。在创建表之前,最好先确定表的下列特性:

(1) 表要包含的字段。

(2) 表中每一列字段数据的类型和长度,而且每列字段只能指定一种数据类型和长度。

(3) 哪些列允许空值,即NULL值。

(4) 是否需要使用以及何处使用约束、规则和默认值。

(5) 所需索引的类型,哪里需要索引,哪些列是主键,哪些是外键。

(二) 表的数据类型

SQL Server提供了25种数据类型,并且会自动限制每个系统数据类型的取值范围,当插入数据库中的值超过了数据允许的范围时,SQL Server就会报错。

1. 二进制数据类型

二进制数据类型包括Binary,Varbinary和Image。

Binary数据类型既可以是固定长度的(Binary),又可以是不固定长度的。

Binary[(N)]是n位固定的二进制数据。其中,n的取值范围是从1到8 000。其存储的大小是 n+4 个字节。

Varbinary[(N)]是 n 位可变长度的二进制数据。其中,n 的取值范围是从 1 到 8 000。其存储的大小是 n+4 个字节,不是 n 个字节。

在 Image 数据类型中存储的数据是以位字符串存储的,不是由 SQL Server 解释的,必须由应用程序来解释。例如,应用程序可以使用 BMP,TIEF,GIF 和 JPEG 格式把数据存储在 Image 数据类型中。

2. 字符数据类型

字符数据类型包括 Char,Varchar 和 Text。

字符数据是由任意字母、符号和数字任意组合而成的数据。英文和数字占 1 个字节,中文占 2 个字节。

Varchar 是变长字符数据,其长度不超过 8KB。Char 是定长字符数据,其长度最多为 8KB。超过 8KB 的 ASCII 数据可以使用 Text 数据类型存储。例如,因为 Html 文档全部都是 ASCII 字符,并且在一般情况下长度超过 8KB,所以这些文档可以 Text 数据类型存储在 SQL Server 中。

3. Unicode 数据类型

在 Microsoft SQL Server 中,传统的非 Unicode 数据类型允许使用由特定字符集定义的字符。在 SQL Server 安装过程中,允许选择一种字符集。使用 Unicode 数据类型,列中可以存储任何由 Unicode 标准定义的字符。在 Unicode 标准中,包括以各种字符集定义的全部字符。

在 SQL Server 中,Unicode 数据以 Nchar,Nvarchar 和 Ntext 数据类型存储。使用这种字符类型存储的列可以存储多个字符集中的字符。

当列的长度变化时,应该使用 Nvarchar 字符类型,这时最多可以存储 4 000 个字符。

当列的长度固定不变时,应该使用 Nchar 字符类型,同样,这时最多可以存储 4 000 个字符。

当使用 Ntext 数据类型时,该列可以存储多于 4 000 个字符。

4. 日期和时间数据类型

日期和时间数据类型由有效的日期和时间组成。在 Microsoft SQL Server 中,日期和时间数据类型包括 Datetime 和 Smalldatetime 两种类型。使用 Smalldatetime 数据类型时,所存储的日期范围是从 1900 年 1 月 1 日开始到 2079 年 12 月 31 日结束(每一个值要求 4 个存储字节)。

5. 数字数据类型

数字数据类型,数字数据类型包括正数和负数、小数(浮点数)和整数。

整数由正整数和负整数组成,如 39、25、0、−2 和 33 967。在 Microsoft SQL Server 中,整数存储的数据类型是 Int,Smallint 和 Tinyint。Int 数据类型存储数据的范围大于 Smallint 数据类型存储数据的范围,而 Smallint 数据类型存储数据的范围大于 Tinyint 数据类型存储数据的范围。使用 Int 数据类型存储数据的范围是从 −2 147 483 648 到 2 147 483 647(每一个值要求 4 个字节存储空间)。使用 Smallint 数据类型时,存储数据的范围从 −32 768 到 32 767(每一个值要求 2 个字节存储空间)。使用 Tinyint 数据类型时,存储数据的范围是从 0 到 255(每一个值要求 1 个字节存储空间)。

在 SQL Server 中精确到小数的数据的数据类型是 Decimal 和 Numeric。这种数据所占的存储空间根据该数据的位数后的位数来确定。

在 SQL Server 中，近似小数数据的数据类型是 Float 和 Real。例如，1/3 这个分数记作，3 333 333，当使用近似数据类型时能准确表示。因此，从系统中检索到的数据可能与存储在该列中数据不完全一样。

6. 货币数据

货币数据，表示正的或负的货币数量。在 Microsoft SQL Server 中，货币数据的数据类型是 Money 和 Smallmoney。Money 数据类型要求 8 个存储字节，Smallmoney 数据类型要求 4 个存储字节。

7. 特殊数据类型

特殊数据类型包括前面没有提过的数据类型。特殊的数据类型有 3 种，即 Timestamp、Bit 和 Uniqueidentifier。

Timestamp 用于表示 SQL Server 活动的先后顺序，以二进投影的格式表示。Timestamp 数据与插入数据或者日期和时间没有关系。

Bit 由 1 或 0 组成。当表示真或假、ON 或 OFF 时，使用 Bit 数据类型。例如，询问是否是每一次访问的客户机请求可以存储在这种数据类型的列中。

Uniqueidentifier 由 16 字节的十六进制数字组成，表示一个全局唯一的。

（三）表的结构

结合本书使用的用友 T3 软件，会计科目编码表和科目汇总表是两张最核心的数据表，会计科目编码表在数据库的名称表名为 Code，科目汇总表的名称为 GL_accsum，其结构如表 9-1 及表 9-2 所示。

表 9-1　　　　　　　　　　　　　　Code 会计科目编码表

序号	字段名称	字段说明	数据类型	长度	是否可空
1	I_id	自动编号	int	4	False
2	Cclass	科目类型	varchar	14	False
3	Ccode	科目编码	varchar	15	False
4	Ccode_name	科目名称	varchar	40	True
5	Code_engl	科目英文名称	varchar	100	True
…	…	…	…	…	…

表 9-2　　　　　　　　　　　　　　GL_accsum 科目汇总表

序号	字段名称	字段说明	数据类型	长度	是否可空
1	I_id	自动编号	int	4	False
2	Ccode	科目编码	varchar	15	False
3	ccxch_name	币种名称	varchar	8	True
4	Iperiod	会计期间	Tinyint	1	False

(续表)

序号	字段名称	字段说明	数据类型	长度	是否可空
5	Cbegind_c	金额期初方向	varchar	2	False
...	...	...	...	...	...

（四）表的查询

1) Select 语句

查询数据表中的数据，需要使用 Select 语句。根据实际需要从一个或多个表中选择一个或多个行或列，其主要子句可归纳成：

SELECT select_list

[INTO new_table]

FROM table_soure

[WHERE search_condition]

[GROUP BY group_by_expression]

[HAVING search_condition]

[ORDER BY order_expression[ASCIDESC]]

SELECT 后面列出字段列表，将需要查询的字段名依次列出并以逗号隔开。

INTO 后面可以自定义一个表名，表示把当前查询出的字段信息存到该表名中。

FROM 后面需要指定查询数据对应的数据表名。

WHERE 后面需要指定查询需要满足的约束条件。

GROUP BY 后面需要指定汇总的字段名。

ORDER BY 后面需要指定排序的字段名。

通过以上子句的组合应用，可以实现丰富多样的数据查询，下面我们就用具体的例子来说明 select 查询语句的使用方法。

(1) 选取会计科目编码表的全部字段(全部的列)。

【案例 9-1】 选取"100"账套 2025 年度会计科目编码表的全部字段。

USE UFDATA_100_2025

GO

Select * from dbo.code

则查询结果会显示会计科目编码表的所有字段。

任何一个查询语句都是在一个明确的数据库范围内执行的。所以，在这个 SQL 查询代码中首先选择数据库，在这里选择了 UFDATA_100_2025，这个数据库是在用友 T3 总账系统"100 华夏公司"案例中，系统建立的"100"账套 2025 年的数据库。

GO 表示执行。

Select 后面使用了星号：*，表示查询数据表中的所有字段。dbo.code 是会计科目表的表名。数据库所有者(dbo：Database Owner)是具有在数据库中执行所有活动的暗示性权限的用户。这里表示 code 表的创建者。如果只是一般的查询，这里的 dbo 可以省略不写。

(2) 选取会计科目编码表的部分字段(特定的列)。

【例 9-2】 选取"100"账套 2025 年度会计科目编码表的序号、科目类型、科目编码、科目名称 4 个字段。

USE UFDATA_100_2025

GO

Select a.i_id,a.class,ccode,ccode_name from dbo.code as a

则查询结果会显示科目编码表中的序号、科目类型、科目编码、科目名称这几个字段。

在本例中,选取部分字段名必须要将字段名逐一列出并用号隔开。在 code 后面使用了数据表别名 as。code as a 表示将 code 数据表命名为 a,在选定 code 表字段的时候,可以在字段名前加上别名。

(3) distinct 筛选不重复行。

【例 9-3】 查询"100"账套 2025 年度会计科目编码表科目类型,并且不显示重复结果。

USE UFDATA_100_2025

GO

Select distinct a.class from dbo.code as a

则查询结果会显示科目编码表中的科目类型,并且不显示重复结果。而科目类型只有 6 种,因此本案例的运行结果只显示 6 行记录。

(4) substring( ) 选择字符串。

substring( ) 是一个常用函数,用来返回一个字符串、二进制、text 或 image 运算式的某一子集合。

语法结构:substring(expression,start,length)

参数说明:expression:为一个字符串、二进制、text 或 image 的运算式。

　　　　　Start:为一个整数值,说明想要截取于字符串的开始位置。

　　　　　Length:为一个整数值,说明想要截取的子字符串的长度(返回值的字节数)。

【例 9-4】 查询"100"账套 2025 年度会计科目编码。

USE UFDATA_100_2025

GO

Select substring(a.ccode,1,4)as 一级科目 from dbo.code as a

则查询结果会显示一级会计科目的科目编码。本例使用了 substring()函数选取了会计科目的前 4 位,也就是一级会计科目的编码。此处的"as 一级科目"用来为查询结果(新的列)定义列名"一级科目"。由于语句在执行时截取了一个字段的部分,会形成一个新的列,就需要给这个新列定义一个列名(字段名)。

2) where 子句

where 子句的作用主要是对 Select 查询出来的结果加一个限制,进行横向的筛选。

(1) 选取特定的记录。

【例 9-5】 查询"100"账套 2025 年度会计科目编码表中,科目编码是 1002 的所有记录。

USE UFDATA_100_2025

GO

Select * from dbo.code as a where a.ccode='1002'

则查询结果会显示会计科目表中科目编码为"1002"的所有记录。

(2) 排除特定的记录。

【例 9-6】 查询"100"账套 2025 年度会计科目编码表中,除"1002"科目以外的所有记录。

　　USE UFDATA_100_2025

　　GO

　　Select * fromdbo. code as a where a. ccode! ='1002'

则查询结果会显示会计科目表中除科目编码为"1002"以外的所有科目的记录。本例中的"！＝",表示不等于。

(3) 筛选介于某一范围的记录。

【例 9-7】 查询"100"账套 2025 年度会计科目编码表中,编号由 100 至 105 的会计科目的所有记录。

　　USE UFDATA_100_2025

　　GO

　　Select * fromdbo. code as a where a. i_id between 100 and 105

则查询结果会显示会计科目表中,编号由 100～105 会计科目的所有记录,显示结果为 6 条记录。本例中的"between"用于筛选某一范围的记录,它的显示结果包含上下限。

(4) 选取属于某一子集合的数据。

【例 9-8】 查询"100"账套 2025 年度会计科目编码表中,科目编码为 1001、1002、1003 的会计科目的所有记录。

　　USE UFDATA_100_2025

　　GO

　　Select * from dbo. code as a where a. ccode in('1001','1002','1003')

则查询结果会显示会计科目表中,科目编码为 1001、1002、1003 的会计科目的所有记录。本例中使用 where a. ccode in('1001','1002','1003')来进行横向筛选,其中,in 为"属于"的意思,('1001','1002','1003')为一个集合,整个句子的含义为"当会计科目编码属于('1001','1002','1003')构成的集合时"。

此外,也可以用"＝"运算符定义筛选条件,语句如下:

　　Select * fromdbo. code as a where a. ccode ='1001'or a. ccode ='1002'or a. ccode ='1003'

使用这种方法也可以达到相同效果,但略显笨拙。

(5) 模糊查询。

【例 9-9】 查询"100"账套 2025 年度会计科目编码表中,会计科目名称以"存款"结尾的科目记录。

　　USE UFDATA_100_2025

　　GO

　　Select * from dbo. code as a where a. ccode_name like '%存款'

则查询结果会显示会计科目表中银行存款、建行存款等科目的记录。本例中,使用 like 进行模糊查询,%可以匹配任意类型的长度的字符串;匹配单个字符可以使用下划线"_"。本例的筛选条件为"当会计科目名称的最后两个字是存款"。

(6) 在 where 子句中使用子字符串。

【例 9-10】 查询"100"账套 2025 年度会计科目编码表中,科目编码为 1 开头的科目的所有记录。

USE UFDATA_100_2025

GO

Select * from dbo. code as a where substring(a. ccode,1,1)='1'

则查询结果会显示会计科目表所有以 1 开头的科目的记录,即所有的资产类科目。

3) group by 子句

在某些情况下,我们需要将查询的数据进行分类。例如,将查询结果分组,select 后面的所有列中,没有使用集合函数的列,必须出现在 group by 后面。集合函数是专门为分析 group by 之后的每个集合数据而设计的。常用的集合函数如下:

(1) COUNT 函数。

语法结构:COUNT({[ALL\\DISTINCT]expression|*})。

功能:返回一个集合内所拥有的记录数。

参数说明:

- ALL 表示用于所有的数值,为默认值。
- DISTINCT 表示 COUNT 返回唯一且非 NULL 数值的个数。
- expression 为 unique identifier,text、image 或 ntext 类型的运算式。
- *,表示计算一个表格所有记录的总笔数。

【例 9-11】 查询"100"账套 2025 年度会计科目汇总表中,借方发生额大于零的科目总数。

USE UFDATA_100_2025

GO

Select count (*)from dbo. Gl_accsum where md > 0

则查询结果会显示科目汇总表中有借方发生的记录数量。

(2) SUM 函数。

语法结构:SUM({[ALL\\DISTINCT]expression|*})。

功能:返回一个集合内所有数值或不同数值的总和,SUM 只能应用于数字列,它会排除 NULL。

参数说明:

- ALL 表示用于所有的数值,为默认值。
- DISTINCT 表示 SUM 返回不同数值的总和。
- expression 为一常数、列或函数。

【例 9-12】 查询"100"账套 2025 年度会计科目汇总表中,货币资金贷方发生额合计。

USE UFDATA_100_2025

GO

Select sum(mc) as 贷方发生额合计 from dbo. Gl_accsum where ccode in ('1001','1002','1012')

则查询结果会显示科目汇总表中货币资金贷方发生的合计数。本例中使用 in 子句来找出 1001 库存现金、1002 银行存款、1012 其他货币资金的记录,再用 SUM 函数汇总贷方发生额合计数,并通过 as 建立新的列字段名称"贷方发生额合计"。

(3) AVG 函数。

语法结构:AVG({[ALL\\DISTINCT]expression|*})。

功能:返回一个集合内所有数值或不同数值的平均值。

参数说明:
- ALL 表示用于所有的数值,为默认值。
- DISTINCT 表示 AVG 针对不同数值作处理。
- expression 为一常数、列或函数。

(4) MAX 函数。

语法结构:MAX(expression)

功能:返回一个集合内最大值。

参数说明:
- expression,为一常数、列或函数,MAX 可用于文字、数字或 datetime 列。

【例 9-13】 查询"100"账套 2025 年度会计科目汇总表中,贷方发生额最大的科目。

USE UFDATA_100_2025

GO

Select max(mc) from dbo. Gl_accsum

则查询结果会显示科目汇总表中贷方发生额最大的科目。

注:MIN 函数用法同 MAX 函数。

(5) group by 分类与集合。

【例 9-14】 查询"100"账套 2025 年度会计科目汇总表中,资产、负债、成本、损益类科目 1 月份借方发生额合计、贷方发生额合计、净发生额合计。

USE UFDATA_100_2025

GO

Select

substring(ccode,1,1)='1'as 类型,

sum(md) as 借方发生额合计,

sum(mc) as 贷方发生额合计,

sum(md)-sum(mc) as 净发生额合计,

from GL_accsum

where iperiod = 1 and len(ccode) = 4

group by substring(ccode,1,1)

则查询结果会显示科目汇总表资产、负债、成本、损益类科目 1 月份借方发生额合计、贷方发生额合计、净发生额合计。本例中 group by substring(ccode,1,1)含义为根据 ccode 会计科目编码字段的首位字符来分组,即可对科目按照编码进行分类。where 子句中有两个查询条件,iperiod=1 表示会计期间为 1 月份,len(ccode)=4 表示 ccode 会计科目编码的长度为 4 位,len 函数用来返回文本字段中值的长度。

4) order by 子句

order by 子句用于指定对查询结果排序。它可以按某个字段或某些字段的值进行升序

或降序排列。ASC 为升序排列,DESC 为降序排列,默认是升序排列。排序方式为先按第一个列名值排序,前一个列名值相同时,再按下一个列名排序,以此类推,若某个列名后有 DESC,则该列名排序为降序,否则为升序。

【例 9-15】 查询"100"账套 2025 年度会计科目汇总表,并按贷方金额从小到大排序。

USE UFDATA_100_2025

GO

Select * from dbo. GL_accsum order by mc

则查询结果会将科目汇总表按照贷方发生额从小到大排列显示出来。

【例 9-16】 查询"100"账套 2025 年度会计科目汇总表,并按贷方金额从小到大排序,如果贷方金额相同,按借方金额从大到小排序。

USE UFDATA_100_2025

GO

Select * from dbo. GL_accsum where iperiod = 1 order by mc asc,md desc

则查询结果会将科目汇总表按照贷方发生额从小到大排列显示出来,若金额相同则按借方金额由大到小排序。

5. 多表查询

到目前为止,我们所介绍的查询都是从一个表格中选取数据。在查询会计科目汇总表的时候,我们会发现表中并没有会计科目名称。如果我们想更方便地查看科目编码对应的科目名称,就需要从其他表格中得到这些信息。通过表格间所存在的关系,从多个表格中筛选数据的操作在数据库术语中称之为合并(join)。

1) 内连接

【例 9-17】 查询"100"账套 2025 年度 1 月份会计科目汇总表中,各科目的期初余额、借方发生额、贷方发生额、期末余额。并且需要显示会计科目编码及名称。

USE UFDATA_100_2025

GO

Select a. ccode,b. ccode_name,a. mb,a. md,a. mc,a. me

from dbo. GL_accum a inner join dbo. code b

on a ccode= b. ccode where period =1

则查询结果会显示各科目的期初余额、借方发生额、贷方发生额、期末余额,并且显示各会计科目编码及名称。

本例中,将会计科目汇总表与科目编码表放在 from 后,通过内连接(inner join)连接,连接条件是科目编码相同,同时用 where 限定了取数期间为 1 月份。

2) 外连接

外连接分为左外连接(left join)、右外连接(right join)和全外连接(full join)三种。与内连接不同的是,外连接不只列出与连接条件相匹配的行,而是列出左表(左外连接时)、右表(右外连接时)或两个表(全外连接时)中所有符合搜索条件的数据行。这种应用在会计软件系统中比较少见。

【例 9-18】 查询"100"账套 2025 年度 1 月份会计科目汇总表中,所有一级会计科目的期初余额、借方发生额、贷方发生额、期末余额。并且需要显示所有会计科目编码及名称。

即包括没有1月份发生额的会计科目也要显示出来,没有发生额的会计科目,金额值设为0。
```
USE UFDATA_100_2025
GO
Select a.ccode,a.ccode_name,isnull(b.mb,O) as mb,isnull(b.md,0)
asmd,isnull(b.mc,O) as mc,isnull(b.me,O) as me
from dbo.code a left join dbo.GL_accum b
on a.ccode = b.ccode and b.period = 1
```
则查询结果会显示所有科目的期初余额、借方发生额、贷方发生额、期末余额,没有金额的就显示为0。

本例中,会计科目编码表与会计科目汇总表左连接,在期初、借方、贷方、期末四个金额字段使用了函数 ISNULL(),其语法结构如下:

ISNULL(check_expression,replacement_value)

其中,check_expression:可以是任意类型的字段,是将被检查是否为 NULL 的表达式,NULL 表示空值。replacement_value:在 check_expression 为 NULL 时将返回的值或表达式,其类型必须与 check_expression 相同。

三、会计数据查询

1. 会计科目条件查询

(1) 对 code 代码的所有字段进行查询。

Select * from code

(2) 条件输出。

【例 9-19】 输出资产类科目。

方法一:

Select * from code Where cclass='资产'

方法二:

Select * from code Where cclass_engl='ZC'

(3) 查询所有末级科目。

Select * from code Where (bend=1) and (igrade<>1)

此处的 bend 表示科目是否为末级,igrade 代表科目的层级,igrade<>1 即为非一级科目。

2. 初始化信息查询

(1) 对部门信息(Department)的所有字段进行查询:

Select * from Department

(2) 对客户档案(Customer)的所有字段进行查询:

Select * from Customer

(3) 对客户分类(CustomerClass)的所有字段进行查询:

Select * from CustomerClass

(4) 对供应商档案(Vendor)的所有字段进行查询:

Select * from Vendor

(5) 对供应商分类(VendorClass)的所有字段进行查询:
Select * from VendorClass

(6) 对结算方式(SettleStyle)的所有字段进行查询:
Select * from SettleStyle

3. 凭证查询

(1) 对 1 月份的会计凭证信息(GL_accvouch)进行查询:
Select * from GL_accvouch where iperiod = 1

(2) 查询一个指定日期范围的凭证:
Select iperiod,csign,inid,dbill_date,cdigest,ccode,md,mc,cbill,ccheck,cbook from GL_accvouch where dt_date>'2025-1-10'

(3) 汇总某一指定科目的借、贷方本期发生额。

【例 9-20】 查询"银行存款-中行存款"科目的借、贷方本期发生额。
Select sum(md)as'借方金额发生总和',sum(mc) as '贷方金额发生总和' from GL_accvouch where ccode = 100201

4. 将查询结果复制到 Excel 表格

方法一:

通过 SQL 语句查询出的数据显示在查询结果窗体中,可以用鼠标右键单击查询结果窗体左上角的空白方块,在弹出的快捷菜单中选择"复制",然后打开 Excel 进行粘贴,即可将数据复制到 Excel 中。

方法二:

通过 SQL 语句查询出的数据显示在查询结果窗体中,可以用鼠标右键单击查询结果窗体左上角的空白方块,在弹出的快捷菜单中选择"另存为",将数据存为 CSV 格式的文件,在使用 Excel 打开该 CSV 文件即可。

本章小结

本章主要学习了:会计信息系统的数据库相关操作,介绍了数据库的相关基础知识。通过案例学习使用 SQL 语句、where 子句、group 子句、order by 子句,以及相关函数的具体用法,并借以学习单表查询、多表查询及其他相关数据的查询方法。

本章重要概念

数据库　数据库管理系统　SQL 语言　数据表

本章练习

1. 请简述数据库管理系统的功能。
2. 请举例说明 Select 语句的基本用法。

附录一 实训模拟账套

一、系统管理

【实验要求】

(1) 设置操作员。

(2) 建立账套。

(3) 设置操作员权限。

【实验资料】

1. 操作员及其权限

表1 操作员及其权限

编号	姓名	所属部门	权限
A1	王方	财务部	账套主管的全部权限
A2	李勇	财务部	公用目录设置、总账、固定资产
A3	杨兰	财务部	填制凭证、出纳签字、现金管理、工资

2. 账套信息

(1) 账套号:666。

(2) 账套名称、单位名称:环宇股份有限公司。

(3) 单位简称:北方公司。

(4) 单位地址:北京市东城区古苍路15号。

(5) 法人代表:刘飞。

(6) 邮政编码:100088。

(7) 税号:555555555555555。

(8) 启用会计期:2025年1月。

(9) 企业类型:工业。

(10) 行业性质:2007年会计准则。

(11) 账套主管:王方。

(12) 基础信息:对客户进行分类。

(13) 分类编码如下:

科目编码级次:4222;客户分类编码级次:123;部门编码级次:122。

(14) 启用"总账""工资"和"固定资产"系统,启用日期为2025年1月1日。

二、基础设置

【实验要求】

以"A2 李勇"的身份完成以下操作:
(1) 设置部门档案和职员档案。
(2) 设置客户分类、客户档案及供应商档案。
(3) 设置会计科目。
(4) 设置凭证类别。
(5) 设置结算方式。
(6) 设置常用摘要。
(7) 输入期初余额。
(8) 设置总账参数。

【实验资料】

1. 部门档案

部门档案如表2所示。

表2　　　　　　　　　　　　　　部门档案

部门编码	部门名称
1	综合部
2	财务部
3	市场部
301	采购部
302	销售部
4	加工车间

2. 职员档案

职员档案如表3所示。

表3　　　　　　　　　　　　　　职员档案

职员编码	职员姓名	所属部门
1	张宏	综合部
2	江涛	综合部
3	王方	财务部
4	李勇	财务部
5	杨兰	财务部

(续表)

职员编码	职员姓名	所属部门
6	宋风	采购部
7	张伟	销售部
8	陈松	加工车间

3. 客户分类

客户分类如表4所示。

表4　　　　　　　　　　　　　客户分类

类别编码	类别名称
1	本地
2	外地

4. 客户档案

客户档案如表5所示。

表5　　　　　　　　　　　　　客户档案

客户编码	客户简称	所属分类
01	强胜公司	1本地
02	同达公司	1本地
03	亿力公司	2外地
04	银飞集团	2外地

5. 供应商档案

供应商档案如表6所示。

表6　　　　　　　　　　　　　供应商档案

供应商编码	供应商简称	所属分类
01	力兴公司	00
02	光明公司	00

6. 会计科目

(1) 指定会计科目。指定"1001 库存现金"为现金总账科目,"1002 银行存款"为银行总账科目。

(2) 增加会计科目,如表7所示。

表7　　　　　　　　　　　　　会计科目

科目编码	科目名称	辅助账类型
100201	工行存款	

(续表)

科目编码	科目名称	辅助账类型
122101	职工借款	个人往来
222101	应交增值税	
22210101	销项税额	
22210102	进项税额	
660201	办公费	部门核算
660202	差旅费	部门核算
660203	工资	部门核算
660204	折旧费	部门核算

(3) 修改会计科目。"1122 应收账款"科目辅助账类型为"客户往来"(无受控系统);"2202 应付账款"科目辅助账类型为"供应商往来"(无受控系统)。

7. 凭证类别

凭证类别如表 8 所示。

表 8　　　　　　　　　　凭证类别

类别名称	限制类型	限制科目
收款凭证	借方必有	1001,1002
付款凭证	贷方必有	1001,1002
转账凭证	凭证必无	1001,1002

8. 结算方式

结算方式包括:现金结算、现金支票结算、转账支票结算及银行承兑汇票结算。

9. 常用摘要

常用摘要如表 9 所示。

表 9　　　　　　　　　　常用摘要

摘要编码	摘要内容
1	报销差旅费
2	提现
3	业务借款

10. 期初余额

(1) 库存现金:14 000 元　　　　(2) 工行存款:196 000 元
(3) 职工借款——宋风:10 000 元　(4) 库存商品:60 000 元
(5) 固定资产:304 000 元　　　　(6) 累计折旧:64 259 元
(7) 短期借款:60 000 元　　　　(8) 实收资本:459 741 元

11. 总账参数

不允许修改、作废他人填制的凭证;出纳凭证必须经由出纳签字。

三、总账系统日常业务处理

【实验要求】

(1) 由"A2"填制凭证,由"A1"审核凭证,由"A3"出纳签字。
(2) 将第2号付款凭证的金额修改为3 000元,修改后仍需进行审核和出纳签字。
(3) 删除第1号收款凭证并整理断号。
(4) 由"A2"记账。
(5) 冲销第1号付款凭证,并将生成的红字冲销凭证也进行审核、出纳签字和记账。
(6) 查询已记账的第1号转账凭证。

【实验资料】

2025年1月发生以下经济业务,由"A2"填制凭证。

(1) 1月8日,以现金支付财务部办公费800元。

借:管理费用——办公费	800
贷:库存现金	800

(2) 1月8日,以工行存款3 300元支付销售部修理费。(转账支票票号:4455)

借:销售费用	3 300
贷:银行存款——工行存款	3 300

(3) 1月12日,销售给强胜公司库存商品一批,货税款70 200元(货款60 000元,税款10 200元)尚未收到。

借:应收账款	70 200
贷:主营业务收入	60 000
应交税费——应交增值税(销项税额)	10 200

(4) 1月22日,收到宋风偿还借款8 000元。

借:库存现金	8 000
贷:其他应收款——职工借款	8 000

四、现金管理系统

【实验要求】

以"A3 杨兰"的身份完成银行对账。

【实验资料】

1. 录入银行对账期初数据

单位日记账余额为196 000元,银行对账单期初余额为200 000元,银行已收而企业未收的未达账(2024年12月20日)4 000元。

2. 录入银行对账单

录入银行对账单如表10所示。

表10　　　　　　　　　　　　银行对账单信息　　　　　　　　　　　　单位:元

日期	结算方式	票号	借方金额	贷方金额	余额
2024.01.08	转账支票	4455		3 000	197 000
2024.01.22	现金支票	1234	6 000		203 000

五、工资管理系统

【实验要求】

以"A3　杨兰"的身份完成以下操作:
(1) 建立工资账套。
(2) 设置人员类别。
(3) 设置银行代发信息。
(4) 设置工资项目。
(5) 设置人员档案。
(6) 设置计算公式。
(7) 分摊1月份工资并生成转账凭证,该凭证在总账系统审核并记账。

【实验资料】

1. 工资账套参数:工资类别为"单个",工资核算本位币为"人民币",企业代扣个人所得税,不扣零,人员编码长度为3位。
2. 人员附加信息:"学历"和"技术职称"。
3. 人员类别包括"管理人员""销售人员"和"生产工人"。
4. 工资项目如表11所示。

表11　　　　　　　　　　　　工资项目

工资项目名称	类型	长度	小数	增减项
基本工资	数字	8	2	增项
职务补贴	数字	8	2	增项
福利补贴	数字	8	2	增项
交通补贴	数字	8	2	增项
奖金	数字	8	2	增项
缺勤扣款	数字	8	2	减项
住房公积金	数字	8	2	减项
缺勤天数	数字	8	1	其他

5. 银行名称：银行名称为"工商银行"，账号长度为 11 位，录入时自动带出的账号长度为 8 位。

6. 人员档案如表 12 所示。

表 12　　　　　　　　　　　　　　　人员档案

职员编号	人员姓名	学历	职称	所属部门	人员类别	银行代发账号
001	张宏	大学	经济师	综合部	管理人员	11111111001
002	江涛	大学	经济师	综合部	管理人员	11111111002
003	王方	大学	会计师	财务部	管理人员	11111111003
004	李勇	大专	初级会计师	财务部	管理人员	11111111004
005	杨兰	大专	初级会计师	财务部	管理人员	11111111005
006	宋风	大学	经济师	采购部	管理人员	11111111006
007	张伟	大专	助理经济师	销售部	销售人员	11111111007
008	陈松	大专	助理工程师	加工车间	生产工人	11111111008

7. 计算公式：

（1）缺勤扣款＝基本工资/22＊缺勤天数。

（2）销售人员的交通补贴为 300 元，其他人员的交通补助为 100 元。

（3）住房公积金＝（基本工资＋职务补贴＋福利补贴＋交通补贴＋奖金）＊0.08。

8. 2025 年 1 月有关的工资数据如表 13 所示。

表 13　　　　　　　　　　　　　2025 年 1 月工资数据　　　　　　　　　　　　单位：元

职员编号	人员姓名	所属部门	人员类别	基本工资	职务补贴	福利补贴	奖金	缺勤天数
001	张宏	综合部	管理人员	4 500	2 000	200	1 800	
002	江涛	综合部	管理人员	3 000	1 500	200	800	
003	王方	财务部	管理人员	4 000	1 500	200	800	
004	李勇	财务部	管理人员	2 000	900	200	700	3
005	杨兰	财务部	管理人员	2 000	900	200	700	
006	宋风	采购部	管理人员	2 000	900	200	1 200	
007	张伟	销售部	销售人员	1 900	800	200	1 100	
008	陈松	加工车间	生产工人	1 500	1 000	200	1 000	

9. 分摊构成设置（按工资总额的 1.5% 计提职工教育经费）如表 14 所示。

表 14　　　　　　　　　　　　　　分摊构成设置

计提类别名称	部门名称	人员类别	项目	借方科目	贷方科目
应付工资	综合部	管理人员	应发合计	管理费用——工资	应付职工薪酬
	财务部	管理人员	应发合计	管理费用——工资	应付职工薪酬

(续表)

计提类别名称	部门名称	人员类别	项目	借方科目	贷方科目
应付工资	采购部	管理人员	应发合计	管理费用——工资	应付职工薪酬
	销售部	销售人员	应发合计	销售费用——工资	应付职工薪酬
	加工车间	生产工人	应发合计	制造费用	应付职工薪酬
职工教育经费	综合部	管理人员	应发合计	管理费用——工资	应付职工薪酬
	财务部	管理人员	应发合计	管理费用——工资	应付职工薪酬
	采购部	管理人员	应发合计	管理费用——工资	应付职工薪酬
	销售部	销售人员	应发合计	销售费用——工资	应付职工薪酬
	加工车间	生产工人	应发合计	制造费用	应付职工薪酬

六、固定资产系统

【实验要求】

以"A2 李勇"的身份完成以下操作：
(1) 建立固定资产账套。
(2) 固定资产系统基础设置。
(3) 增加固定资产。
(4) 计提本月折旧并制单。
(5) 生成增加固定资产的记账凭证。
(6) 该系统下生成的凭证在总账系统审核并记账。

【实验资料】

1. 固定资产账套的参数

启用月份为"2025年1月"，采用"平均年限法"计提折旧，折旧汇总分配周期为1个月；当"月初已计提月份＝可使用月份－1"时将提取全部剩余折旧。固定资产编码方式为："1-2-2-2"，并采用自动输入方法，编码方式为"类别编码＋序号"，序号长度为"5"。要求固定资产系统与总账进行对账，对账科目为"1601 固定资产"，累计折旧对账科目为"1602 累计折旧"。对账不平的情况下不允许固定资产系统月末结账。

2. 部门对应折旧科目

部门对应折旧科目如表15所示。

表15　　　　　　　　部门对应折旧科目

部门名称	对应折旧科目
综合部	管理费用——折旧
财务部	管理费用——折旧
采购部	管理费用——折旧

(续表)

部门名称	对应折旧科目
销售部	销售费用
加工车间	制造费用

3. 固定资产类别

固定资产类别如表16所示。

表16　　　　　　　　　　　　　　固定资产类别

类别编码	类别名称	使用年限(年)	净残值	计提属性	折旧方法	卡片样式
1	房屋及建筑物				平均年限法(一)	通用样式
101	办公楼	30	2%	正常计提	平均年限法(一)	通用样式
102	厂房	30	2%	正常计提	平均年限法(一)	通用样式
2	通用设备				平均年限法(一)	通用样式
201	办公设备	5	3%	正常计提	平均年限法(一)	通用样式

4. 固定资产增减方式

固定资产增减方式如表17所示。

表17　　　　　　　　　　　　　　固定资产增减方式

增加方式	对应入账科目	减少方式	对应入账科目
直接购入	工行存款	出售	固定资产清理
投资者投入	实收资本	盘亏	待处理财产损益
在建工程转入	在建工程	报废	固定资产清理

5. 固定资产原始卡片

固定资产原始卡片如表18所示。

表18　　　　　　　　　　　　　　固定资产原始卡片

卡片编号	0001	0002	0003
固定资产编号	1010001	10200001	20100001
固定资产名称	1号楼	2号楼	电脑
类别编号	101	102	201
类别名称	办公楼	厂房	办公设备
部门名称	综合部	加工车间	财务部
增加方式	在建工程转入	在建工程转入	直接购入
使用状况	在用	在用	在用
使用年限	30年	30年	5年

(续表)

卡片编号	0001	0002	0003
折旧方法	平均年限法(一)	平均年限法(一)	平均年限法(一)
开始使用日期	2012-01-08	2009-03-10	2016-06-01
币种	人民币	人民币	人民币
原值	200 000 元	100 000 元	4 000 元
净残值率	2%	2%	3%
累计折旧	37 800 元	25 515 元	944 元
对应折旧科目	管理费用——折旧费	制造费用	管理费用——折旧费

6. 修改固定资产卡片

将卡片编号为"00003"的固定资产(电脑)的折旧方式由"平均年限法(一)"修改为"年数总和法"。

7. 新增固定资产

2025 年 1 月 30 日直接购入一台电脑并交付销售部使用,预计使用年限为 5 年,原值为 12 000 元,净残值率为 3%,采用"年数总和法"计提折旧。

七、期末业务

【实验要求】

以"A1 王方"的身份完成以下操作:
(1) 总账系统定义自动转账分录,生成机制凭证并进行审核和记账。
(2) 工资系统月末结账。
(3) 固定资产月末结账。
(4) 总账系统月末结账。
(5) 查询"管理费用"总账及多栏账。

【实验资料】

期末转账的内容如下:
(1) "应交税费——应交增值税(销项税额)"科目贷方发生额转入"应交税费——未交增值税"科目。
(2) "应交税费——应交增值税(进项税额)"科目借方发生额转入"应交税费——未交增值税"科目。
(3) 计提短期借款利息,年利率为 6.27%。
(4) 结转期间损益。
(5) 计提并结转所得税。

八、财务报表

【实验要求】

1. 利用报表模板按 2007 年企业会计准则生成 2025 年 1 月的"资产负债表"。
2. 利用报表模板按 2007 年企业会计准则生成 2025 年 1 月的"利润表"。

附录二　用友 T3 疑难问题解答

用友财务软件是财务行业运用最为广泛、最成熟的财务软件之一,但由于其系统与同类软件相比较为复杂,系统设置困难,使整个系统在使用过程中出现一些意想不到的问题,甚至一些保护功能非但不能带来方便,反而使系统的使用变得举步维艰。下面对教学、实务应用用友(T3)财务软件遇到的常见问题作简要探讨,提出一些日常问题的解决方案,为教师、学生及企业网络维护人员解决类似问题提供借鉴。

1. 问题描述:教学演示版软件总是安装失败。

分析及处理:安装失败的原因,一般都是系统环境不符合要求。以下交待几个要点:

(1) 安装所使用的计算机名称不能用数字开头;机器名称中不能有汉字;而且不能有"一"符号。

(2) 在安装用友软件之前,必须先安装 SQL Server 数据库。

2. 问题描述:注册登录用友 T3 的时候找不到服务器(注册窗口里"登录到"即服务器名称一栏空白或错误)。

分析及处理:这种情况一般都发生在局域网环境下按单机(全部安装)模式安装用友 T3 的学校机房。大多数的原因是:机房管理员在安装用友 T3 的时候,完成了一台机器的安装以后,采用硬盘复制(克隆)的办法,把安装好的这台机器的硬盘数据"克隆"到其余所有机器的硬盘上。用友 T3 在安装的时候是自动取机器名做服务器名的。"克隆"安装以后,机房里其他所有机器上用友 T3 的服务器名都是最先安装用友 T3 的机器的服务器名。因此,导致服务器名和机器名不一致的状况,使用友 T3 在启动过程中无法找到服务器。这就是注册窗口里"服务器"一栏成空白或错误的原因。

主要有以下 3 个解决办法:

(1) 在安装的时候,逐台机器地安装,不要采用硬盘复制克隆的方法。

(2) 已经用硬盘克隆的方法安装了,上课遇到上述情况时,可以教学生按下面介绍的方法来找到本地服务器:

把各台机器的机器名告诉学生(学校机房各台机器的机器名一般都很有规律),直接输入用友 U8 注册登录界面的"登录到"(服务器名称)框里。如果不能直接报出各台机器的机器名,可以指导学生双击任务栏右端图标打开"SQL Server 服务管理器"窗口,把窗口中服务器名复制到用友 T3 注册登录界面的服务器名称框里即可。

注意:寻找服务器的工作需要做两次。一次是在"系统管理"的注册界面做;另一次是在"企业应用平台"的注册界面做,不要遗漏。

(3) 仍然采用硬盘克隆的方法安装,但在安装完毕以后,不要立即给所有机器加还原保护,而是先按第二种办法所讲的步骤,逐台机器设置好用友 T3 的本地服务器名,再加上还原保护。如果安装完了以后已经加上了还原保护,可以先把保护解除,按第二种办法逐台将机器设置好服务器名以后,再重新加上还原保护。

3. 问题描述:引入账套备份数据的时候,系统提示"已有用户在使用×××账套,不能引入!"。

分析及处理:可能是存在"异常任务"引起的。解决办法:检查"系统管理"窗口的上窗格里"运行状态"栏是不是有"异常任务",如果有的话,请打开"视图"菜单,单击"清除异常任务"命令项,然后稍作等待,直到"异常任务"记录消失,再做引入账套操作就正常了。

4. 问题描述:系统提示"演示期限已过期",无法继续操作。

分析及处理:教学使用的用友 T3 是教学版,只能连续做 3 个月的账。本书模拟账套数据中的会计期间是 2025 年 1 月,如果学生在练习中输入某张单据上的日期时输入 3 月以后(如 4 月)的日期并且保存,系统就会过期,无法继续使用。

此类问题可以用以下办法解决:启动[系统管理],不要注册,打开"系统"菜单,用"初始化数据库"功能把原账套数据清除(最好重启计算机),再引入备份数据。如在学校机房,可以重启系统后引入备份数据;也可以尝试从运行正常的机器上得到备份后,再将其引入原故障机器的系统中。

5. 问题描述:刚刚在[系统管理]中引入了实训备份数据,还没有进行任何操作,可是进入"T3"以后,却发现要做的练习已经完成了。例如,我准备做总账系统的基础设置,可是我要添加的部门档案、职员档案、客户及供应商的信息系统里却已经有了。

分析及处理:这种情况一般发生在局域网环境下的学校机房。原因是在注册登录的时候,无意中用了别人的服务器名。也就是说,看到的已经存在的练习结果,是别的同学做的。由于用了别人的服务器名称,就登录到别人的系统上了,看到的是别人的系统数据。解决的办法是退出系统,重新用自己的服务器名注册。

6. 问题描述:填制凭证的时候,系统提示"日期不能滞后系统日期"。

分析及处理:这是因为在凭证的"日期"项里输入的日期"大"于机器上的系统日期;也就是说,凭证上的日期比系统日期晚。例如,凭证上的日期是 2025 年 12 月 24 日,而这时候系统日期可能是 2025 年 12 月 23 日甚至更早。一般来说,我们在凭证上设置的日期是不会晚于实际日期的;所以这种情况很可能是系统日期被人为修改造成的。解决办法是双击 Windows 任务栏右端的"时钟"按钮,打开"日期和时间属性"窗口,把日期调整正确。

7. 问题描述:在填制凭证的时候,明明已经输入了辅助核算信息,可是在保存后的凭证上却看不到这些信息。

分析及处理:凭证下部位置显示的辅助核算信息,是和会计分录相对应的。没有看到自己输入的辅助核算信息,是因为凭证上当前选中的分录不是和辅助核算信息相对应的分录。用鼠标选中辅助核算信息所对应的分录,就可以在凭证下部位置看到输入的辅助核算信息了。

8. 问题描述:操作中选择科目时出现提示:"科目(×××)正在被机器(本机名称)上的用户(账套主管)进行(期末余额录入)操作锁定,请稍后再试。"

分析及处理:可以试一下以下方法:

(1) 先退出"T3",到"系统管理"中,清除单据锁定,然后刷新,再重新注册登录 T3。

(2) 在"T3"中,在"对账"界面按"Ctrl"+"F6"键,系统提示:"是否清除所有站点的锁定记录?"单击[是]清除所有锁定。然后退出"T3",重新注册登录。

9. 问题描述：做工资变动操作，执行"计算"后，有一位或几位职员的代扣税无金额。

分析及处理：可能是在设置人员档案时，不小心把"中方人员"一项的钩去掉了。解决办法是到"人员档案"界面，用"修改"功能检查该人员的"中方人员"属性，务必要打上勾。

10. 问题描述：已经制作了包含现金或银行存款的凭证，但是在出纳签字时，找不到已经制作的凭证。

分析及处理：没有指定现金总账科目和银行总账科目。在基础设置模块中，打开会计科目编辑窗口指定现金总账科目和银行总账科目即可。

11. 问题描述：有多个工资类别，应如何对工资系统结账？

分析及处理：每个工资类别分别进行月末结账工作。

12. 问题描述：用友T3固定资产系统基础设置中部门对应折旧科目与每张卡片上的对应折旧科目有什么不同？

分析及处理：两者的关系是包容的。如果在部门对应折旧科目设置好了，而该部门所属卡片没有填写对应折旧科目的话，则在折旧分配时就默认部门对应科目。如果卡片上也填写了对应科目，则以卡片上的科目为准。

参 考 文 献

[1] 刘勤,杨寅. 改革开放 40 年的中国会计信息化:回顾与展望[J]. 会计研究,2019(02).
[2] 孙莲香,鲍东梅. 会计信息化实训教程:畅捷通 T3(V10.8.3)[M]. 北京:清华大学出版社,2021.
[3] 汪刚,王新玲,牛海霞. 会计信息系统[M]. 北京:清华大学出版社,2016.
[4] 李清. 会计信息系统原理与实验教程[M]. 2版. 北京:清华大学出版社,2015.
[5] 毛华扬,刘红梅,王婧婧. 会计信息系统原理与应用:基于用友 ERP-U8V10.1 版[M]. 2版. 北京:中国人民大学出版社,2020.
[6] 汪刚,付奎亮,董岳磊,等. 会计信息化实用教程(T3-用友通标准版 10.8)[M]. 北京:清华大学出版社,2014.
[7] 孙莲香. 会计信息系统应用[M]. 北京:清华大学出版社,2010.